浙江省文化研究工程指导委员会

浙江文化名人传记精选修订丛书

原 主 编：万 斌

执行主编：卢敦基

永嘉巨子

叶适传

朱迎平 著

浙江人民出版社

图书在版编目（CIP）数据

永嘉巨子 ：叶适传 / 朱迎平著. -- 杭州 ：浙江人民出版社，2024. 12

ISBN 978-7-213-11478-6

Ⅰ. ①永… Ⅱ. ①朱… Ⅲ. ①叶适（1150-1223）- 传记 Ⅳ. ①K825.1

中国国家版本馆CIP数据核字(2024)第101658号

永嘉巨子：叶适传

YONGJIA JUZI YE SHI ZHUAN

朱迎平　著

出版发行　浙江人民出版社（杭州市环城北路177号　邮编　310006）

市场部电话:(0571)85061682　85176516

责任编辑　李　信

责任校对　马　玉

责任印务　程　琳

封面设计　王　芸

电脑制版　杭州天一图文制作有限公司

印　　刷　浙江新华数码印务有限公司

开　　本　710毫米×1000毫米　1/16

印　　张　14.75

字　　数　225千字

插　　页　8

版　　次　2024年12月第1版

印　　次　2024年12月第1次印刷

书　　号　ISBN　978-7-213-11478-6

定　　价　66.00元

图1　瑞安市叶适纪念馆叶适像（叶伟东供图）

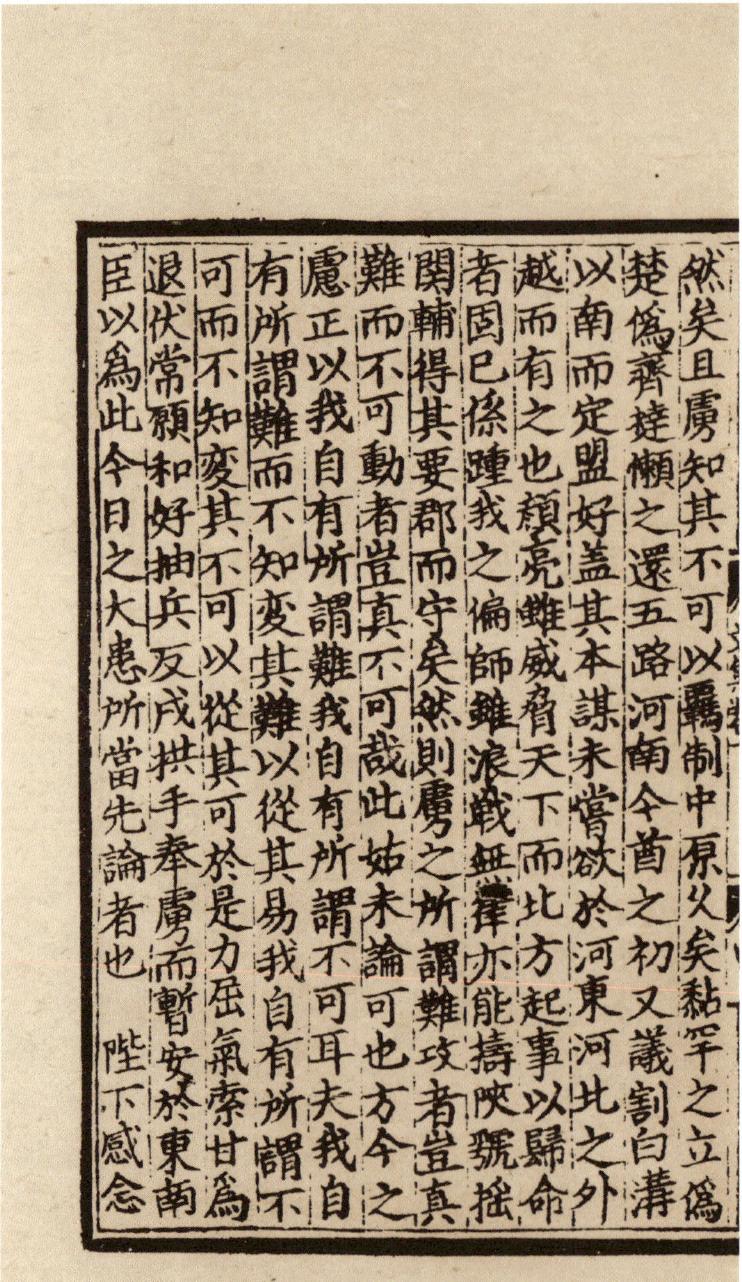
然矣且虜知其不可以羈制中原久矣黏罕之立僞楚僞齊撻懶之還五路河南今酋之初又議割白溝以南而定盟好蓋其本謀未嘗欲於河東河北之外越而有之也顔亮雖威脅天下而北方起事以歸命者固已係踵我之偏師雖浪戰無律亦能擣陝虢摇關輔得其要郡而守矣然則虜之所謂難攻者豈真難而不可動者豈真不可攻此姑未論可也方今之慮正以我自有所謂難我自有所謂不可耳夫我自有所謂難而不知變其難以從其易我自有所謂不可而不知變其不可以從其可於是力屈氣索甘爲退伏常顧和好抽兵反戍拱手奉虜而暫安於東南臣以爲此今日之大患所當先論者也　陛下感念

图2　叶适《上孝宗皇帝札子》,《四部丛刊》影印明黎谅《水心先生文集》刊本

水心先生文集卷之一　　前集

奏劄　　　　章貢黎諒編集

上孝宗皇帝劄子

臣竊以今日人臣之義所當爲　陛下建明者一大事而已二陵之讎未報故疆之半未復此一大事者天下之公憤臣子之深責也或不知所言或言而不盡皆非人臣之義也虜并兼強大而難攻故言者皆曰當乘其機積久堅固而不可動故言者又曰當待其時夫究極本末審定計慮而識所施爲之後先然後知機自我發非彼之乘時自我爲何彼之待　今日之率易苟且習闒卑論而無復振起之實意則固以爲必當乘機必當待時以幾歲月而誤大事是必

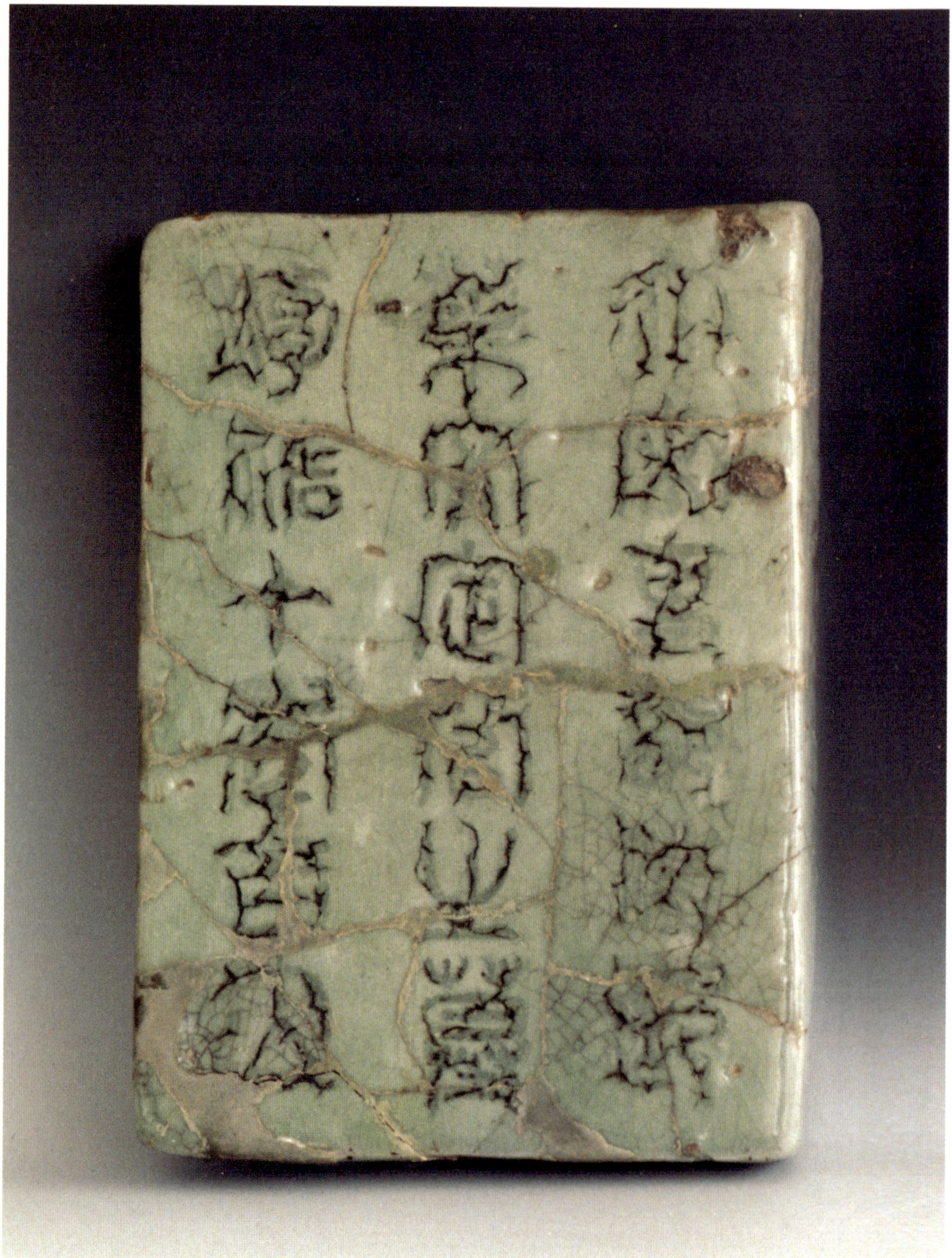

图3　叶适墓志，上书“大宋吏部侍郎叶文定公之墓淳祐十年吉立”（温州博物馆供图）

“浙江文化研究工程成果文库”总序

有人将文化比作一条来自老祖宗而又流向未来的河，这是说文化的传统，通过纵向传承和横向传递，生生不息地影响和引领着人们的生存与发展；有人说文化是人类的思想、智慧、信仰、情感和生活的载体、方式和方法，这是将文化作为人们代代相传的生活方式的整体。我们说，文化为群体生活提供规范、方式与环境，文化通过传承为社会进步发挥基础作用，文化会促进或制约经济乃至整个社会的发展。文化的力量，已经深深熔铸在民族的生命力、创造力和凝聚力之中。

在人类文化演化的进程中，各种文化都在其内部生成众多的元素、层次与类型，由此决定了文化的多样性与复杂性。

中国文化的博大精深，来源于其内部生成的多姿多彩；中国文化的历久弥新，取决于其变迁过程中各种元素、层次、类型在内容和结构上通过碰撞、解构、融合而产生的革故鼎新的强大动力。

中国土地广袤、疆域辽阔，不同区域间因自然环境、经济环境、社会环境等诸多方面的差异，建构了不同的区域文化。区域文化如同百川归海，共同汇聚成中国文化的大传统，这种大传统如同春风化雨，渗透于各种区域文化之中。在这个过程中，区域文化如同清溪山泉潺潺不息，在中国文化的共同价值取向下，以自己的独特个性支撑着、引领着本地经济社会的发展。

从区域文化入手，对一地文化的历史与现状展开全面、系统、扎实、有序的研究，一方面可以借此梳理和弘扬当地的历史传统和文化资源，繁荣和丰富当代的先进文化建设活动，规划和指导未来的文化发展蓝图，增强文化软实力，为全面建设小康社会、加快推进社会主义现代化提供思想保证、精神动力、智力支持和舆论力量；另一方面，这也是深入了解中国文化、研究中国文化、发展中国文化、创新中国文化的重要途径之一。如今，区域文化研究日益受到各地重视，成为我国文化研究走向深入的一个重要标志。我们今天实施浙江文化研究工程，其目的和意义也在于此。

千百年来，浙江人民积淀和传承了一个底蕴深厚的文化传统。这种文化传统的独特性，正在于它令人惊叹的富于创造力的智慧和力量。

浙江文化中富于创造力的基因，早早地出现在其历史的源头。在浙江新石器时代最为著名的跨湖桥、河姆渡、马家浜和良渚的考古文化中，浙江先民们都以不同凡响的作为，在中华民族的文明之源留下了创造和进步的印记。

浙江人民在与时俱进的历史轨迹上一路走来，秉承富于创造力的文化传统，这深深地融汇在一代代浙江人民的血液中，体现在浙江人民的行为上，也在浙江历史上众多杰出人物身上得到充分展示。从大禹的因势利导、敬业治水，到勾践的卧薪尝胆、励精图治；从钱氏的保境安民、纳土归宋，到胡则的为官一任、造福一方；从岳飞、于谦的精忠报国、清白一生，到方孝孺、张苍水的刚正不阿、以身殉国；从沈括的博学多识、精研深究，到竺可桢的科学救国、求是一生；无论是陈亮、叶适的经世致用，还是黄宗羲的工商皆本；无论是王充、王阳明的批判、自觉，还是龚自珍、蔡元培的开明、开放，等等，都展示了浙江深厚的文化底蕴，凝聚了浙江人民求真务实的创造精神。

代代相传的文化创造的作为和精神，从观念、态度、行为方式和价值取向上，孕育、形成和发展了渊源有自的浙江地域文化传统和与时俱进的浙江文化精神，她滋育着浙江的生命力、催生着浙江的凝聚力、激发着浙江的创造力、培植着浙江的竞争力，激励着浙江人民永不自满、永不停息，在各个不同的历史时期不断地超越自我、创业奋进。

悠久深厚、意韵丰富的浙江文化传统，是历史赐予我们的宝贵财富，也是我们开拓未来的丰富资源和不竭动力。党的十六大以来推进浙江新发展的实践，使我们越来越深刻地认识到，与国家实施改革开放大政方针相伴随的浙江经济社会持续快速健康发展的深层原因，就在于浙江深厚的文化底蕴和文化传统与当今时代精神的有机结合，就在于发展先进生产力与发展先进文化的有机结合。今后一个时期浙江能否在全面建设小康社会、加快社会主义现代化建设进程中继续走在前列，很大程度上取决于我们对文化力量的深刻认识、对发展先进文化的高度自觉和对加快建设文化大省的工作力度。我们应该看到，文化的力量最终可以转化为物质的力量，文化的软实力最终可以转化为经济的硬实力。文化要素是综合竞争力的核心要素，文化资源是经济社会发展的重要资源，文化素质是领导者和劳动者的首要素质。因此，研究浙江文化的历史与现状，增强文化软实力，为浙江的现代化建设服务，是浙江人民的共同事业，也是浙江各级党委、政府的重要使命和责任。

2005年7月召开的中共浙江省委十一届八次全会，作出《关于加快建设文化大省的决定》，提出要从增强先进文化凝聚力、解放和发展生产力、增强社会公共服务能力入手，大力实施文明素质工程、文化精品工程、文化研究工程、文化保护工程、文化产业促进工程、文化阵地工程、文化传播工程、文化人才工程等"八项工程"，实施科教兴国和人才强国战略，加快建设教育、科技、卫生、体育等"四个强省"。作为文化建设"八项工程"之一的文化研究工程，其任务就是系统研究浙江文化的历史成就和当代发展，深入挖掘浙江文化底蕴、研究浙江现象、总结浙江经验、指导浙江未来的发展。

浙江文化研究工程将重点研究"今、古、人、文"四个方面，即围绕浙江当代发展问题研究、浙江历史文化专题研究、浙江名人研究、浙江历史文献整理四大板块，开展系统研究，出版系列丛书。在研究内容上，深入挖掘浙江文化底蕴，系统梳理和分析浙江历史文化的内部结构、变化规律和地域特色，坚持和发展浙江精神；研究浙江文化与其他地域文化的异同，厘清浙江文化在中国文化中的地位和相互影响的关系；围绕浙江生动的当代实践，深入解读浙江现象，总结浙江经验，指导浙江发展。在研究力量上，通过课题组织、出版资助、重点研究基地建设、加强省内外大院名校合作、整合各地各部门力量等途径，形成上下联动、学界互动的整体合力。在成果运用上，注重研究成果的学术价值和应用价值，充分发挥其认识世界、传承文明、创新理论、咨政育人、服务社会的重要作用。

我们希望通过实施浙江文化研究工程，努力用浙江历史教育浙江人民、用浙江文化熏陶浙江人民、用浙江精神鼓舞浙江人民、用浙江经验引领浙江人民，进一步激发浙江人民的无穷智慧和伟大创造能力，推动浙江实现又快又好发展。

今天，我们踏着来自历史的河流，受着一方百姓的期许，理应负起使命，至诚奉献，让我们的文化绵延不绝，让我们的创造生生不息。

2006年5月30日于杭州

目录

第一章　地灵人杰　家世童年

永嘉沿革

叶适的诞生地温州古称永嘉，是中国东南沿海具有悠久历史文化的一块宝地。明代嘉靖年间编成的《温州府志》这样记载它的建置沿革：

> 温州府，《禹贡》扬州之域，《天文》斗、牛、女分野。春秋战国时并属越。秦属闽中郡。汉初为东瓯王国，后为会稽郡之回浦县地。东汉为章安县地，又分置永宁县。三国吴属临海郡。晋置永嘉郡，治永宁县。隋初废郡改县，曰永嘉，属处州，大业初属永嘉郡。唐改为东嘉州，后废为县，属括州。上元初改为温州，以其地恒燠少寒，故名。天宝初复为永嘉郡，乾元初复为温州，建靖安军。五代吴越建靖海军。宋为应道军，建炎初复为温州，咸淳初改为瑞安府。元为温州路。国朝为温州府。①

这段高度浓缩的记载，概括了永嘉近两千年的发展历程，但语焉不详，过于简略，因此，我们将永嘉演变的这幅历史画卷稍作展开：

《尚书·禹贡》篇有“禹别九州”的记载，古人将天下区分为九州，即冀

---

① （明）《嘉靖温州府志》卷一。

州、兖州、青州、徐州、扬州、荆州、豫州、梁州和雍州，永嘉属于其中扬州的地域。《汉书·天文志》则将天上星宿的区域与地上诸州的地域一一对应，称为分野，永嘉所属的扬州正对应于斗、牛、女的分野。这些都说明，永嘉地区历史悠久，并早就载入史籍。其实，根据现代考古发掘，在这一地区的瑞安大坪、乐清白石、泰顺狮子岗等地，发现了近百处新石器时代晚期的古文化遗址；而在瓯海区牛岭村卧旗山坪、龙湾上河滨村龙岗山，则发现有新石器时代晚期至春秋的古文化遗址。这些发现证明了早在五六千年前，已有先民在这一带生产劳动和繁衍生息。

春秋时期，永嘉为瓯越荒服之地。战国时，越王勾践七世孙无强与楚战不利，越人被迫南迁。后裔安朱（前271—？）继承前人遗业，世王东瓯。秦王政二十六年（前221），东瓯归属闽中郡。秦末，安朱子闽君驺摇率越人归鄱阳令吴芮，从诸侯灭秦，接着佐汉击楚有功，汉惠帝三年（前192）被封为东海王，俗称东瓯王，建都东瓯。

汉武帝建元三年（前138），闽越王发兵围东瓯，朝廷遣庄助发会稽兵浮海往救，闽越王引兵退去，东瓯王广武侯驺望举众徙处庐江郡。其后，遗民渐出，昭帝始元二年（前85）以东瓯故地置回浦县，属会稽郡。东汉章帝章和元年（87），以回浦县地置章安县。顺帝永和三年（138），析章安县东瓯乡置永宁县，是为永嘉设县之始。至东晋明帝太宁元年（323），析临海郡永宁、安固、横阳、松阳四县地置永嘉郡，是为永嘉建郡之始。

隋文帝开皇九年（589），撤永嘉、临海二郡，置处州，治括苍，改永宁为永嘉县，撤安固、横阳、乐成三县入永嘉，县治永嘉；十二年，改称括州。隋炀帝大业三年（607），改括州为永嘉郡。唐高祖武德四年（621），改永嘉郡为括州，次年析括州之永嘉县地置东嘉州，复永宁、安固、乐成、横阳四县。太宗贞观元年（627），撤东嘉州，复属括州。高宗上元二年（675），析括州之永嘉、安固二县置温州，“以其地恒燠少寒”，是为温州得名之始。玄宗天宝元年（742），复改温州为永嘉郡。肃宗乾元元年（758），复改永嘉郡为温州。僖宗中和元年（881），朱褒乘黄巢义军进攻中原之机占据温州。后梁开平元年（907），钱镠遣子元瓘攻克温州，修缮州城，增筑子城，为府治所在地。后晋天福四年

(939)，升温州军额为静海军节度。

宋太宗太平兴国三年（978），吴越王钱俶纳土降宋，温州由节度州降为军事州，辖永嘉、乐清、平阳、瑞安四县。徽宗政和七年（1117），诏以“石柜山在永嘉县西北，乃黄帝缄玉板篆册之地；仙岩山在瑞安县东北，上有三皇井，泉涌其中，西南有瀑布，黄帝炼丹于此”，升温州为应道军节度。宣和二年(1120)，方腊起义军围温州，州学教授刘士英拒却之，取甓加筑西南低薄城墙。南宋高宗建炎三年（1129），罢军额，外城增筑楼橹马面。建炎四年正月，高宗从海门逃抵温州，二月驻跸江心普寂寺，半月后迁跸入城，以州治为行宫，谯楼为朝门，州宅为宫禁，崇德寺为都堂，儒志坊张氏宅为州治，设太庙于天庆宫（初在开元寺，后移华盖山玄妙观），皇族勋戚跟随而来甚众。前后在温六十三日，温州一时成为行都。度宗咸淳元年（1265），升温州为瑞安府。恭帝德祐二年（1276）三月，益王赵昰走温州；闰三月，宗正少卿陆秀夫等召陈宜中于清澳，总都督府张世杰自定海以兵来会，相率哭于江心寺高宗御座下，奉益王为天下兵马都元帅，广王昺副之，始发兵除吏。文天祥自京口脱险，四月八日抵温，留下《宿中川寺》名篇，力图抗元中兴。①

元代改瑞安府为温州路，至明、清两朝又改为温州府。可见，永嘉自东晋建郡以后，或为县，或为郡；唐高宗时始称温州，唐、宋两朝则温州、永嘉交替使用，宋末又称瑞安府；而元、明、清三代则一直称温州，并沿用至今。这是温州沿革的大略，而永嘉则习惯上被用作温州的古称。

风土人情

永嘉历史悠久，风光秀丽，文物鼎盛，人才辈出，诚如南朝梁代文人丘迟所谓“控带山海，利兼水陆，实东南之沃壤，一都之巨会”。②

---

① 参考《史记》卷一一四《东越列传》、《汉书》卷九五《西南夷两粤朝鲜传》、《晋书》卷一五《地理下》、《隋书》卷三一《地理下》、《旧唐书》卷四〇《地理三》、《新唐书》卷四一《地理》、《宋史》卷八八《地理四》。

② 〔南朝〕丘迟：《永嘉郡教》，《艺文类聚》卷五〇，上海古籍出版社1982年点校本，第905页。

永嘉位于东南沿海，东临东海，南接闽北，扼瓯江入海之咽喉。全境地形属沿海丘陵平原地区，地势由西北向东南倾斜。瓯江由西向东，注入温州湾，其支流遍布全境，下游水流平缓，形成江心屿、西洲岛等沙洲。温州港风平浪静，江阔水深，少雾不冻，成为天然良港。永嘉处于中亚热带湿润季风气候区，四季分明，温度适中，雨量充沛，夏、秋季节多台风。永嘉历史上以手工业发达著称，南宋时被辟为对外通商口岸，已是东南地区重要的工商城市。永嘉的造船业北宋末岁额已达六百艘，与明州（宁波）同居全国之首；造纸、丝绸、绣品、漆器、瓷器、鞋革等手工业都有自己的特色，产品销往全国各地，甚至出口海外，如漆器曾远销真腊（今柬埔寨）；著名的瓯柑是市场上的畅销水果，“岁当重阳，色未黄，有采之者，名曰摘青，舟载江浙间”，“贩而适远者，遇涂柑则争售”。[①]永嘉、天富、双穗三大盐场之盐行销内地，私贩多于官卖；永嘉境内有八镇、二十二小市，从事商品交换，还设有市舶务，专门管理海外贸易。宋代曾任温州知府的杨蟠作《永嘉》诗称：“一片繁荣海上头，从来唤作小杭州。水如棋局分街陌，山似屏帏绕画楼。是处有花迎我笑，何时无月逐人游。西湖宴赏争标日，多少珠帘不下钩。”[②]形象地描绘出宋代温州的繁华景象。

永嘉依山面海，山明水秀，历代文人墨客为永嘉的秀美风光倾倒，咏歌不绝。中国山水诗的鼻祖、曾任永嘉太守的南朝著名诗人谢灵运笔下有云：

> 步出西城门，遥望城西岑。连鄣叠巘崿，青翠杳深沉。晓霜枫叶丹，夕曛岚气阴。[③]

> 初景革绪风，新阳改故阴。池塘生春草，园柳变鸣禽。[④]

---

① 〔宋〕韩彦直：《橘录》卷下，《四库全书》本。

② 〔宋〕杨蟠：《永嘉》诗，（明）《弘治温州府志》卷二二引。

③ 《晚出西射堂》，逯钦立《先秦汉魏晋南北朝诗·宋诗》卷二，中华书局1983年版，第1161页。

④ 《登池上楼》，逯钦立《先秦汉魏晋南北朝诗·宋诗》卷二，第1161页。

时竟夕澄霁，云归日西驰。密林含余清，远峰隐半规。①

乱流趋孤屿，孤屿媚中川，云日相辉映，空水共澄鲜。②

昏旦变气候，山水含清晖。清晖能娱人，游子憺忘归。出谷日尚早，入舟阳已微。林壑敛暝色，云霞收夕霏。芰荷迭映蔚，蒲稗相因依。③

春事日已歇，池塘旷幽寻。残红被径隧，初绿杂浅深。④

野旷沙岸净，天高秋月明。憩石挹飞泉，攀林搴落英。⑤

朝旦发阳崖，景落憩阴峰。舍舟眺迥渚，停策倚茂松。侧径既窈窕，环洲亦玲珑。俯视乔木杪，仰聆大壑淙。石横水分流，林密蹊绝踪。解作竟何感，升长皆丰容。初篁苞绿箨，新蒲含紫茸。海鸥戏春岸，天鸡弄和风。⑥

这些节录的诗句，描绘出一幅山清水碧、流光溢彩、充满无限生机的图景，这是永嘉风光最真实的写照。从某种意义上说，是永嘉的青山绿水，赋予了迁客、骚人无尽的灵感，从而造就出谢灵运这样的杰出诗人，孕育出中国山水诗的第一批经典作品。

自东晋建郡之后，永嘉之地日渐繁荣，并逐步形成了独具特色的风俗，《嘉靖温州府志》记载云：

---

① 《游南亭》，逯钦立《先秦汉魏晋南北朝诗·宋诗》卷二，第1161页。

② 《登江中孤屿》，逯钦立《先秦汉魏晋南北朝诗·宋诗》卷二，第1162页。

③ 《石壁精舍还湖中作》，逯钦立《先秦汉魏晋南北朝诗·宋诗》卷二，第1165页。

④ 《读书斋》，逯钦立《先秦汉魏晋南北朝诗·宋诗》卷二，第1169页。

⑤ 《初去郡》，逯钦立《先秦汉魏晋南北朝诗·宋诗》卷三，第1171页。

⑥ 《于南山往北山经湖中瞻眺》，逯钦立《先秦汉魏晋南北朝诗·宋诗》卷三，第1172页。

晋立郡城，生齿日繁。王右军导以文教，谢康乐继之，人乃知向方。自是而家务为学，比宋遂称为小邹鲁，言性理之学者宗焉。土薄艰艺，民勤于力，妇勤纺绩。乡会必以齿。治丧不用浮屠，不饮酒，务省事。知耻自爱，鲜乐争讼。城市之民，或喜华靡，尚歌舞。若岁元夕张灯，端午竞渡，诸乡亦然，盖地僻无事，人情相乐，屡烦禁饬云。①

可见，永嘉的民风以勤俭省事、知耻自爱、尊奉长辈、崇尚学术为主要特征，而元夕张灯、端午竞渡的习俗，则反映了人民在劳作之余“人情相乐”的精神文化需求。叶适多有记写永嘉风土人情的诗作，如：

《橘枝词三首记永嘉风土》

蜜满房中金作皮，人家短日挂疏篱。
判霜剪露装船去，不唱杨枝唱橘枝。
琥珀银红未是醇，私酤官卖各生春。
只消一盏能和气，切莫多杯自害身。
鹤袖貂鞋巾闪鸦，吹箫打鼓趁年华。
行春以东峥水北，不妨欢乐早还家。②

《永嘉端午行》

行春桥东峙岩北，大舫移家住无隙。
立瓶巨罗银价涌，冰衫雪裤胭脂勒。
使君劝客亲付标，两朋予夺悬分毫。
起身齐看船势侧，桡安不动涛头高。
古来净水斗胜负，湖边常赢岂其数。
岸腾波沸相随流，回庙长歌谢神助……③

---

①（明）《嘉靖温州府志》卷一。
②〔宋〕叶适：《水心文集》卷八，中华书局1961年点校本《叶适集》，第125页。
③《水心文集》卷六，《叶适集》第51页。

《后端午行》

一村一船遍一乡，处处旗脚争飞扬。
祈年赛愿从其俗，禁断无益反为酷。
喜公与民还旧观，楼前一笑沧波远。
日昏停棹各自归，黄瓜苦菜夸甘肥。①

蜜橘村醪，黄瓜苦菜，吹箫打鼓，赛船祈神……一股浓浓的乡土气息扑面而来，永嘉的风土民情从中可见一斑。

人文荟萃

一方水土养一方人。永嘉的山水沃壤、风土人情，孕育了永嘉的人文风貌，培育出永嘉的历代人才。自东晋以来，名流胜士，继踵而出，流风遗韵，代代相传，其中在南朝晋宋间和宋室南渡后更形成了两个高峰。

永嘉郡城的设计者，是《尔雅注》《山海经注》的作者、“游仙诗”的创立者、东晋著名学者和诗人郭璞（276—324）。晋明帝太宁元年（323），析临海郡南部地置永嘉郡，筑郡城。“郭璞初谋城于江北”，后因土轻改选江南。他登西郭山望诸山错立如北斗，华盖、海坛、西郭、松台四山似斗魁，积谷、巽山、仁王三山似斗杓，认为“城于山则寇不入斗，可长保安逸”，于是东西依山，北临瓯江，南濒会昌湖，筑永嘉郡城，号称斗城，周长十八里。当时因有白鹿衔花之祥瑞，故又名鹿城。“凿井二十八以象列宿，街巷沟渠大小布列如井田状”，“屏蔽周全，而雄视于东南”，②从此奠定了这座历史文化名城的基础。

永嘉郡守中的第一位名人，是名扬四海的书法大师王羲之（321—379）。这位“书圣”于东晋永和三年（347）任永嘉郡守，“治尚慈爱”，深受百姓拥戴，温州的不少地名，至今都留存着其遗迹。《古今风俗通》载：“王逸少（羲之字）

① 《水心文集》卷六，《叶适集》第51—52页。
② （明）《弘治温州府志》卷六。

出守永嘉，庭列五马，绣鞍金勒，出则鞚之，故永嘉有五马坊焉。”至今五马街为温州商业中心，是唯一的步行街。南宋祝穆《方舆胜览》引《郡志》称：“自百里坊至平阳屿一百里皆荷花，王羲之自南门登舟赏荷花即此也。”唐温州刺史张又新《百里坊》诗云：“时清游骑南徂暑，正值荷花百里开。民喜出行迎五马，全家知是使君来。”百里坊因此而得名，并历代沿用。另有王右军祠，“在城区墨池坊，晋王羲之为郡刺史，仕至右军将（军），尝涤笔于池，遗迹尚存”。[①]为右军立祠，以墨池名坊，都表达了人们对“书圣”的无比崇敬和怀念。

刘宋时期的著名诗人谢灵运（385—433），“少好学，博览群书，文章之美，江左莫逮”。[②]他约在永初三年（422）至景平元年（423）间出任永嘉太守，诗人描摹永嘉山水的篇什，成为中国山水诗的不朽经典，也使永嘉的秀美风光名扬天下。人们热烈地迎送这位风流太守。据说谢灵运莅临永嘉时，儿童骑竹马相迎，因而有“竹马坊”的地名（今名瓦市巷）。又有“康乐坊”之名沿用至今，相传是诗人（后封康乐公）离郡时，欢送人群经此坊至北亭告别，诗人撰有《北亭与吏民别》诗。宋代苏轼有诗称云：“自言官长如灵运，能使江山似永嘉。”[③]这位才华横溢的太守，使永嘉与其江山胜景扬名寰宇，永恒不朽。

此外，为陈寿《三国志》作注的刘宋史学家裴松之（372—451），在完成其名著后，“出为永嘉太守，勤恤百姓，吏民便之”。[④]与谢灵运并称“颜谢”的宋代著名诗人颜延之（384—456），“好读书，无所不览，文章之美，冠绝当时”，[⑤]因获罪权贵，曾被贬为永嘉太守。而与颜延之、谢灵运同列诗坛“元嘉三大家”的著名诗人鲍照（414—466），据说也曾担任过永嘉令。[⑥]晋宋间这些著名诗人、书家、学者、史家，其共同特点是都不是永嘉本地人，如郭璞、裴松之是河东闻喜（今山西闻喜）人，王羲之、颜延之是琅琊临沂（今山东临沂）

---

① 均见（明）《弘治温州府志》卷一六。

② 〔南朝〕沈约：《宋书》卷六七，中华书局1974年点校本，第1743页。

③ 〔宋〕苏轼：《寄题兴州晁太守新开古东池》，《苏轼诗集》卷五，中华书局1982年点校本，第220页。

④ 《宋书》卷六四，第1701页。

⑤ 《宋书》卷七三，第1891页。

⑥ 〔南朝〕虞炎：《鲍参军集序》，《鲍参军集注》卷首，上海古籍出版社1980年点校本。

人，而谢灵运的祖籍为陈郡阳夏（今河南太康）。他们因不同的原因宦游永嘉，为永嘉带来了中原的学术、文化、艺术，滋润了这块原本较为落后的土地。他们的皇皇业绩和声名影响，扩大了永嘉的知名度，奠定了永嘉人文的基础，并为孕育永嘉的本地人才提供了沃土。

经过数百年的酝酿，永嘉本地人才终于在宋代，尤其是南宋时期蜂拥而出。据统计，永嘉各类人才在《宋史》中列传的达二十三人，中进士的更有一千三百余人，其中南宋一百五十七年间进士及第的就有一千一百四十七人，包括五名状元。著名的官员如王十朋、张阐、蔡幼学、陈宜中、刘黻等，思想家如郑伯熊、薛季宣、陈傅良、叶适等，文学家如四灵诗派的徐照、徐玑、翁卷、赵师秀及词家卢祖皋、爱国诗人林景熙等，音乐家如郭沔，语言学家如戴侗等。以下择要述之。

早在北宋初年，永嘉和瑞安的县学就已继东晋郡学和唐代乐清县学之后兴建起来。皇祐（1049—1054）年间，王开祖讲学于州城东山，从学者常数百人，东山书院成为全国四大书院之一。王开祖和丁昌期、瑞安林石合称“皇祐三先生”。官学、私学的勃兴，为永嘉人才的脱颖而出创造了条件。元丰（1078—1085）、元祐（1086—1094）间，周行己、许景衡、沈躬行、刘安节、刘安上、戴述、赵霄、张烨和蒋元中等九人赴京师就读太学，周、许、沈、戴、二刘到洛阳从程颐受业，赵、张、蒋则私淑洛学，周、许、沈还曾从吕大临受业，为张载的再传弟子。他们合称“元丰九先生”。这十二位先哲倡导儒学并接受洛学和关学，是永嘉学派赖以形成的渊源，其中尤以周行己影响最大。周行己（1067—？）字恭叔，永嘉人，元祐六年（1091）进士，官至太学博士，著有《易讲义》《礼记讲义》《浮沚文集》等书，晚年在松台山麓建浮沚书院讲学授徒，“邦人始知有伊洛之学”。[①]

宋室南渡初期，永嘉之学曾一度衰歇，直至乾道（1165—1173）、淳熙（1174—1189）间，经郑伯熊兄弟“复而振之”，才得以恢复。郑伯熊（1127—1181）字景望，永嘉人，是周行己的私淑弟子，与弟伯英（1130—1192，字景

① （清）《光绪永嘉县志》卷一三。

元）“惟以统纪不接为惧，首雕程氏书于闽中，由是永嘉之学宗郑氏……乾、淳之间，永嘉学者连袂成帷，然无不以先生兄弟为渠率”。[①]郑伯熊官至直龙图阁学士，设立书院亲自讲授，著有《敷文书说》《郑景望集》等。

状元王十朋（1112—1171）字龟龄，号梅溪，乐清人。绍兴二十七年（1157）进士第一，官至太子詹事、龙图阁学士。王十朋立朝刚直，为当时名臣，史称其“每以诸葛亮、颜真卿、寇准、范仲淹、韩琦、唐介自比，朱熹、张栻雅敬之”。[②]他大力推崇唐宋古文传统，为文以欧阳修之“纯粹”为法，在南宋散文中足以自成一家，著有《梅溪集》。

薛季宣（1134—1173）字士龙，号艮斋，永嘉人，官至大理正、常州知州。他早年从袁溉受业，“季宣既得道洁之传，加以考订千载，凡夫礼乐兵农，莫不该通委曲，真可施之实用”，“教人就事上理会，步步着实，言之必使可行，足以开物成务”，[③]成为永嘉事功之学的创始人。其著作有《周礼释疑》《春秋经解》和《浪语集》等多种。

薛氏弟子陈傅良（1137—1203）字君举，号止斋，瑞安人，官至中书舍人，宝谟阁待制。他少以文名，其“《待遇集》板行，人争诵之”。[④]后潜心经制之学，“自三代、秦汉以下靡不研究，一事一物必稽于极而后已”，“民病某政，国厌某法，铢称镒数，各到根穴”。[⑤]著述有《春秋后传》《左氏旁指》《周礼说》《历代兵制》《止斋集》等多种。

此外还有许及之（？—1209）字深甫，永嘉人，隆兴元年（1163）进士，官至同知枢密院事，诗文气体高亮，琅琅盈耳，著有《涉斋集》。戴溪（1141—1215）字肖望，永嘉人，少有文名，淳熙五年（1178）别头省试第一，官至权工部尚书，著有《岷隐文集》《春秋讲义》等多种。王楠（1143—1217）字木叔，永嘉人，为文“古淡平粹，不穷巧极丽亦擅天下，自止斋、水心一辈人皆

① 〔清〕黄宗羲：《宋元学案》卷三二，中华书局1986年点校本，第1153页。

② 〔元〕脱脱等：《宋史》卷三八七，中华书局1977年点校本，第11887页。

③ 《宋元学案》卷五二，第1691页。

④ 〔宋〕吴子良：《荆溪林下偶谈》卷四“陈止斋”条，《四库全书》本。

⑤ 《宋史》卷四三四，第12886页。

尊事之”。[①]蔡幼学（1154—1217）字行之，瑞安人，乾道八年（1172）进士，官至权兵部尚书，少以文鸣，后擅长史学，又擅书法，著有《文懿公集》。戴栩（1180—?）字文子，永嘉人，嘉定元年（1208）进士，累官太学博士、秘书郎等，学于水心，亲得其指授，著有《浣川集》。陈埴字器之，永嘉人，师水心，又从朱熹，所见超卓，四方从游者数百人，尊为潜室先生，著有《潜室文集》。他们或治学，或擅文，都是永嘉人才中的佼佼者。

被称为“永嘉四灵”的四位永嘉诗人是徐照（字灵晖）、徐玑（字文渊，号灵渊）、赵师秀（字紫芝，号灵秀）和翁卷（字灵舒）。他们提倡晚唐近体诗，宗崇贾岛、姚合，其诗平易自然，简约清淡，近乎白描，一改江西诗派过分堆砌典故、寻章摘句之弊，给诗坛吹来一股清新之风，开“江湖诗派”先声。其中徐玑为叶适及门弟子，叶适曾选四人诗五百首编为《四灵诗选》，并由书商刊行，[②]可惜今已佚失。

除此之外，永嘉是南戏的发源地，中国完整的戏曲艺术首先在这里形成。明人祝允明说：“南戏出于宣和之后，南渡之际，谓之温州杂剧。”[③]徐渭则说：“南戏始于宋光宗朝，永嘉人所作《赵贞女》《王魁》二种实首之。”“或云宣和间已滥觞，其盛行则自南渡，号曰永嘉杂剧。”[④]因此，南戏约发端于北宋宣和年间，而盛行于南宋中叶，王国维在《宋元戏曲考》中断定：“南戏之渊源于宋殆无可疑。”[⑤]宋代南戏剧目有《王魁》《赵贞女蔡二郎》《张协状元》《韫玉传奇》等，以《王魁》为最早。而《张协状元》是今存《永乐大典》中保留的宋代南戏唯一传本，由温州九山（“九山”为温州别称）书会艺人改编，全剧五十三出，共一百七十九支曲牌，后世戏曲艺术应有的表演形式和表演手段，该剧都已齐备，集中体现了我国悠久的戏曲艺术文化传统。大批书会艺人活跃在剧坛，也是宋代永嘉通俗文化繁荣的重要标志。

① 〔宋〕刘克庄：《后村先生大全集》卷九九，《四部备要》本。
② 见许棐《融春小编·跋四灵诗选》，《江湖小集》卷七六，《四库全书》本。
③ 〔明〕祝允明：《猥谈》，《说郛续》本。
④ 〔明〕徐渭：《南词叙录》，《中国古典戏曲论著集成三》，中国戏剧出版社1959年版，第239页。
⑤ 王国维：《宋元戏曲考》，《蓬莱阁丛书》本，上海古籍出版社1998年版，第109页。

从学术到文学、艺术的全面繁盛，从朝廷要员到学者、文人、艺人的大量涌现，永嘉人文荟萃在南宋达到鼎盛，从中水到渠成般地诞生了最具代表性的人物——堪称“永嘉巨子”的叶适。

叶氏家世

查考叶姓的先祖，一般上溯到战国时期的楚国大夫沈诸梁，因其当时平叛有功，被封于叶地（今河南叶县），后代子孙即以封地为姓，成为叶姓。魏晋之前，叶姓在南阳繁衍最旺。由于南阳地处荆、襄、关、洛交会之处，为四方交通要道，叶姓后来大批南迁，散居南方各地。据《通志·氏族略》记载，叶姓至宋代，已成为当时的“著姓”之一。

叶适的祖先居于处州龙泉（今浙江龙泉），因此他的不少文章，喜欢署名为“龙泉叶适”。叶适的曾祖父叶公济，曾在北宋熙宁年间入太学为上舍生。太学是宋代培养人才的最高学府，王安石变法时倡导读经，希望通过学校培养人才，立太学“三舍法”，即分太学为外、内、上三舍，外舍名额七百人，内舍名额三百人，上舍名额一百人；学生各执一经，从太学博士受学，初进太学的称外舍生，考试成绩优良可依次升入内舍、上舍；上舍生成绩优秀者，可免除解试直接参加礼部试，甚至免除礼部试，直接参加皇帝主持的廷试，赐进士及第。或许叶公济学习成绩不佳，“游太学无成”，①未能取得参加礼部试的资格，更谈不上进士及第了。叶氏家道中落，于是“自处州龙泉徙于瑞安”，②来到永嘉。叶适的祖父叶诜字振瑞，似乎只上过瑞安县学，没有什么事迹流传。至叶适的父亲叶光祖（字显之），虽然性格开朗特立，志向远大，但苦于家世贫困，难以振兴家业，只能靠招收几个学童勉强糊口，常常入不敷出。③“叶氏自处州龙泉徙

① 《致政朝请郎叶公圹志》，《水心文集》卷一五，《叶适集》第292页。

② 《母杜氏墓志》，《水心文集》卷二五，《叶适集》第509页。

③ 《致政朝请郎叶公圹志》：“公性拓荦，志愿大，困于无地，不自振立。”（《水心文集》卷一五，《叶适集》第292页）《母杜氏墓志》：“家君聚数童子以自给，多不继。”（《水心文集》卷二五，《叶适集》第509页）

于瑞安，贫匮三世矣”，[①]叶适就出生在这样一个三代贫困的普通士人之家，这对他后来政治、经济思想的形成，有着直接的影响。

这里还要特别介绍的是叶适的母亲杜氏——一位勤劳贤惠的劳动妇女。杜氏是瑞安人，祖上世代担任县衙中的小吏。到叶适的外祖父却不愿再供官府驱使，回归乡间，耕地捕鱼，自得其乐，而家业则日趋衰落，因此杜氏十几岁就“能当其门户劳辱之事”，操持家务，独当一面，而且“孝敬仁善，异于他女子”。杜氏嫁到叶家，曾逢大水，“飘没数百里，室庐什器偕尽。自是连困厄，无常居，随僦辄迁，凡迁二十一所。所至或出门无行路，或栋宇不完，夫人居之，未尝变色”。就在这样居无定所、流浪漂泊的日子里，杜氏还利用空隙时间，拾取散落的苎麻丝绪，织成少量布匹，补贴家用。像这样穷居二十多年，杜氏始终安之若素，靠勤劳撑持着这个家庭。当时瑞安工商业较为发达，叶家亲友劝她让儿子放弃学业，改行经商或学习手艺，但杜氏不同意。她对儿子们管教很严，时常告诫叶适兄弟：“吾无师以教汝也，汝善为之，无累我也。”又说：“废兴成败，天也；若义不能立，徒以积困之故受怜于人，此人为之缪耳。汝勉之，善不可失也。”勉励孩子成败虽然不能完全由自己决定，但奋发自立、不乞怜于人却是做人的正道。母亲去世后，叶适曾感慨地说：“虽其穷如此，而犹得保为士人之家者，由夫人见之之明而所守者笃也。”[②]正是母亲的这种言传身教，激励着叶适刻苦攻读，坚持不懈，成为一代巨人。母亲在叶适的成长过程中，起着无可替代的重要作用，并明显超过了父亲。

叶适的同胞兄弟共四人，大哥名逮，叶适是老二，三弟名还，四弟名过；另有异母弟二人，名迈、造，妹三人，分别嫁给孙夔、项士龙和伍衡尔。除了叶适在其父母墓志铭中记其姓名外，只有温州《永强英桥叶氏宗谱》对其四弟叶过有过记载。

---

① 《母杜氏墓志》，《水心文集》卷二五，《叶适集》第509页。

② 均见《母杜氏墓志》，《水心文集》卷二五，《叶适集》第509—510页。

童年鳞爪

南宋高宗绍兴二十年（1150）五月初九日，叶适诞生于温州瑞安县城南门望江桥一带。这一年，其父叶光祖三十二岁，母杜氏二十五岁。

叶适在瑞安的童年生活只留下一鳞半爪的记载，从中我们只能大致了解他成长的时代和环境。

瑞安是宋代温州七镇之一，当时人口已十分密集，但县衙却甚为简陋，叶适曾在《瑞安县重建厅事记》中描写道："民聚而多，莫如浙东、西，瑞安非大邑而聚尤多。直杉高竹皆丛产，复厢穹瓦皆赘列，夜行若游其邻，村落若在市廛……余自童子，见县门甚卑狭，毁置不常，厅屋摧破，无立人处。"①瑞安濒临飞云江，可直接出海，水路运输极为便利，瑞安学者陈傅良有诗云："江城如在水晶宫，百粤三吴一苇通。"②方便的交通，使瑞安的工商业十分发达，这对叶适以后"通工惠商"思想的形成，有着潜移默化的影响。

叶适接受启蒙教育的情况，没有留下任何记录，而据《嘉靖温州府志》载，叶适自幼"资禀茂异，风度澄肃，十岁能属文"，③可见他天资聪明，禀赋特异，估计识字读书当不晚于五六岁，因此到十岁时就能开笔作文了，而他的启蒙老师，很可能就是他的父亲叶光祖。

叶适八岁那年，永嘉出了一件轰动全府的大新闻：瑞安邻县乐清的王十朋一举考中绍兴二十七年（1157）的状元，授绍兴府佥判。这是永嘉历史上的第一个状元，他对永嘉学子心灵的冲击无疑是巨大的，刚受启蒙的童年叶适不会不受到影响。叶适后来高度评价王十朋："秦桧死，首开直道对策，高宗寤，擢上第。孝宗初，力请复仇，不合，连守外州。自绍兴庚辰至乾道辛卯，公名节为世第一，士无不趋下风者。"④又称"绍兴末、乾道初，士类常推公第一"。并

---

① 《瑞安县重建厅事记》，《水心文集》卷一〇，《叶适集》第162页。

② 〔宋〕陈傅良：《江守三以诗来以韵酬之》，《止斋集》卷五，《四部丛刊》本。

③ （明）《嘉靖温州府志》卷三。

④ 《乐清县学三贤祠堂记》，《水心文集》卷九，《叶适集》第149页。

感慨地说："嗟夫！富贵何足道哉！能以公议自为当世轻重，斯孟轲所谓豪杰之士欤！"[①]这位永嘉"豪杰之士"的人品文才对叶适的一生产生重要的影响。

儿时的叶适，时常去邻居大商人林元章家嬉游。当时永嘉的风俗崇尚质朴节俭，而林元章家却新造了一所豪宅，"东望海，西挹三港诸山，曲楼重坐，门牖洞彻，表以梧柳，槛以芍药，行者咸流睇延颈"。[②]林元章善于聚财，但也喜欢挥霍，邻里乡亲倒也乐于亲近。瑞安的一班学子不但自己切磋，还聘请同县的名流陈傅良为师，永嘉的文士云集林家。叶适大约就在此时初识陈傅良，并开始了与其四十年的交游。

叶适的童年正当宋高宗绍兴末年，宋、金内部及相互对立形势正发生着微妙的变化。绍兴二十五年（1155），南宋朝廷投降派的代表人物秦桧死了，主战派的势力逐渐恢复和集聚。金主完颜亮于绍兴三十一年再次大举南下攻宋，却被宋虞允文军大败于采石矶，完颜亮为部下杀死，金世宗完颜雍即位。宋、金开始酝酿议和，宋高宗终于在绍兴三十二年六月禅位给儿子赵昚，是为宋孝宗。时局正经历着一次大变动，而叶适也就在十三岁的这一年跟随父亲由瑞安迁居永嘉（县治在今温州市鹿城区）。

① 《提刑检详王公墓志铭》，《水心文集》卷一六，《叶适集》第314页。

② 《林正仲墓志铭》，《水心文集》卷一六，《叶适集》第311页。

第二章　少年问学　承继学统

乾淳中兴

进入求学年龄的叶适，恰逢一个较为理想的时代环境。首先是时局的渐趋稳定。新登基的宋孝宗赵昚并非高宗亲生，而是宋太祖七世孙赵之偁之子，由于高宗不能生育，他才在六岁时被选入宫中作为高宗养子培育，到接受“禅位”之时，已经三十六岁。孝宗早年就有收复北方国土的志向，在藩邸时对秦桧的投降政策即有不满，因而在即位后便积极筹措北伐。隆兴元年（1163）正月，孝宗提升主战派张浚任枢密使，都督江淮东西路军马，开府建康，负责用兵事宜。五月，宋军开始出击，初战告捷。然而，聚集于宿州城下的十三万宋军随即遭到了金军数路兵马的夹击，顷刻溃败于宿州以北的符离集。符离之战的失败，使朝廷内的主和派又占据上风，孝宗被迫与金人议和。隆兴二年十二月，宋、金“隆兴和议”正式签订。根据和议，南宋皇帝不再对金称臣，改金、宋为叔侄关系；改“岁贡”为“岁币”，银、绢各减少五万两、匹；宋割商、秦地，使双方疆界恢复到原状。“隆兴和议”的订立，标志着宋、金双方暂时都已无力在军事上压倒对方，宋、金关系从而进入一个相对稳定的时期。

随着时局的渐趋稳定，南宋的社会经济在孝宗乾道、淳熙年间很快得到了恢复，历史上称之为“乾、淳中兴”。至淳熙末年，南宋仅东南地区的财政收入就达到六千五百三十余万缗，其中两浙路就由北宋时的三百三十余万缗，激增到一千二百万缗，盐茶税还不包括在内。[①]以温州地区为例，北宋崇宁年间（1102—1106）户口为119640户，人口262710人，而到淳熙年间（1174—1189）已上升到170035户、910657人，人口增到三倍多。[②]在人口激增的同时，温州的农田水利建设、农业生产技术都居于全国先进行列，造船、造纸、漆器、陶瓷、丝织等手工业迅速发展，对外交通、贸易也极为发达，城乡一派繁荣景象。在这样的背景下，永嘉的学术文化也大放异彩。永嘉历史上第一位状元王十朋称："永嘉自元祐以来，士风浸盛……至建炎、绍兴间，异才辈出，往往甲于东南。"[③]淳熙初任温州知州的韩彦直则称："温之学者，由晋唐间未有杰然出而与天下敌者，至国朝始盛，至于今日，尤号为文物极盛处。"[④]而当时整个东南地区更是学者辈出，学派林立，呈现出少有的繁盛局面。叶适在论及当时的学界名流时曾说："每念绍兴末，淳熙终，若汪圣锡（应辰）、芮国瑞（国器）、王龟龄（十朋）、张钦夫（栻）、朱元晦（熹）、郑景望（伯熊）、薛士隆（季宣）、吕伯恭（祖谦）及刘宾之（夙）、复之（朔）兄弟十余公，位虽屈，其道伸矣；身虽没，其言立矣。好恶同，出处偕，进退用舍，必能一其志者也。"[⑤]乾、淳学界的皇皇大观由此可见一斑。

时局的稳定，社会经济和学术文化的一时繁荣，为少年叶适的求学成才提供了一个极为有利的环境，然而他的问学之路，依然坎坷不平，充满艰辛。"贫匮三世"的叶家由瑞安迁至永嘉后，长期因贫困而居无定所。据叶适回忆，幼时全家"无常居，随僦辄迁，凡迁二十一所，所至或出门无行路，或栋宇不完"。[⑥]他们先后住过永强（今温州市瓯海区）、楠溪（今温州市永嘉县）等地。当时浙南水灾频发，乾道二年（1166）八月，温州全郡更是遭遇特大台风暴雨，洪水成灾，海潮上涨。《宋史》载："八月丁亥，温州大风，海溢，漂民庐、盐

---

① 见《建炎以来朝野杂记》甲集卷一四，中华书局2000年点校本。

② 《宋史》卷八八《地理四》，第2176页；《浙江通志》卷七四《户口四》。

③ 〔宋〕王十朋：《何提刑墓志铭》，《王十朋全集》卷二五，上海古籍出版社1998年版，第1008页。

④ 《橘录序》，《橘录》卷首，《四库全书》本。

⑤ 《著作正字二刘公墓志铭》，《水心文集》卷一六，《叶适集》第306页。

⑥ 《母杜氏墓志》，《水心文集》卷二五，《叶适集》第509页。

场、龙朔寺，覆舟溺死二万余人，江滨胔骼尚七千余。”[①]叶适曾在文中记录下玉环岛上盐场遭灾的情景：“天富北监（永嘉著名盐场）在海玉环岛上，乾道丙戌秋分，月霁，民欲解衣宿，忽冲风骤雨，水暴至，闼启膝没，及霤荡胸，至门已溺死。如是食顷，并海死者数万人。监故千余家，市肆皆尽，茅苇有无起灭波浪中。”[②]这次水灾使温州沿海损失惨重，后来朝廷甚至从福建迁徙百姓入温居住。就在这样居无定所、频遭天灾的动荡日子里，叶适开始迈出他艰苦的问学之路。他孜孜不倦，刻苦自学，广拜乡贤，谦虚求教，游学各地，结识同道，终于学有所成，继承永嘉学术的优良传统，为自己一生的发展奠定了扎实的基础。

受教止斋

在叶适的求学过程中，其受教时间最早且持续最久的前辈学者是陈傅良。叶适在为陈氏所作墓志铭中说：“余亦陪公游四十年，教余勤矣。”[③]这位交往四十载的同乡前辈，对叶适的一生产生了巨大的影响。

陈傅良（1137—1203）字君举，学者称止斋先生，温州瑞安人。陈氏祖上世代务农，至其父才开始读书，与叶适之父相似，也是个乡村教师。陈傅良九岁时父母双亡，靠祖母吴氏抚养成人。因家境贫穷，他只能一面刻苦自学，一面教书谋生。由于他勤学苦读，教学有方，在永嘉一带名声渐起，“岁从游者常数百人”。[④]

隆兴元年（1163）左右，永嘉人毛密开办并主持城南的茶院寺学塾，聘陈傅良主讲，一时从学者大增。在瑞安林正仲家已初识陈氏的叶适，此时已迁居永嘉，当然也前往受学。他曾记述当时陈傅良执教时的情形说：“初讲城南茶院时，诸老先生传科举旧学，摩荡鼓舞，受教者无异词。公未三十，心思挺出，

① 《宋史》卷六一《五行一上》，第1330页。

② 《宜人郑氏墓志铭》，《水心文集》卷二一，《叶适集》第401页。

③ 《宝谟阁待制中书舍人陈公墓志铭》，《水心文集》卷一六，《叶适集》第300页。

④ 〔宋〕蔡幼学：《陈傅良行状》，《止斋集》卷五二，《四部丛刊》本。

陈编宿说，披剥溃败，奇意芽甲，新语懋长，士苏醒起立，骇未曾有，皆相号召，雷动从之，虽縻他师，亦藉名陈氏。由是其文擅于当世。”[①]《宋史》本传亦载陈氏“初患科举程文之弊，思出其说为文章，自成一家，人争传诵，从者云合，由是其文擅当世”。[②]可见年轻时的陈傅良不满于当时经义、策论一类科举程文，以其充满“奇意”“新语”“自成一家”的文章，吸引了广大学子，引起了轰动效应。叶适弟子吴子良《荆溪林下偶谈》中也记载道：“止斋年近三十，聚徒于城南茶院，其徒数百人，文名大震。初赴补试，才抵浙江亭，未脱草屦，方外士及太学诸生迓而求见者如云。”[③]则陈氏文章在当时的影响，已不限于永嘉了。可惜由于陈傅良登第后“尽焚其旧稿”，而《止斋集》编集时又尽削少作，这些年少气盛之文已多不存。后来补入其文集的杂文《民论》《舟说》《责盗兰说》《戒河豚赋》数篇，当是其早年作品。如《民论》以秦灭六国而随即被灭的历史，论证民力的可畏，说明“有畏民之君，是以无可畏之民；后之人君，狃于民之不足畏，而民之大可畏者，始见于天下”。[④]这些颇具识见的文章，大多驰骋议论，巧设讽喻，又排比铺张，文采斐然，从今天来看，是富于生气和文采的杰作，无怪乎当时会引起文坛的震动。而少年叶适当时得益于陈傅良的，恐怕主要也是其文章，这对叶适后来才气奔逸、纵横驰骋的议论文写作，无疑有着深远而直接的影响。

陈傅良在文名大振之后，却继承永嘉学术的传统，走上潜心治学的道路。隆兴二年（1164），薛季宣自湖北归里待缺，居家专心著述，并常去城南茶院书塾与陈傅良论学，陈以师礼事之。乾道五年（1169）冬，陈傅良又追随薛氏寄寓常州墒湖攻读，“茅茨一间，聚书千余卷，日考古咨今其中”。[⑤]乾道六年，陈傅良进入太学学习，与张栻、吕祖谦、陈亮等著名学者结交，进一步开拓了学术视野。两年后，陈傅良进士甲科及第，被任为泰州州学教授，但他未去赴任，

---

① 《宝谟阁待制中书舍人陈公墓志铭》，《水心文集》卷一六，《叶适集》第298页。

② 《宋史》卷四三四《儒林四》，第12886页。

③ 《荆溪林下偶谈》卷四，《四库全书》本。

④ 《民论》，《止斋集》卷五二，《四部丛刊》本。

⑤ 《薛公行状》，《止斋集》卷五一，《四部丛刊》本。

仍回永嘉教书讲学，直至淳熙三年（1176）才出任太学录之职。这十余年间，陈傅良主要继承和发扬薛季宣的事功学说，注重探讨有关国计民生的实学。《四库全书总目》谓："傅良之学，终以通知成败、谙练掌故为长，不专于坐谈心性，故本传又称'傅良为学，自三代、秦、汉以下，靡不研究，一事一物，必稽于实而后已'，盖记其实也。"[①]而这段时期，叶适也一直在家乡教书问学，陈傅良则始终是他的良师益友。陈氏重视事功的学术思想，在青年叶适的头脑中深深地扎下了根。

入仕之后的陈傅良，历经福州、湖南、浙江等地的多任地方官，他关心民生，注重农事，为地方减免赋税，政绩颇佳，得到百姓的爱戴。光宗绍熙二年（1191），陈傅良入京师任吏部员外郎，迁秘书少监兼实录院检讨官，不久又除起居舍人、权中书舍人，他立朝公正，不畏权贵，坚持为民请命。他在参与拥立宁宗后升任中书舍人，兼侍讲、直学士院、同实录院修撰等职，但因得罪韩侂胄被劾，罢官回乡，后又被列入"伪学"党籍。直至嘉泰三年（1203）党禁解除后才得以复官，但此时陈傅良已年迈衰病，同年冬卒于家，终年六十七岁。"死之日，囊橐枵然，仅余白金数十两以殓。"[②]陈傅良一生勤勉努力，清廉正直，忧国忧民，多有善政。他勤奋著书立说，著作留存至今的尚有《止斋文集》五十二卷、《春秋后传》十二卷、《历代兵制》八卷、《永嘉先生八面锋》十三卷等多种。他又长期执教，培养了大量人才，成为永嘉学派发展过程中承先启后的一位重要学者。

叶适终生服膺这位同乡前辈，其人品、学问和文章，对叶适一生的立身、治学和为文，产生了无可估量的重要影响。陈傅良逝世后，叶适撰有《祭陈君举中书文》，[③]六年后，又为陈氏撰写了墓志铭。叶适曾称道陈傅良"有学行文词经世之业，远近宗从登门请义，通日夜，历寒暑，室内常无坐处"。[④]他在陈氏墓志铭中更将陈傅良与春秋时期的四位名士鲁国臧文仲、郑国子产、齐国晏

① 〔清〕纪昀等：《四库全书总目》卷一五九，中华书局1965年影印本，第1370页。

② 《荆溪林下偶谈》卷四，《四库全书》本。

③ 《祭陈君举中书文》，《水心文集》卷二八，《叶适集》第573页。

④ 《张令人墓志铭》，《水心文集》卷一四，《叶适集》第263页。

婴和晋国叔向相提并论，并详述其学术特点和经世主张云：

> 公之从郑（伯熊）、薛（季宣）也，以克己兢畏为主，敬德集义，于张公（栻）尽心焉。至古人经制，三代治法，又与薛公反复论之，而吕公（祖谦）为言："本朝文献相承，所以垂世立国者，然后学之内外本末备矣。"公犹不已，年经月纬，昼验夜索，询世旧，翻吏牍，搜断简，采异闻，一事一物，必稽于极而后止。千载之上，珠贯而丝组之，若目见而身折旋其间，吕公以为其长不独在文字也。公既实究治体，故常本原祖宗德意，欲减重征，捐末利，还之于民，省兵薄刑，期于富厚。而稍修取士法，养其礼义廉耻为人材地，以待上用。其于君德内治，则欲内朝外庭为人主一体，群臣庶民并询迭谏，而无壅塞不通之情。凡成周之所以为盛，皆可以行于今世，视昔人之致其君，非止以气力荷负之、华藻润色之而已也。呜呼！其操术精而致用远，弥纶之义弘矣。①

这段全面总结陈傅良学术的文字，完全可以看作叶适学术思想的主要渊源之一。

问学乡贤

除了止斋先生陈傅良之外，叶适少年时代的问学对象，涵盖了当时永嘉地区品行学识杰出的众多学者，乾淳年间永嘉学术的繁荣，为叶适的转益多师提供了良好的条件。

由于叶家在流离中居留过永嘉楠溪，少年叶适曾向当地隐者刘愈受学，并与其子刘士偲为友。刘愈（1096—1166）字进之，曾于绍兴末年担任过温州州学的学正，是一位急公好义、热心公益事业的士人。绍兴二十年（1150）、二十四年及隆兴二年（1164），楠溪遭遇三次大饥荒，草根木实都被吃尽，百姓流离

① 《宝谟阁待制中书舍人陈公墓志铭》，《水心文集》卷一六，《叶适集》第299—300页。

失所，甚至成为盗匪，刘愈散家财帮助救灾，向朝廷报告灾情，建议赈灾措施，还单身进入盗穴，说服匪首，维护了地区稳定。温州官府强迫当地销售食盐七十四万八千余斤，官吏挨户摊派，给百姓造成极大负担，刘愈派子侄上告御史，前后六年不止，终于削减了二十五万余斤定额。楠溪中生有巨石，上有洞穴称“石畝”，船过往往被吸入洞中，刘愈与乡人商议，垒石筑堤，阻挡激流，使溪水改道，消除了舟船覆没的危险。刘愈这种急人所难、助人为乐的精神，给少年叶适留下很深的印象。他回忆当年问学刘家的情形说：“余少学于君，数其前后师儒，盖有名士也。论堂肄室皆整，监书法帖皆备，程、张密语，苏、黄快句，子孙皆班班能道之。”并感慨地说：“方其时，寒谷穷人，拜首扣额，倚君为命，拯难辟阻，臻于夷行，其德大矣！”①可见这位“以人利害为身苦乐”的乡前辈的形象，深深地印在叶适的脑海中。

郑伯熊、郑伯英兄弟，是永嘉学术的领军人物，《宋元学案》称：“乾、淳之间，永嘉学者连袂成帷，然无不以先生兄弟为渠率。”②郑伯熊（1124—1181）字景望，学者称敷文先生，永嘉人。绍兴十五年（1145）进士及第，历任著作佐郎、吏部员外郎、国子司业、宗正少卿等职，以直龙图阁学士知建宁府，死于任上。他私淑乡前辈周行己之学，印行二程之书，设立书院，亲自讲授，得到全国学界的尊敬。郑伯英（1130—1192）字景元，自号归愚翁，曾于“绍兴末，上《中兴急务》十篇，极言秦桧之罪”。③隆兴元年（1163）登进士甲科，曾任秀州判官，杭州、泉州推官等职，因不满官场腐败，辞官回家，闲居乡里二十余年。叶适曾向郑伯熊问学，他在《祭郑景望龙图文》中说：“某之于公，长幼分殊，登门晚矣，承教则疏。”④又在挽诗《哭郑丈四首》中说：“忆在诸生列，曾窥太史书，泉蒙烦浚达，槁质费吹嘘。”⑤则叶适虽从郑氏直接受教不多，但确曾登门求学，并得到提携。而叶适与相差二十岁的郑伯英则情谊极好，可

---

① 均见《刘子怡墓志铭》，《水心文集》卷一七，《叶适集》第333—334页。

② 《宋元学案》卷三二，第1153页。

③ 《荆溪林下偶谈》卷四，《四库全书》本。

④ 《祭郑景望龙图文》，《水心文集》卷二八，《叶适集》第564页。

⑤ 《哭郑丈四首》，《水心文集》卷七，《叶适集》第91页。

谓忘年之交。他称道景元“才大气刚”，“俊健果决，论事愤发，思得其志，则必欲尽洗绍圣以来弊政，复还祖宗之旧，非随时默默苟为禄仕者也”。[①]他不同意世称景元为“豪士”，赞扬其“信道不苟，且宁不用，盖志士欤！”[②]他感激景元对自己的关照，“永嘉翩翩，号多友朋，公在其间，前援后承。我最晚出，公顾亦厚，谬志纷纭，盖尝一剖”，[③]并欣慰地宣称“尚友如此君，苍天未为薄”。[④]从这些充满感情的话语中，可以看出郑氏兄弟尤其是郑伯英对叶适成长道路的影响。

少年叶适问学的师长中，还有福建莆田人刘夙、刘朔兄弟，叶适称之为“二刘公”。二刘公均为莆田大学者艾轩先生林光朝的弟子，他们都“轻爵禄而重出处，厚名闻而薄势利，立朝能尽言，治民能尽力”。刘夙（1124—1171）字宾之，自幼博闻强记，绍兴二十一年（1151）登第，先后任吉州司户，临安、温州二府教授，秘书省正字，枢密院编修官，著作佐郎，知衢州、温州等职。他立朝勇于直谏，孝宗初曾多次上书力斥小人，“天下相庆”。刘朔（1127—1170）字复之，绍兴三十年（1160）登第，历任温州户曹、福清知县、秘书省正字等职。他忧国忘身，于“隆兴和议”签订后力排众议，反对“决天下于一掷”，主张“宜选兵将，广储峙，责成于端重堪事者，从容以待其变”的策略。二刘公先后在永嘉任职，赈灾爱民，尽心尽力。刘朔任温州户曹时，正逢饥荒、疫病相继发生，他自己“计口受禄，以其余散粥糜，日有常数，同僚寓士富人争效之”；他还亲自“切脉煮药，晨往晏罢，径入徐出”，“所活数万人”；“聚道旁弃儿常百计”，他“募妪乳饲，听无子者择取”。任职期满，灾疫尚未结束，百姓“皆泣曰：司户去，吾何所得衣食！”继而刘夙知温州，又逢“春夏不雨，公全家淡食，请命八十余日，母游夫人饭以梅干”。及刘夙离温，百姓“又泣曰：天以二刘赐我而不能终也，奈何！”而莆人往还永嘉，“必问著作、正字及游夫人安否，其皆卒也，哭之皆失声”。这些都是叶适少年时亲身见闻的实事。

---

① 《归愚翁文集序》，《水心文集》卷一二，《叶适集》第216页。

② 《郑景元墓志铭》，《水心文集》卷二一，《叶适集》第415页。

③ 《祭郑景元文》，《水心文集》卷二八，《叶适集》第569页。

④ 《送郑景元》，《水心文集》卷六，《叶适集》第36页。

他无限感慨地说：“二公之道，所谓忧天下之危而忘其身，图国家之便而不利其乐者欤！”叶适“童孺事二公，既与弥正（刘夙之子）为友，而起晦（刘朔之子）实同年生”。[①]二刘公的生平行事，无疑深深地留在少年叶适的记忆中。

永嘉城西的隐者陈烨，是叶适一生中交游最久的一位师长。陈烨（1127—1214）字民表，因愤于“道衰教失”，终身隐居不仕。他对当时社会上标新立异、崇尚浮华、法度屡变、竞进不止的风气十分不满，事事反其道而行之。他平生著书甚工却秘不示人，不想用华丽的辞藻与世相争；他揣摩世事甚精但不对客言，只怕将自己的聪慧明察显露出来；他“非其耕不食，非其织不衣，非其好不与游而久也。无悲愁愠忿生于色，无怨尤非怒加于人”，与世无争，随缘自适，自食其力，心如止水，是一位拔尘脱俗的高士。叶适说：“自余幼从君至老，验其所行，无不然者。”[②]这位出世高士的言行，为叶适提供了另一种人生坐标。

永嘉学者戴溪、王柟，也都是叶适终身交游、介于师友之间的同道。戴溪（1141—1215）字肖望，居于柟溪，年轻时与好友王柟隐居岷冈山读书，因而自号岷隐。戴溪少有文名，淳熙五年（1178）高中别头省试第一，历官太学录、实录院检讨官，升博士，改宗正簿，除礼部郎中、太子詹事兼秘书监、权工部尚书，以龙图阁学士致仕。他著述颇丰，也注重事功之学，为人谨慎，开禧北伐失败后，永嘉学者多遭罢官，他仍加官晋爵。戴溪由于年岁较长，对少年叶适多有资助，叶适在《祭戴詹事文》中说：“我幼而贱，公长又贤，怜我教我，莫如公先。爰自生发，逮于华颠，志有各行，情无间焉。”[③]可知叶适与其人生道路或有区别，但还是一生将其引为情谊无间的知己。王柟（1143—1217）字木叔，号合斋，祖籍河北，五代时南迁永嘉。他于乾道二年（1166）登第，累任婺州、台州推官，知绩溪县、江阴军，迁吏部郎中、国子司业、秘书少监，知赣州等。王柟是薛季宣的学生，为人重大节，尚事功，不畏强权，为官清正，爱民如子，“建其实利，不崇虚誉”。台州推官任上，他纠正冤案，凶犯伏罪，

---

① 均见《著作正字二刘公墓志铭》，《水心文集》卷一六，《叶适集》第301—306页。

② 《陈民表墓志铭》，《水心文集》卷二五，《叶适集》第506页。

③ 《祭戴詹事文》，《水心文集》卷二八，《叶适集》第580页。

“一州称明”；知绩溪县，他“积钱买田，为新塘六十八，碣六，浚旧陂百顷，岁得美熟，无以旱报者”；知赣州时，他“先礼教，后刑罚”，“民感公意，相戒勿犯，居数月，夜或不闭户矣”，待其离任时，“赣人雪涕，前后拥不得行”。叶适十分推重王楠的立身大节，慨叹道：“余稚从公至耄，岁月相靡，而士之变故繁矣，若夫所谓大节者，于其去就穷达之际，可以考焉。”[①]王楠的文章也自成一格，“独古淡平粹，不待穷巧极丽，亦擅天下，自止斋、水心一辈人，皆尊事之……盖其言议风旨有在于文字之外者矣”。[②]

此外，叶适少年时切磋交游的同乡贤达尚有永嘉的薛叔似（1141—1221）、陈谦（1144—1216），平阳的王自中（1140—1199）、徐谊（1144—1208），瑞安的陈武（生卒不详）、蔡幼学（1154—1217）等人。这些师友朋辈，大多人品端正，学有根底，少年叶适在师事交往之间，濡染颇深，既学其为人，又师其学问，且效其文章，为以后的立身治学，打下了扎实的基础。叶适曾揭櫫“自古尧、舜旧都，鲁、卫故国，莫不因前代师友之教，流风相接，使其后生有所考信”。[③]叶适自己也正是从永嘉“前代师友之教”中“有所考信”，“流风相接”，发扬光大，从而成为一代巨人的。

讲习游学

贫寒的家境，使少年叶适既无力延聘老师来家教读，也无力专门外出从师求学。他只能一面广泛地问学同乡前辈师长，一面还要努力谋求衣食之资：叶适走上了讲习游学、类似现今半工半读的求学之路。

从乾道元年（1165）至乾道四年，也即叶适十六岁到十九岁之间，他主要在永嘉乐清县白石的北山小学舍讲习。十余年后，叶适曾不无眷恋地回忆起当年在北山讲习的环境和生活：

① 均见《朝议大夫秘书少监王公墓志铭》，《水心文集》卷二三，《叶适集》第456—459页。

② 〔宋〕刘克庄：《跋王秘监合斋集》，《后村先生大全集》卷九九，《四部丛刊》本。

③ 《题二刘文集后》，《水心文集》卷二九，《叶适集》第598页。

> 乐清之山，东则雁荡，西则白石。舟行至上水，陆见巨石冠于崖首，势甚壮伟。去之尚数十里外，险绝有奇致。其山麓漫平，深泉衍流，多香草大木。陆地尤美，居之者黄、钱二家，累世不贫，以文义自笃为秀士。北山有小学舍，余少所讲习之地也。常沿流上下，读书以忘日月。间亦从黄氏父子渔钓，岛屿萦错可游者十数。有杨翁者，善种花，余或来玩其花，必大喜，延请无倦。间又游于其所谓净慧院者，院僧择饶善诗。义充、从岳、文捷，皆黄氏子，终老不出户，而从岳又以其兄子仲参为子。余时虽尚少，见其能侃然自得于山谷之间，未尝不叹其风俗之淳，而记其泉石之美，既去而不能忘也。①

崇山峻岭，草木流泉，垂钓种花，读书访友，景色宜人，民风淳朴，这就是叶适笔下的白石北山。优美的环境，恬静的生活，仿佛消融了尘世的烦恼和艰辛，少年叶适在这里度过了三年左右较为平静的生活。

白石的学舍在城西三十里。钱尧卿父子是当地世代有名望的乡先生，历任县令必来拜访，于是就在白石建立起一所小学舍，命名为“白石塾”，四方求学的生徒日渐增多。②叶适就是被聘请来小学舍执教的老师，称为“讲习”，也就是一面教书，一面自习，所谓“为人师而学不厌”。③叶适在认真讲习之余，还结识了几位朋友。世居乐清的叶士宁（字宗儒，后来成为王十朋的门人）“言论英发，是是非非不肯假借”，④叶适对其十分钦佩。来自台州黄岩县的林鼐（字伯和）、林鼒（字叔和）兄弟，叶适“勇不自抑，数为言古人之道，或显或晦，当世之学，有事有非”，⑤双方十分投机，一见定交。年轻学子，说古道今，议论风发，从中可略见少年叶适的风采。

乾道四年（1168）春夏间，叶适离开乐清白石北山书塾，开始游学婺州

---

① 《白石净慧院经藏记》，《水心文集》卷九，《叶适集》第137页。

② 据（明）永乐《乐清县志》卷六。

③〔宋〕薛季宣：《答叶适书》，《浪语集》卷二五，《四库全书》本。

④ 《叶君宗儒墓志铭》，《水心文集》卷一八，《叶适集》第356页。

⑤ 《林伯和墓志铭》，《水心文集》卷一五，《叶适集》第289页。

(今浙江金华地区)。这段游学生涯,一直持续到淳熙初年,中间除赴临安一年多外,前后共历经七八年时间。旧时所谓“游学”,也称“作馆”,多指贫寒士子为谋生计,背井离乡,被外地大户人家聘为塾师,教授弟子,获取衣食之资,同时也借此机会向当地学者问学,增长学识。叶适游学婺州,当也是这种性质。叶适曾住在学生张垓家中,张家的供给颇丰,[①]后来张垓在开禧北伐时成为叶适的下属。叶适还曾客居乌伤(今浙江义乌),结识了安贫乐道的秀才姚献可(字君俞),两人一见“如旧已熟识”,“往还弥年”。[②]叶适又曾在武义结交县丞平阳人郑噩(字仲酉),赞赏其“负气节,必行意,终不以势挠而从”的品格,还记录下郑氏深夜来访的一段细节:

余一夕宿茭道厩,夜参半,回风飞雪,瞢瞢就寐。忽有列炬,声稍哗,启门,则君自县走视余,相对茕然。俄曰:“被郡檄,明当至某处。”复揖归其舍。雪益急,比晓,没井干矣。人怪此县丞竟夜行雪中,何也?[③]

雪夜访友,告知出差,言尽而归,风风火火,情深心热,颇具侠士风度,给叶适留下深刻印象。

当然,叶适在游学期间的最大收获,还是结交了薛季宣、陈亮、吕祖谦三位著名学者,并向其问学,这对叶适思想的发展产生了深远影响。

游学之初,叶适曾拜访过时任婺州司理参军的乡前辈薛季宣,并投书请教学问,还希望得到生活上的帮助。[④]薛季宣复信叶适作答,信中说:

执事通百氏诸子之书,可以为博矣;为人师而学不厌,又知所谓约矣。听于途说,不以某之不肖,惠然肯顾,投以尺书,望我以急难,扣我以学问。以诸葛武乡之英特,谓我闻风而慕之;以王梅溪(十朋)、郑著作(伯

① 据《宋元学案》卷五五《水心学案》下,第1820页。
② 《姚君俞墓志铭》,《水心文集》卷一四,《叶适集》第269页。
③ 《郑仲酉墓志铭》,《水心文集》卷一五,《叶适集》第272页。
④ 参考周梦江《叶适与永嘉学派》第十九章,浙江古籍出版社1992年版,第288—289页。

> 態）一乡之善士，许以雁行而肩随……执事秀发妙龄，多闻多识，通于古，明于文，行不自贤，不耻下问，一日千里，吾知方发轫焉……[①]

薛季宣对处于“秀发妙龄”的少年叶适多有褒奖和鼓励，并预料这位年轻士子只是“方发轫焉”，前途未可限量。虽然叶适似未能从薛氏处得到具体的帮助，因为薛氏此时也正处于困境之中，但薛季宣毕竟是陈傅良的老师，这位乡前辈的首肯对他无疑是一种巨大的鼓舞和鞭策。

叶适在游学婺州时结识的另一位名士是永康人陈亮。陈亮（1143—1194）字同甫，又作同父，号龙川，是浙学永康学派的领军。《宋史》本传载其“生而目光有芒，为人才气超迈，喜谈兵，议论风生，下笔数千言立就。尝考古人用兵成败之迹，著《酌古论》，郡守周葵得之，相与论难，奇之，曰：‘他日国士也。’请为上客”。[②]陈亮于绍兴三十二年（1162）二十岁时赴漕试，至二十六岁时才贡入太学读书。乾道五年（1169），陈亮在临安上《中兴五论》，力主恢复中原，但“奏入不报，已而退修于家，学者多归之，益力学著书者十年”。[③]叶适与陈亮的结交大约就在其上《中兴五论》前后。陈亮在《祭叶正则母夫人文》中说：“昔余识夫人之子于稚年，固已得其昂霄耸壑之气。”[④]其后，叶适曾客居永康陈亮家中，此时叶适之母杜氏身患重病，叶适日夜思念母亲，“自其客居永康，每一食，未尝不东向凄然，有时继以泪下，曰：‘吾家甚贫，而吾母病，饮食医药宜如何办？又以劳吾父之心，吾将何以为人子！’”[⑤]游子思亲，父母贫病交加而不能尽孝，读之令人动容！两位年轻朋友也在这种深入了解中结为至交。约在淳熙三年（1176）春，陈亮第一次去永嘉，当时叶适正在乐清雁荡山中教书，吕祖谦还委托陈亮去山中探望。[⑥]此后，叶适与陈亮交往不断，两人常有诗词唱和。

---

① 《答叶适书》，《浪语集》卷二五，《四库全书》本。

② 《宋史》卷四三六《儒林六》，第12929页。

③ 《宋史》卷四三六《儒林六》，第12929页。

④ 〔宋〕陈亮：《祭叶正则母夫人文》，增订本《陈亮集》卷三三，中华书局1987年版，第440页。

⑤ 《祭叶正则母夫人文》，增订本《陈亮集》卷三三，第440页。

⑥ 参考周梦江《叶适与永嘉学派》第八章《陈亮永嘉之行及其与永嘉学派的关系》，第120页。

与朱熹、张栻并称“东南三贤”的吕祖谦，也是叶适心仪已久的婺州名士。吕祖谦（1137—1181）字伯恭，学者称东莱先生，金华（今浙江金华）人。吕氏为北宋名门望族，素有“累朝宰辅”之称，南宋时才迁居金华。吕祖谦于隆兴元年（1163）进士及第，同年又考中博学宏词科，历任太学博士、秘书郎、国史院编修官、实录院检讨官、著作郎等职。作为婺学的中坚，吕祖谦秉承家学渊源，其学以兼收并蓄、平正调和为特点，所谓“心平气和，不立崖异，一时英伟卓荦之士皆归心焉”。[①]吕祖谦与陈亮交情尤厚，与永嘉学者也都有往来。淳熙二年（1175），吕祖谦去武夷山造访朱熹，归途中聚于信州（今属江西）鹅湖寺，并邀陆九龄、陆九渊兄弟与会，讨论朱、陆学说之异同，意在调和两家纷争，结果却未能成功。这就是学术史上著名的“鹅湖之会”。也就在这年的秋天，重游婺州的叶适至武义明招山向吕祖谦问学，并给吕氏留下很好的印象。叶适后有《月谷》一诗记录此次拜访：“昔从东莱吕太史，秋夜共住明招山。正见谷中孤月出，倒影摇碎长林间。凭师记此无尽意，满扫一方相并闲。”[②]当年冬，叶适又曾呈书吕氏。第二年春天，陈亮将访永嘉，吕祖谦托他到雁荡山探望任教的叶适，信中说：“正则且得有啖饭处，去岁相聚，觉得其慨然有意，若到雁山，必须过存之也。”[③]流露出对这位年轻士子的殷殷关切之情。而叶适在是年的春、夏，又两次致书吕氏。在写于夏日的《与吕丈书》中，叶适写道：

某授徒僧舍，凡百粗遣。应酬虽无观书之暇，然亦胜索居也。去冬之书，辄自陈道。大抵以乍出坑谷，忽见天地日月，不觉欣跃惊诧，过于高快。自接报赧，益用力其间，乃知天地尽大，日月尽明，缉熙工夫无有穷已，其智愈崇，其礼愈卑，向时平实之语，乃今始知味矣。更惟有以进之，不胜颙俟。[④]

---

① 《宋史》卷四三四《儒林四》，第12874页。

② 《月谷》，《水心文集》卷六，《叶适集》第47页。

③ 〔宋〕吕祖谦：《与陈同甫书》，《东莱别集》卷一〇，《四库全书》本。

④ 《水心文集》卷二七，《叶适集》第548页。

这段书信，倾吐了向吕氏求教后在学术上豁然开朗、惊喜万分的心情。从两人的这些交往情形看，叶适对吕氏十分倾慕，吕氏对叶适也十分赏识。因此，两年之后，吕祖谦成为叶适高中进士第二名的座师，就不是偶然的了。

上书西府

在叶适前后十年的游学经历中，还有一段“临安上书”的插曲，它缘起于叶适母亲的得病。

乾道八年（1172），辛劳大半辈子的叶母杜氏已经四十七岁，这年，她患上一种怪病，开始是“上满下虚”的感觉，后来每到发作，就惊悸眩晕，像要马上死去。叶适闻讯后，急忙赶回家侍奉母亲，一家人围聚在母亲身边束手无策，唯有落泪。母亲病情稍稍安定后，就对叶适说：“汝勿怖，吾未死也。”又说：“吾疾非旦暮愈也，而汝所谋以养者在千里之外，汝去矣，徒守我亡益也。”不久又独自叹息道：“吾虽忍死，无以见门户之成立矣！”[①]

或许是有感于母亲的殷切期望，或许是受师友乡邻陆续登第的鼓励（乾道八年，永嘉师友陈傅良、蔡幼学、徐谊、薛叔似、陈谦、鲍潇等多人同年进士及第，蔡幼学中省元，陈傅良省试第二名，徐谊第三名），叶适于乾道九年（1173）来到临安，寻求机会。叶适首次入京的行迹少有记载，只知道他曾在钱塘结识台州黄岩人丁希亮（字少詹）。[②]而叶适此行最重要的举动，则是淳熙元年（1174）向签书枢密院事叶衡上书论事言志，这便是《水心文集》中保存的叶适第一篇重要论著《上西府书》。

叶衡乃婺州金华人，淳熙元年（1174）四月以户部尚书签书枢密院事（宋人将枢密院又称作西府）。叶衡与陈亮同郡，有些交情，并有书信往来，叶适可能因陈亮的介绍而来向叶衡上书。[③]《上西府书》开篇自叙身份及上书缘由曰：

---

① 见《母杜氏墓志》，《水心文集》卷二五，《叶适集》第510页。

② 见《丁少詹墓志铭》：“少詹生二十九年，余遇之钱塘。”丁氏卒于绍熙三年，年四十七，其生二十九年，当在淳熙元年。

③ 此用周梦江《叶适年谱》说，浙江古籍出版社1996年版，第42页。

某瓯粤之鄙人，行年二十有五，于今世最为不肖。虽少曾读书，颇涉治乱，而言语迟钝，意向迂阔，自度无以求知于当世君子，在京逾年，未尝有所诣。今者收拾废放，将就陇亩。然而伏念天子明圣，亲御明堂，布德施教，润泽海宇，犹惧闾阎之隐或不自得，于是屡下直言之诏，招采山岩遁逸之士、狂狷朴野之人。凡天下之大政，师旅刑赋之本末，道德法制之先后，至于宫掖之议，民伍之情，宰相之所未及行，谏官之所未暇言者，咸得极陈于前，无有所讳，而某虽不肖，实治其学。

这里的措辞不卑不亢，强调“少曾读书，颇涉治乱”，并自称专治“师旅刑赋”“道德法制”之学，从而为下文的展开做了铺垫。以下正文部分先从剖析当今的天下大势入手。叶适回顾了北宋立国以来朝廷对北方强敌妥协求和、“一切不计，以求苟安”的过程，以及造成的“刚心勇气，无复有矣”的恶果，指出当前面临的严峻局势，是所谓“以江淮之弱而兼西北之强，鼓思退之卒而战自奋之兵，轻腹心之忠而乐简策之谀”。然后文章一转，依据“治乱无常势，成败无定谋”的规律，提出“变今之势”的任务。文章分析了当今天下的三患：朝廷庸人当道，摈斥贤者；百姓消极沮丧，缺乏信心；群臣胸无大志，追名逐利。指出：“积此三患，其本不立，其末皆废矣。”接着，叶适向叶衡提出“酌古今之变，权利害之实，以先定国是于天下”的建议，并为其开列当今的“急政要务”：

收召废弃有名之士，斥去大言无验之臣，辟和同之论，息朋党之说；据岁入之常以制国用，罢太甚之求以纾民力；广武举之路，无限其任保，多制科之选，无必其记问；责州郡以荐士，则士林之气增，委诸路以择材，则士卒之心勇；四分上流之地以命羊、陆之帅，厚集荆楚之郊以求宛、洛之绩；仍旧兵之数以严蒐练，耕因屯之田以代军输；稍宽闽、浙之患，无旷江南之野；重台谏而任刺史，崇馆阁以亲讲读；遴储佐之材，分幕府之寄：凡今之急政要务，不待朝夕而行之者，其大略在是矣。

这些措施涉及国计民生的各个方面，在推行之中，还要注重诚、赏、罚三个环节。叶适认为，如此坚持数年，就能“变已成之弱势，去方至之三患”，成就“中兴之功”。上书末尾，叶适强调自己因“独有忧世之心”而“言而无惮”，并希望得到叶衡的重视。[①]

综观叶适的这篇上书可以看出，这绝非心血来潮、大笔一挥而成的“急就章”，而是叶适经过深思熟虑，对国家时局和大政方针发表的系统看法。虽然文章不免带有此类上书常有的故作豪纵之气，论述的问题尚不够具体深入，但文中分析的形势、指出的病患和提出的措施，还都是击中要害的，并初步表现出青年叶适“志意慷慨，雅以经济自负”[②]的气概和“文章雄赡，才气奔逸”[③]的特点。这次上书可以看作叶适十余年求学和思考的一次阶段性小结，也是叶适即将进入仕途前的一次预演。叶适以后在对策、进卷、奏议中发表的一系列治国宏论，都可谓发轫于此。《上西府书》标志着青年叶适在政治上开始走向成熟。

可惜叶适的满腔热忱没有得到这位西府大人的回报，洋洋三千余言的上书“一入侯门无消息”。在百般无奈之下，叶适只能黯然神伤，打道回府。归途中，他舟行经过秀州（今浙江嘉兴）时，给曾任右正言而此时被黜居家的王希吕写了一封信，信中围绕君子当存心高远，即“以社稷生民为主，而一身之利害不参焉”，表达了对王氏的崇敬心情。在谈到自己时，信中说：“某一生多难，学为世嗤，誓将去瓯闽之上，凿井筑室，有以自老，于今天下之事无所复置其念矣。”[④]出世归隐之志，与《上西府书》所论截然相反，反映出叶适在遭受挫折打击后的郁闷心情。当然，叶适并未因此彻底消沉，他继续在游学生涯中不断地汲取、历练，并等待着机遇的到来。

---

① 均见《上西府书》，《水心文集》卷二七，《叶适集》第541—544页。

② 《宋史》卷四三四《儒林四》，第12894页。

③ 《四库全书总目》卷一六〇，第1382页。

④ 《寄王正言书》，《水心文集》卷二七，《叶适集》第545—546页。

承继学统

从隆兴初年到淳熙初年，叶适经过十四五年的刻苦学习和磨炼，完成了他的问学之路。在向永嘉各位先贤前辈的求教问学中，在北山书塾和雁山僧舍的授徒讲习中，在到婺州各地的游学访友中，叶适的学问逐渐积累，奠定了扎实的根基。而这一根基的核心，就是叶适承继的永嘉学派的优良传统。

作为宋代儒学的一个重要学派，永嘉之学源远流长，其源头可以上溯到北宋中期。“庆历之际，学统四起”，“永嘉之儒志、经行二子，……筚路蓝缕，用启山林”。[①]“儒志”指王开祖，字景山，永嘉人，仁宗皇祐五年（1053）进士。他曾在州城东山之麓讲学授徒，从学常数百人，并曾与王安石、陈襄等交游，终年三十二岁，有《儒志编》一书传世，故学者称儒志先生。“经行”指丁昌期，字逢辰，永嘉人，哲宗元祐三年（1088）举明经行修科，不仕而归，建醉经堂聚徒讲学，学者称经行先生。此外又有瑞安人林石（1004—1101）字介夫，师从龙泉管师常，是陈襄、胡瑗的再传弟子。王开祖、丁昌期、林石三人的活动主要在皇祐年间（1049—1054），故总称“温州皇祐三先生”，他们是永嘉学术的开山祖师。

北宋后期，永嘉学子先后入太学求学的共有九人，他们是周行己、许景衡、刘安节、刘安上、戴述、沈躬行、蒋元中、赵霄和张恽，合称“元丰太学九先生”。他们原先学习王安石的“新学”，后来则全部接受了二程的“洛学”，其中周、许、二刘、戴、沈六人还亲赴洛阳向程颐问学。另外周、许、沈等人还曾与蓝田吕大临交游，传承张载的“关学”。九先生中周氏对永嘉学术的贡献最大。周行己字恭叔，学者称浮沚先生，永嘉人，历任太学博士、温州教授、秘书省正字等职。他先后从吕大临、程颐问学，传承洛学，承继道统之论，兼传关学，注重学以致用。他曾两次回故乡，筑浮沚书院讲学，“邦人始知伊洛之

---

① 《宋元学案》卷六《士刘诸儒学案》，第251页。

学”。[1]由于“永嘉诸先生从伊川者，其学多无传，独先生尚有余绪。南渡后，郑景望私淑之，遂以重光……先生之功不可没也”。[2]对永嘉学派影响颇大的还有许景衡（1072—1128）。许氏字少伊，学者称横塘先生，瑞安人，绍圣元年（1094）进士，历仕哲、徽、钦、高四朝，以正直敢言、忠心爱国著称。他在九先生中去世最晚，名德最显，“靖康、建炎之际，永嘉之学几坠而复振，于忠简（许氏谥号）诚有赖哉”。[3]

对于南渡之后永嘉之学的传承，叶适在《温州新修学记》中借留茂潜之语有一段经典性的概括：

> 昔周恭叔首闻程、吕氏微言，始放新经，黜旧疏，挈其俦伦，退而自求，视千载之已绝，俨然如醉忽醒、梦方觉也。颇益衰歇，而郑景望出，明见天理，神畅气怡，笃信固守，言与行应，而后知今人之心可即于古人之心矣。故永嘉之学，必兢省以御物欲者，周作于前而郑承于后也。
>
> 薛士隆愤发昭旷，独究体统，兴王远大之制，叔末寡陋之术，不随毁誉，必摭故实，如有用我，疗复之方安在！至陈君举尤号精密，民病某政，国厌某法，铢称镒数，各到根穴，而后知古人之治可措于今人之治矣。故永嘉之学，必弥纶以通世变者，薛经其始而陈纬其终也。[4]

叶适在这里明确地将永嘉之学的发展划分为两个阶段。第一阶段，“周作于前而郑承于后”，其特点是“兢省以御物欲”，即戒慎内省，克制欲望。周行己主要传二程洛学，郑伯熊私淑周氏，亦继承伊川学说，强调省己修德，所谓“存天理，克人欲”，郑氏又继承周氏“学以致用”的思想，“于古人经制治法，讨论尤精”[5]，从而为永嘉之学由内省转向事功铺设了桥梁。第二阶段，“薛经

① （清）《光绪永嘉县志》卷一三。

② 《宋元学案》卷三二《周许诸儒学案》，第1132页。

③ 〔清〕孙诒让：《横塘集后跋》。

④ 《温州新修学记》，《水心文集》卷一〇，《叶适集》第178页。

⑤ 《宋史》卷四三四《儒林四》，第12886页。

其始而陈纬其终”，其特点是“弥纶以通世变”，即统摄治道，精通世务。诚如楼钥在《陈公神道碑》中所说：“中兴以来，言性理之学者宗永嘉。惟薛氏（季宣）后出，加以考订千载，自井田、王制、司马法、八阵图之属，该通委曲，真可施之实用。……公（指陈傅良）游从最久，造诣最深，以之研精经史，贯穿百氏，以斯文为己任，综理当世之务，考核旧闻，于治道可以兴滞补敝，复古至道，条画本末粲如也。”[①]又如陈傅良所说：“所贵于儒者，谓其能通事务，以其所学见之事功。”[②]

从上述永嘉之学演进的过程看，到淳熙初年，虽然陈傅良的某些思想还在发展之中，但永嘉学术已经确立了“通世务，见事功”的核心思想，其主要内容为：（一）主张为学务实，不喜空谈义理；（二）注重考订史实，汲取历史经验；（三）倡导义利一致，关注兵、农、刑、财；（四）主张恢复中原，反对卖国投降。总之，关注国计民生，精研世务治道，永嘉事功之学与空论义理、侈谈心性的道学形成鲜明的对照。而经过永嘉学派前辈的悉心培育，青年叶适已经将永嘉学统承继下来，这不仅表现在他得到了学派奠基人郑氏兄弟、薛季宣、陈傅良的首肯和赞赏，还直接见之于他的“入世宣言”《上西府书》。在这篇上书中，他对历史经验的高度重视，他对天下大势的深刻剖析，他对“急政要务”的详尽条列，尤其是他对专治“师旅刑赋、道德法制”之学的明确表白，这一切都充分表明，永嘉事功学说的精髓，已牢牢扎根于青年叶适的脑海。永嘉之学尚在发展之中，永嘉之学尤需一位理论上的集大成者，时势即将造就出这样一位学术上的巨人。

漕试发解

叶适苦苦寻求和等待的机遇终于不期而至，那就是他有机会参加了淳熙四年（1177）的漕试。

---

① 〔宋〕楼钥：《陈公神道碑》，《攻媿集》卷九五，《四部丛刊》本。

② 《大理寺主簿王宁新知信阳制》，《止斋集》卷一四，《四部丛刊》本。

说到漕试，那要从宋代整个科举体制讲起。科举制度是一种以“投牒自进”为主要特征、以考试成绩优劣为录取主要依据、以进士科为主要取士科目的选官制度。它缘起于隋唐，经北宋多次改革后更趋成熟，南宋时除稍作改变外，基本沿袭了北宋后期的科举条制。其基本程序为：每隔三年举行一次，先是发解试，接着是省试（又称礼部试），最后是殿试（又称廷试、御试）。发解试是科举竞争的第一道关口，各州发解都有定额，人数从几人到数十人不等。由于应举之人越来越多，发解名额的竞争也越来越激烈。[①]发解试又有三种：一是州郡试，其解额最窄。叶适说：“温之士几万人，其解选拘于旧额，最号狭少。”[②]当时温州旧额仅十七名，依照应举人分摊，约四百余人取一名，可见其难。二是太学试，主要供太学生及在京高级官员子弟应试，明显带有照顾性质，基本是七人取一名，太学生成绩优良则可“免解”直接参加省试。三是转运司试，又称漕试或牒试，这是转运使司专为各路及州郡的地方官及其亲戚、门客而设的考试。南宋初，“东南诸州解额少，举子多，求牒试于转运司，每七人取一名，比之本贯，难易百倍”。[③]显然，以叶适的贫寒出身，要通过四百取一的州郡试取得发解资格，其可能性实在太小。然而，他幸运地把握住了通过漕试发解的机会，而给予他这次宝贵机会的是翰林学士周必大。

周必大（1126—1204）字子充，又字弘道，吉州庐陵（今江西吉安）人。绍兴二十一年（1151）进士，后又中博学宏词科，先后任翰林学士、礼部尚书、吏部尚书等，官至左丞相。周必大长期执掌制诰，“为一时词臣之冠”，[④]他又以宰执的身份成为南宋中期的文坛领袖。周氏向与吕祖谦交好，叶适于淳熙二年至三年与吕祖谦交游时，也许由于吕氏的介绍而认识了周必大。周必大曾在《与王才臣书》中说：“前年秋，偶见温州叶适者，文笔高妙，即以门客牒漕司。适会有石司户识见颇高，遂置前列……叶行年三十，宰乡曲未尝发荐，以此知

① 本节参考何忠礼、徐吉军《南宋史稿》第十章第二节《南宋的选举制度》，杭州大学出版社1999年版，第519—536页。

② 《包颙叟墓记》，《水心文集》卷二三，《叶适集》第462页。

③ 〔宋〕朱胜非：《秀水闲居录》，《说郛》本。

④ 《宋史》卷三九一《周必大传》，第11968页。

遗才甚多。”[①]可见，正是周必大因赏识叶适“文笔高妙”，认为他是散落“乡曲”的“遗才”，才帮助叶适以其门客的身份报名参加了漕试；而恰逢主考石司户（其人不详）也善识人才，“遂置前列”，叶适终于取得了宝贵的发解资格，从而迎来人生的重大转折。

南宋的发解试，规定于省试前一年八月初五锁院，十五日引试，连考三日，每日一场。放榜后得解士人于当年冬天持文牒上京城临安，准备参加第二年春天的省试。叶适在赴京应试之前，还完成了自己的终身大事——娶高氏为妻。高氏比叶适小十岁，出身于“门贵身贫”之家。高家原籍亳州蒙城（今安徽蒙城），祖上为北宋勋臣，英宗宣仁皇后（神宗之母）出于其门，并曾于哲宗元祐年间以太皇太后主政，起用旧党，废除新法，史称“元祐更化”。高氏之父高子莫的曾祖为宣仁后亲侄，但随着新党的重新上台，宣仁后受贬，高家也随之衰落。高子莫五岁丧父，南渡时逃乱至永嘉定居，历任京山尉，知象山、丽水县，通判台州、隆兴府。他“风神峻美”，“敏达明恕”，可惜仕途不顺，庆元六年（1200）知永州，却未到郡即卒，年六十一。“高氏来永嘉，无宅无田。公幼孤，贫甚，天性耐穷约，知事轻重，转侧闾巷间，自求师友以立门户，故虽贵姓而知名与儒书生等。”[②]高夫人翁氏为永嘉人，“智能通南北之俗，自文绣工巧，下至炊爨烦辱，皆身亲之，豫算有无，乃具衣食”，能“相夫子之贫而不废礼，成夫子之廉而不失义”。[③]高家的境况和家风与叶家颇为相似，高子莫肯将大女儿嫁给叶适，恐也是看中其家风、人品和才华。据叶适《答少詹书》谓：“某已取此月二十九日毕亲，平生虽不妄逋负人，然就省约中亦自有理……穷冬苦寒，千万为学自爱。”[④]可知婚礼是在冬天举行，且办得“省约”不张扬，这与当时叶适的家境直接相关。“始高氏既归余，余号尤贫”，但高氏“能匀厚培薄，均足内外，使余尚自立于闾巷”。[⑤]叶适娶到一位贤内助，这对他一生的事业弥足珍贵。

---

① 〔宋〕周必大：《与王才臣书》，《周益国文忠公集 · 书稿一》，《四库全书》本。

② 《高永州墓志铭》，《水心文集》卷一五，《叶适集》第293页。

③ 《高夫人墓志铭》，《水心文集》卷一四，《叶适集》第250页。

④ 《答少詹书》，《水心文集》卷二七，《叶适集》第551页。

⑤ 《高夫人墓志铭》，《水心文集》卷一四，《叶适集》第251页。

第三章　初入仕途　锐意改革

高中榜眼

经过十五年的苦读奋斗，取得漕试发解资格的叶适，终于在淳熙五年（1178）的省试和殿试中脱颖而出，一举成名。

南宋的省试在新建的礼部贡院举行。省试考官设知贡举一人，多由六曹尚书、翰林学士兼任；同知贡举二人，由诸行侍郎、给事中充任；另择台谏官一人为监试，此外还有考校试卷及担任其他职事的官员数十人。考官一旦经皇帝任命，立即被送往礼部贡院锁宿，以防徇私舞弊。省试定于正月二十五日锁院，二月初一日引试，连考三日，每日一场。考试内容按诗赋进士和经义进士两科分别设置：诗赋进士第一场诗、赋各一首，第二场论一首，第三场策三道；经义进士第一场本经义三道，《论语》义、《孟子》义各一道，第二、第三场同诗赋进士。考生试卷首先实行封弥（糊名密封）、誊录（请专人誊写，以防认出笔迹），然后考校（批阅）、定等（确定等第），最后奏上字号，拆封出榜。整个过程约需一个多月。省试合格者称奏名进士，有资格参加殿试。

淳熙五年（1178）的省试，知贡举为权礼部尚书范成大，同知贡举为刑部侍郎兼侍讲程大昌和谏议大夫萧燧。考校结果，得合格奏名进士黄涣以下二百二十六人。[①]叶适当年考的是经义科进士，专治《礼记》，[②]取得了奏名进士的资格。可惜当时参加省试的经义、论、策等试卷都未能保存下来。

奏名进士的殿试原定在三月举行，但为了等待四川进士赴阙，往往延期。殿试既为皇帝亲试，当然不设知贡举，但有御试官若干人。殿试以一日为限，试策一道，考校时间为十日左右。御试官考校完毕，取前十名进士文卷送宰臣复核，然后择日由皇帝临轩，宰臣进前三名卷子在御前宣读，拆视姓名，由皇帝亲定高下，接着是唱名、赐第、谢恩。进士分五甲赐第，一甲、二甲赐进士及第，三甲、四甲赐进士出身，五甲赐同进士出身。

叶适在取得奏名进士的基础上，殿试中再接再厉，考出了更为优异的成绩。据《宋史·孝宗本纪》载，淳熙五年（1178）夏四月“辛未，赐礼部进士姚颖以下四百十有七人及第、出身”。[③]叶适则高中姚颖榜的第二名榜眼。而据叶绍翁《四朝闻见录》记载，“水心本为第一人，阜陵（指孝宗）览其策，发有‘圣君行弊政，庸君行善政’之说，上微笑曰：‘即是圣君行弊政耶？即是庸君行善政也。’有司遂以为亚”。[④]孝宗自我解嘲式的自问自答，使御试官们误以为皇帝微有不满，本该名列第一名状元的叶适落到第二，但即便这样，叶适在殿试中的出色表现已经名扬天下。

使叶适一举成名的殿试对策试卷完整地保存了下来，这就是收入《水心别集》中的《廷对》一文。[⑤]以策取士，是西汉就开始的传统考试形式；唐代科举中，试策仍占有突出地位；宋代策、论二体在科举中愈显重要，殿试更将试策作为唯一的形式，可见其分量所在。试策是考生针对皇帝的试题（策问）逐一作答，故称“对策”，其内容可广泛涉及经、史、子各方面，而习惯上以时政为中心。叶适的《廷对》便是这样。当年的策问提出有关道、仁、礼、乐四者理解中的一些具体问题，并表述了治国中的困惑，希望考生“博举先儒之言，茂

---

① 据《宋会要辑稿·选举》一之一八，中华书局影印本。

② 据《南宋馆阁续录》卷八，中华书局1988年点校本，第292页。

③ 《宋史》卷三五《孝宗三》，第667页。这一数字包括当年省试的奏名进士和优待历届考生的特奏名进士。

④ 〔宋〕叶绍翁：《四朝闻见录》已集，中华书局1989年点校本，第62页。

⑤ 《廷对》，《水心别集》卷九，《叶适集》第744—756页。

明当世之务”。叶适首先针对孝宗要求“讲明治道”时取“实用”而废“虚文”的态度，指出要“即虚文而求实用”，而自古治理天下的根本原理，历代相传而不变，这些不能看作“虚文”，所谓“实用”也都要在这些原理中体现出来。对于道、仁、礼、乐这些儒家学说的核心原理，叶适围绕“执常道以正治经”“存至仁以厚民望”“立礼、乐以定出治之本”进行深入阐述，这就不但回答了策问的具体问题，又从儒学的学理上阐明自己治国平天下的根本原则。当然，对策的重点落在后半部分，即所谓“当世之要务，虽圣问之所不及，而因其所及，可一一而陈也；圣志之所向，虽众人之所未喻，而臣之所自喻者，可反复而论之也”。叶适认为，孝宗十七年来“夙兴夜寐，精实求治”，而未见明显成效的原因，在于“独运于上而未得其人以自辅”，而之所以无人辅佐，则是由于“宰相失职之久而不自知”，“谏官侵御史之事，而又失谏官之职”，两制、侍从“弊精神于无用微文，而不讲天下之大政要务”。总之，朝廷主要职官的失职和移位，造成孝宗“欲强国势而威令未孚，欲恢王纲而规模未广”。叶适进而剖析“士风惰而未振”“民力艰而未裕”的现状，并在此基础上郑重提出：

> 臣独以为使宰相得其道，谏官得其职，近臣与大计，儒者守常度，至于宏大规模于文法之外，振起人才于名义之中，减兵费，宽民力，治官之冗滥，去吏之弊害，凡急政要务十数条者，陛下一朝改定以幸天下，使民志定而人心悦，则圣志之所向，始有可得而言者矣。

这些“急政要务”，是叶适提出的治国纲领，它是《上西府书》中观点的深化和发展，并体现了其一贯的事功思想的鲜明特色。

对策的结尾部分，叶适发表了对抗金复国问题的看法。他认为，朝廷内有主张复仇用兵的，有主张固本通和的，然而，“为国之道，必有次第，天下大事，不容苟简，岂可不出于用兵则出于通和哉？”他重温了隆兴年间的历史教训，尖锐地指出：“今日之事，其去隆兴之初有几？粮储备乎？器械精乎？士卒练乎？所恃者如此而已，可谓眇矣。”不作好扎实的准备，空喊复仇是无济于事的。针对孝宗在这个问题上举棋不定的态度，叶适提出“必坚决，必刚健，必信任，必不息，必无使小人参之”的原则，鼓励孝宗打定主意，增强信心，坚持不懈。《廷对》以七八千言的篇幅，洋洋洒洒，雄肆博辩，主旨鲜明，论证有力，它在一天时间内写成，充分展现了叶适的学识和才华，因而在众多的进士对策中脱颖而出。叶适对自己的这篇《廷对》也颇为自负，他假借吕祖谦的评论说：“东莱吕氏评余《廷对》，谓自有策以来，其不上印板即不可知，已上印板皆莫如也。”[①]值得注意的是，吕祖谦正是此次殿试的御试官之一，他对叶适的赏识和提携，当也是叶适高中的因素之一。

荣登榜眼的叶适随即被授予文林郎、镇江府观察推官之职，[②]并出席在礼部贡院举行的“闻喜宴”，还接受了赐予新及第进士的御书《旅獒篇》。[③]风风光光的庆祝活动终于告一段落。六月，叶适荣归故里永嘉省亲。归途中，他还携带吕祖谦所托的书信、香茶等物，顺道到永康拜访了老友陈亮。

丁忧期间

“洞房花烛夜，金榜题名时”，这是封建社会士大夫人生最幸福的时刻。叶适在短短半年时间内，经历了这一切的喜悦和荣耀，从而彻底改变了命运。然而乐极生悲，衣锦还乡的叶适面对的是母亲病逝的重大变故。

从乾道八年（1172）得病起，到淳熙五年（1178）春，叶母杜氏已经卧床七年了。这一天，杜氏突然能下床行走，盥栉梳洗，毫无痛苦，如同常人。叶家的亲戚子侄交相庆贺，而叶适此时恰好及第归乡。于是，大家都说这是叶夫人见到儿子高中榜眼，心里一高兴，疾病就痊愈了，因为这足以补偿多年来对儿子的担忧。大家又都为叶适高兴，因为过去由于贫困而无力奉养双亲，如今可以用俸禄让父母颐养天年了。不料没多时，杜氏的疾病再度发作，救治无效，

① 〔宋〕周南：《周南仲丁卯召试馆职跋》，《山房集》卷七，《四库全书》本。

② 《宋史》本传作“授平江节度推官”，有误。此据叶适之子叶宣所撰《叶文定公墓志》和叶寀所撰《叶文定公墓碑记》。

③ 《尚书·周书》篇名，因西戎旅国贡献大犬而陈道义。据《宋会要辑稿·选举》二之二三。

终于在闰六月二十三日溘然长逝，享年五十三岁。[①]母亲的病逝使叶适精神上遭受重大打击。“贫匮三世”的叶家，靠着母亲的勤俭操持得以维持延续；久不得遇的叶适，靠着母亲的谆谆教诲得以坚持下来。叶适常为终年奔波在外、不能尽孝而自责，也常为难以寻得出路、无以奉养而羞愧。如今，自己十余年的辛劳终于有了回报，踏上仕途后也将有能力孝养双亲，撑立起叶家的门户，而就在此时，母亲却撒手而去，不能尽享天年，甚至不能接受儿子一日的回报，这是多么令人痛心疾首、终身遗憾的事啊！叶适无限感慨：“天乎痛哉！是所以照临诸孤之不孝，而使之终无以自赎者也！”[②]

经历了大喜大悲，叶适的心又重新沉静下来，自己的仕宦生涯尚未迈开步伐，人生的道路在眼前刚刚展开，一向崇尚实事实功的叶适，在三年丁忧期间，继续着他的读书交游活动。

叶适丁忧在家，与时任永嘉知县的宋绍恭多有交往。宋知县对这位新科榜眼十分看重，常拜访叶家，“坐语常移日”。宋氏颇健谈，使叶适多有受益，“意所纵夺，微辞抑扬，余默受教。论承平至渡江公卿行事本末，其人贤不肖，无一差忒，为之悚听跃立，激慕摧省多矣”。[③]宋氏外貌和乐而性格刚健，治县颇有政绩，受到吏民的拥戴，叶适也从中学到不少为政治民的办法。宋知县之子宋驹字厩父，博学古今，好学深思，“家居，或尽一史，露抄雪纂，逾月不出门。野宿，或专一经，山吟水诵，兼旬不返舍”，“自谓乐甚，非人所知”。当时，陆九渊的心学颇为流行，“诸儒以观心空寂名学，徒默视危拱，不能有论诘，猥曰‘道已存矣’”。宋驹不信这一套，向叶适问学，“余为言学之本统，古今伦贯，物变终始，所当究极”。叶适用主张“极究物变”的事功之学启发宋驹，使其豁然开朗，“掩卷叹曰：‘世孰能为我师！’”[④]

淳熙七年（1180）秋天，知友陈亮再来永嘉，与永嘉学人相聚。前此，陈亮曾于淳熙五年正月至临安上书，慷慨激昂，极论恢复大计，孝宗赫然为之震

---

① 见《母杜氏墓志》，《水心文集》卷二五，《叶适集》第510页。

② 见《母杜氏墓志》，《水心文集》卷二五，《叶适集》第510页。

③ 《故朝奉大夫知峡州宋公墓志铭》，《水心文集》卷二二，《叶适集》第429页。

④ 均见《宋厩父墓志铭》，《水心文集》卷二五，《叶适集》第490页。

动。待命八日后，陈亮再次上书，催促孝宗早下北伐的决心，孝宗派同知枢密院事赵雄主持都堂审察，但大臣们对陈亮的答问相顾骇然，陈亮也惶恐而退。十天后，陈亮第三次上书孝宗，重申自己忧虑国势的一片忠心，但朝廷始终没有回应。连上三书的陈亮只得在三天后渡江无功而归。[①]此次陈亮来永嘉，与居家守制的叶适、许及之和罢官在家的陈傅良等相聚甚欢，还带来吕祖谦致叶适的书信。陈亮归去时，永嘉诸友在江心屿为之饯行。江心屿位于瓯江之中，是永嘉名胜，刘宋时郡守谢灵运曾登屿，并留下"乱流趋正绝，孤屿媚中川"的名句；南宋建炎末，高宗避金兵南下永嘉，曾驻跸普寂禅寺，绍兴间在岛上建起中川寺，奉为宗室道场。面对瓯江上点点白帆，翩翩海鸥，陈亮不禁诗兴大发，即席赋《南乡子》一首，词云：

人物满东瓯，别我江心识俊游。北尽平芜南似画，中流，谁系龙骧万斛舟？　去去几时休？犹自潮来更上头。醉墨淋漓人感旧，离愁，一夜西风似夏不？[②]

风景如画，故旧情浓，一向以豪放著称的陈亮也不免涌上些许别恨离愁，秋风一阵紧似一阵，人生还能如夏日般充满蓬勃生机吗？许及之亦赋诗一首："眼底男儿隘六区，似君豪气有谁如？中原赤子头今白，天下苍生力未纾。北阙有书流涕上，西山无地带经锄。共谈世事何时了？劝子加餐返故庐。"[③]安慰北阙上书、无功而返的陈亮，奉劝他还是努力加餐，潜心学问。

叶适的至交和恩师吕祖谦，在淳熙六年（1179）末患上了风痹病，于次年四月辞官回老家金华。回乡前，吕氏完成了奉旨编纂的北宋文章总集《圣宋文海》，进呈孝宗，孝宗赐名《皇朝文鉴》（后人多称《宋文鉴》）。叶适对此书十分推崇，认为其"尽取渡江前众作，备加搜择，成百五十卷，盖自古类书未有

① 参考卢敦基《陈亮传》，上海社会科学出版社2004年版，第99—122页。

② 《南乡子·谢永嘉诸友相饯》，增订本《陈亮集》卷三九，第508页。

③ 〔宋〕许及之：《中川席上送陈同甫》，《涉斋集》卷九，《四库全书》本。

善于此”。[①]吕氏回金华后，叶适与其一直保持着书信往来。吕氏在谈到自己的晚年生活时称：“今年缘绝口不说时文，门前绝少人迹，竹树环合，大似山间……病体萎痹，虽已成沉痼，而目力心力反胜往时。”[②]《宋史》本传亦谓其“既卧病，而任重道远之意不衰。居家之政，皆可为后世法”。[③]淳熙八年（1181）七月末，吕祖谦卒于金华家中，年仅四十五岁。吕氏之学在乾、淳学界自成一家，它“以关、洛为宗，而旁稽载籍，不见涯涘，心平气和，不立崖异，一时英伟卓荦之士皆归心焉”。[④]这种包容、调和的特点，使吕氏在学界有很高的威信，他的英年早逝，极大地震动了学苑文坛，各界各派的名流，纷纷撰文祭悼，收入《东莱文集》附录的祭文作者，就达五十余人。久受吕氏知遇之恩的叶适，也撰成长篇祭文，全面评价了吕祖谦的学术成就和地位，抒写内心的无比悲痛之情：“昔余之于公也，年有长少之序，辈有先后之隔；每将言而辄止，意迟迟而太息。今余之于公也，丧前路之向导，废旁观之轨则；纵欲言而谁闻，恨冥冥而不白。”[⑤]可谓声情并茂，发自肺腑。十月，吕氏落葬于明招山，叶适赶赴金华吊祭。这时，陈亮、潘景愈等想推举叶适为吕学传人，叶适考虑到自己从游较晚，吕氏门生弟子众多，而且永嘉之学与吕学并不完全一致，所以婉转推辞了。[⑥]

也就在淳熙八年（1181）中，叶适三年服丧期满，改任武昌军节度推官。[⑦]六月，曾任右丞相的少保史浩向皇帝荐举江浙士人薛叔似、杨简、陆九渊、石宗昭、陈谦、叶适、袁燮等十五人，孝宗下诏并赴朝廷接受审察。叶适于七月里上书右丞相赵雄，请辞审察。叶适的理由是，自己才入仕途，“使不服勤幕职，尝试吏事，而遂躐他途以希进取，则不惟丧失名义，而他日之法令事功，

① 〔宋〕叶适：《习学记言序目》卷四七，中华书局1977年点校本，第695页。

② 《与陈同甫书》，《东莱别集》卷一，《四库全书》本。

③ 《宋史》卷四三四《吕祖谦传》，第12874页。

④ 《宋史》卷四三四《吕祖谦传》，第12874页。

⑤ 《祭吕太史文》，《水心文集》卷二八，《叶适集》第565页。

⑥ 见《习学记言序目》卷五，第756页。

⑦ 《宋史》本传作“节度判官”，有误。此据叶适二子所撰《墓志》和《墓碑记》。

疏拙旷废，将有面墙之羞，以辜朝廷器使之意”。[①]叶适认为，应该通过“幕职”“吏事”，熟悉“法令事功”，这是为官的基本功，而不能一味贪图侥幸升迁。可以说，这并非虚意推托之辞，而是崇尚“实事实功”的叶适对自己仕途的一种深思熟虑的选择，即从基层做起，一步一个脚印地前进。朝廷接受了叶适的请求。这年冬天，叶适又接受浙西提刑司干办公事的任命，他整治行装，欣然赴任去了。

任职平江

宋代的地方行政机构，分为州郡（包括州、府、郡、监）和县两级，州郡之上另设有路一级监察区，内分为安抚使司、转运使司、提点刑狱司、提举常平司等彼此平行又互相监督的机构，它们分别代表朝廷监管所属州郡的军政、财政、刑政、农田水利和赈灾救荒等事务。宋室南渡后，共控制着十七路、二百余个州郡、六百六十余个县。这是南宋地方机构的大致情况。叶适任职的两浙西路提点刑狱司设在平江府（今江苏苏州）。叶适经过长途跋涉，来到平江，开始了他的首任幕职生涯。

“天下雄诸侯，苏州数一二；都会自昔称，陪京今也贵。”[②]南宋时期的平江，风光秀丽，经济繁荣，“号为吴中士夫渊薮”，[③]叶适在这个崭新的环境中开始了新生活。叶适在平江的住所称“北斋”，他写有长诗《北斋二首》记述这一段家居生活。叶适刚到北斋时，屋宇已荒废多时，“前厅久倾压，后舍岌欹倒。常因霖雨后，壁坏不容扫；跳蛙浴漏潴，野谷媚穿杲”，满目衰败景象。经过一番修葺之后，北斋的面貌大为改观：“幸今修整毕，楹桷正完好；晴窗闲昼永，夜榻初凉早；友朋坐雍雍，燕雀鸣草草。居室君子后，荜门固为宝。”“人情无终极，匪陋则求佳；寝处既少安，游燕岂不怀！惟思旧酒务，糟醇荒榛埋，破

① 《与赵丞相书》，《水心文集》卷二七，《叶适集》第540页。

② 《齐云楼》，《水心文集》卷六，《叶适集》第40页。

③ 〔宋〕祝穆：《方舆胜览》卷二引《系年录》，中华书局2003年《中国古代地理总志》本，第31页。

瓶聚隆垤，新甃连长阶。种竹夹超然，移花绕北斋。及尔风露清，忽感意象谐；幽深容浪蘖，润泽长芳荄。亭亭两高梧，买自娄门街；俟以岁屡寒，窅若万仞崖。”[1]高梧翠竹，晴窗夜榻，会高朋，饮新酒，燕居的生活显得十分惬意，较之长年在外奔波，无疑要稳定和舒适得多了。苏州是古吴国的都城，历史悠久，人文景观丰富，叶适在闲暇时间，登灵岩，上虎丘，而且都留下了记游的诗篇：

> 穹窿右俯眉，天平左垂鬓。吴人宅沮洳，兹山抑其镇；陡起为表著，突兀数寻仞。樛松颇坚瘦，立石乃荣润；兼有千里陂，杳霭来远韵；宜乎登椒丘，摆落思奋迅。亡王未亡时，绝色馆孤峻；歌声妙欸乃，俎品穷蛤蜃。援琴固停晷，解甲仍转瞬；终归寂寞人，破釜煮枯堇。陈迹不足吊，新缔何劳问！三年姑苏驿，空望此塔近。适当熟食节，暖气无已吝。豪风增春愁，异雪损花信。聊以壮游衍，归受儿女哂。[2]

> 虎丘之名岁二千，虎丘之丘何眇然！众山争高隐日月，笑此拳石埋平田。虽然培塿疑异物，划开阴崖十丈悬。冢中有恨索遗剑，亭上无语传枯禅。偏是吴人爱山急，逐面分方夸凭立。屋承隋、唐良稳称，墨题熙、丰尚新湿。松梢莫遣风雨横，石盘自添苔藓涩。春来春去吴人游，足茧层巅踣应泣。[3]

灵岩的突兀峥嵘，令人起“奋迅”之思；虎丘的“拳石”“培塿”，却使人深感吴人的可笑。诗篇的基调轻松而诙谐，显示了初入仕途的叶适开朗的心境。

浙西提刑司的官衙在平江府城南隅的乌鹊桥旁，提刑司的长官为提点刑狱，下属有干办公事和检法官各一名。当时的浙西提刑为刘颖（字公实），检法官则为罗克开（字达父）。叶适初任幕僚，对公事颇为生疏，上司十分宽容，并不苛责。“昔我官吴，事公为属，且戆且拙，无一可瞩。手一卷书，随吏后先；公顾

---

① 均见《北斋二首》，《水心文集》卷六，《叶适集》第41页。

② 《灵岩》，《水心文集》卷六，《叶适集》第38—39页。

③ 《虎丘》，《水心文集》卷六，《叶适集》第40—41页。

而笑，如是积年。”[①]这位刘提刑秉公办事，纠正了不少冤假错案，“禁州县毋得法外自恣，间诣狱，察不应系数十为曹，纵遣之”，百姓奔走相告，而权势者却怀恨在心，最终刘提刑被御史弹劾罢官而去。[②]在提刑衙门，叶适与同僚检法官罗克开的交往更为密切。叶适初为宪属，检法官尚未到任。一天，听街卒报告“新任检法官到乌鹊桥矣”，大家起身迎接，只见罗君乘轻舟而至，“青衫手板外无余装”，丝毫没有做官的架子，叶适十分叹服。叶适不谙公事，“旦旦挟书坐曹，帖牒漫不省，胥吏顾失笑”，罗君则精于业务，“齐比款证，覆虑明审，无不畏服也”。罗君“暇则从余评论往反，余摘其文句尤惊丽者，吴士交诵，公日益有名”。[③]叶适还曾与罗君一起去拜访当时奉祠在家的著名诗人范成大，罗君向范公请教文章，但范公年老疲惫，“苦其烦，遽踣坐胡床”，[④]弄得客人颇为尴尬。当年与叶适同登进士第且名列状元的姚颖（字洪卿），此时亦在平江府任通判。姚君“冲淡谨重，特有雅量”，其学“勤苦兼洽，其文精俊详实，然退藏抑损，常愿出人后”。叶适与之同事平江，“见其志益明，业益习，论天下事无不尽，而最眷眷于当世所谓善人君子”。可惜这样一位谦谦君子难享长寿，于淳熙十年（1183）末逝于平江官舍，年仅三十四岁。叶适“哭送其柩出盘门”。[⑤]平江的这些同僚，都给初入仕途的叶适作出好的榜样，使叶适幕职的第一步，迈得平稳而坚实。

干办公事是一个闲职，叶适在公事之余，又重操旧业，授徒讲学。由于是殿试得榜眼，又多得当时著名学者的称扬，叶适的文名已播扬四方，各地来平江向其问学者日增，前后计有：吴县的孟猷（字良甫）、孟导（字达甫）兄弟和滕宬（字季度）、周南（字南仲）、孔元忠（字俊君）、王大受（字宗可），瑞安的薛仲庚（字子长）、东阳的厉详（字仲方）、平阳的陈昂以及婺州的王仲德等十余人。叶适的教席设在葑门，所谓“葑门幽寂，红药被野如菜，俊流数十，

---

① 《祭刘公实侍郎文》，《水心文集》卷二八，《叶适集》第576页。

② 均见《宝谟阁直学士赠光禄大夫刘公墓志铭》，《水心文集》卷二，《叶适集》第384—385页。

③ 均见《故大理正知袁州罗公墓志铭》，《水心文集》卷二三，《叶适集》第455页。

④ 《罗袁州文集序》，《水心文集》卷一二，《叶适集》第226页。

⑤ 均见《宋故宣教郎通判平江府姚君墓志铭》，《水心文集》卷一三，《叶适集》第234—235页。

论杂捷起”，[①]叶适又有《葑门》诗写道：“兹门小精庐，荒寂众万过，欣余二三子，拙力守饥卧。杨花安得揽，飞去天隅唾，唯有露垂垂，满畦红药堕。”[②]活画出夫子与二三子讲学论道的生动场景。叶适后来在文章中还回忆起当时师生交往切磋的情景：

孟导字达甫，从其兄学于余……良甫酬接甚简，时然后言；达甫尤简，或终席不一语。众谓良甫以道自命，当尔，犹未测达甫所至。余间与偶坐，则纵言细民疾苦，田里愁叹，吏贤不肖，无一不中。侧听者皆服，知其于时事最精切也。[③]

（周南）耽书喜诵，出于天性……既从余，初若无所论质，已而耳改目化，气竦神涌，古今事物，错落高下，不以涯量。顿悟捷得，受之若惊，行之若疑，标树山岳之上，越轶风霆之外，故朋昔类，望尘不及，皆靡弛而逝矣。常以世道兴废为己重负，一饭不顾私，忧时如家，忧人如身。人情多玩忽见事，君悖心怛虑，睹缓知亟，老校小史，引坐深语，所知往往非人所能知也。文词拔去今作，脱换骚雅，欲以力自成家，而瑰丽精切，达于时用，亦人所不及也。[④]

初，薛子长从余贡院崇德，爱其静而敏，文过于辈流而已，未巨怪也。来姑苏葑门，出《老翁赋》《续通鉴论》，始骇然异之。[⑤]

东阳厉详，自余居永嘉及吴也，东西数百里来学，岁时不归，同席畏其专。余间问详：“岂有兄弟任事者耶？”曰：“无兄弟。大人之诲详曰：

---

① 《孟达甫墓志铭》，《水心文集》卷二五，《叶适集》第495页。
② 《葑门》，《水心文集》卷六，《叶适集》第39页。
③ 《孟达甫墓志铭》，《水心文集》卷二五，《叶适集》第495页。
④ 《文林郎前秘书省正字周君南仲墓志铭》，《水心文集》卷二，《叶适集》第383页。
⑤ 《覆瓿集序》，《水心文集》卷一二，《叶适集》第213页。

‘学惟远而闻无狭，师惟久而业弗遁，不淑其身不止。’故详之归不敢尔。”①

滕宬字季度，来南，籍苏州吴县……君初见余，谒入，字却写线上，众皆笑。余异其沉敏，学未久，坤阖乾辟，无不洞达。虽不喜时文，习制举，一年而成。②

这些弟子，出身不同，性情各异，叶适与他们讲论切磋，教学相长，相聚甚欢。其后，叶适还一直关注这些弟子的成长出处，从日后为他们所作的文集序和墓志铭中，可以看出叶适作为师长对弟子的一片殷殷之情。

《贤良进卷》

叶适的著作《水心别集》中有一组文章总称《进卷》，它又有单行本称《贤良进卷》。它是一组什么样的文章？撰写于何时？这得从宋代科举中的制举讲起。

《宋史·选举志》说：“制举无常科，所以待天下之才杰，天子每亲策之。”③可以说，制举是宋代科举中地位仅次于进士科的一种特科考试。制举制度兴起于汉代，由皇帝特别下制诏，令大臣举荐贤良方正能直言极谏之士，以征求时政阙失，询问民间疾苦。唐代科举除贡举外，也继承了制举的形式，并发展到极盛，科目名称多达百余种。宋代制举沿袭唐代，但多有变革，仁宗天圣时设有九科，熙宁变法时一度停罢，后再开再罢，南宋绍兴元年（1131）再次设置贤良方正能直言极谏一科，并直至宋末。宋代制科考试分为初审、阁试和御试三个阶段：应试者需提前一年将所作策论五十首缴进礼部，经评审后选取“词理优长”者上报，入围者即通过了初审，有资格参加在秘阁举行的阁试。

① 《厉君墓志铭》，《水心文集》卷一三，《叶适集》第242—243页。

② 《滕季度墓志铭》，《水心文集》卷二四，《叶适集》第469页。

③ 《宋史》卷一五六《选举二》，第3645页。

阁试试论六首，每首五百字以上，要求一日内完成，六题中四通（南宋增为五通）为合格，再分为三等，入前二等的可参加御试。御试由皇帝亲自主持，试策一道，要求三千字以上，当日完成，经评定后亦分三等，以第三等为上等，四、五为中、下等（一、二等虚设）。[①]这项皇帝主持的特科考试难度极高，但影响巨大，整个两宋时期御试共进行过二十二次，入等者仅四十一人，其中三等仅四人。苏轼、苏辙兄弟于嘉祐六年（1061）同应制举，结果苏轼高中第三等，苏辙列第四等，一时传为佳话。他们应试的全套试卷（五十首策论、阁试六论及御试策）都完整地保留在文集中，成为范本，而其他宋人文集中也多有这类文章。

那么，叶适的《进卷》究竟是什么性质呢？根据南宋后期目录学家陈振孙《直斋书录解题》记载：（叶适）"《外集》者，前九卷为制科进卷"。[②]此《外集》即指《水心别集》，今本《水心别集》卷一至卷八为《进卷》，卷九为省试《廷对》，陈氏所谓"前九卷"恐有疏误。因此，叶适所作为制科进卷的性质是可以确定无疑的，其单行本题为《贤良进卷》也是名副其实的。关于这组进卷的撰成时间，有两种不同的说法。清代阮元《揅经堂外集》认为，"按《宋史·孝宗本纪》，淳熙十一年诏在内尚书、侍郎、两省谏议大夫以上，御史中丞、学士、待制，在外守臣、监司，不限科举年份，各举贤良方正能直言极谏一人，适此卷即于其时所进"。[③]而清末孙诒让《温州经籍志》则认为，"盖水心少时所作以备制科之举者……预撰以备应举，在当时盛行"。[④]如果说叶适是在淳熙十一年（1184）举贤良诏下后撰成缴进的，以洋洋五十篇七八万字的篇幅，应不可能在短时间内完成；如果说叶适在未举进士前的"少时"即已"预撰"完成制举的进卷，似也不太现实。因此，叶适撰写《贤良进卷》最可能的时间，是在进士及第之后的数年内，即丁忧家居及任职平江初的四五年中。一方面，他有比较充裕的时间来整理思想、探讨学问、推敲文章；另一方面，他在及第后

① 参考聂崇岐《宋代制举考略》，《宋史丛考》上册，中华书局1979年版。

② 〔宋〕陈振孙：《直斋书录解题》卷一八，上海古籍出版社1987年点校本，第547页。

③ 《揅经堂外集》卷四，见《四库全书总目》附《四库未收书目提要》，第1863页。

④ 〔清〕孙诒让：《温州经籍志》卷二一，江苏广陵古籍刊印社1984年刊本。

将应制举作为自己的下一个人生目标，并积极地着手准备“词业”，这是完全顺理成章的。当然，其中的部分内容在叶适少时已开始构思甚至起草，也是完全有可能的。至于叶适淳熙十一年是否将进卷进呈有司，目前尚未见明确的史料记载，但淳熙十二年未曾举行制举的阁试及御试，则是肯定的。尽管如此，叶适的这组进卷很早就传播开去，成为科举应试的范本，并在南宋后期已被完整地编入《外集》，[①]明代又流传有多种叶著《策场标准集》《制科进卷》《贤良进卷》等，[②]可见其格外地受到后人推崇。

《贤良进卷》总共五十篇，前有《序发》一篇为其总序，概括《进卷》的内容是所谓“经国之规，御世之要，切近而不为陋，宏阔而不为迂，盛衰之相因，治乱之相易，若此者臣皆有以发之”。[③]前二十五篇为时政论，分为君德、治势、国本、民事、财计、官法、士学、兵权、外论九题，每题二三篇不等；后二十五篇为经、史、子及人物论，论题包括易、书、诗、礼、春秋（以上五经），左传、国策、史记、三国志、五代史（以上史籍），管子、老子、庄子、孔子家语、扬雄太玄（以上诸子），以及傅说、崔寔、诸葛亮、苏绰、王通（以上人物）等，每题一篇。五十篇文章较为系统地阐述了对治国方略以及儒家学说、历史文化的观点，而且充分展示出作者的议论能力和文学才华。当然，这些文章因纯是为应试而作，所论较为空泛，针对性不强，它们只是意气风发的书生议论，未必有多少实用价值。叶适后来抨击制科说：“当制举之盛时，置学立师，以法相授，浮言虚论，披抉不穷，号为制举习气。”“制举者自以其所谓五十篇之文，泛指古今，敷陈利害，其言烦杂，见者厌视，闻者厌听。”[④]而制举高中第三等的苏轼，在反思制举得失时也说：“其科号为直言极谏，故每纷然诵说古今，考论是非，以应其名耳……妄论利害，搀说得失，此正制科人习气，譬诸候虫时鸟，自鸣自已，何足为损益？”[⑤]制举的是非曲直，另当别论，叶适

---

① 见《直斋书录解题》著录，同时黄震在《黄氏日抄》“读文集”部分也提及《水心外集》。

② 见《黎刻水心文集跋》及明代多种书目著录，《贤良进卷》尚有《宛委别藏》本流传至今，但仅存前四卷。

③ 《序发》，《水心别集》卷一，《叶适集》第632页。

④ 均见《制科》，《水心别集》卷一三，《叶适集》第801—802页。

⑤ 〔宋〕苏轼：《答李端叔》，《苏轼文集》卷四九，中华书局1986年点校本，第1432页。

的《贤良进卷》，毕竟反映了其年轻时的部分思想和杰出才华，对后世影响巨大，因而仍值得充分重视。

撰成《外稿》

淳熙十二年（1185），叶适在平江任职已有三年多时间。这年冬天，朝廷召其为太学正，叶适辞别同僚，赴京就任。在离开平江之前，叶适又写成一组重要的政论文章，这就是收入《水心别集》中的《外稿》六卷。[①]约二十年后，叶适亲自进行整理编次，并撰写跋文。跋文回忆当年撰写缘由道：

> 淳熙乙巳，余将自姑苏入都，私念明天子方早夜求治，而今日之治，其条目纤悉至多，非言之尽不能知，非知之尽不能行也。万一由此备下列于朝，恐或有所问质，辄稿属四十余篇。既而获对孝宗，至光宗初又应诏条六事，然无复诘难，遂箧藏不出矣……而此书虽与一世之论绝异，然其上考前世兴坏之变，接乎今日利害之实，未尝特立意见，创为新说也。[②]

由此可见，叶适撰写《外稿》，有着明确的动机，即赴京后准备接受皇帝关于“治道”的“问质”，从而向皇帝献言，因此，这是叶适在政治上积极进取、努力有所作为的标志。三十六岁的叶适，在一任幕职之后调任京官，面临可能到来的机遇，颇有一些踌躇满志、跃跃欲试的激情。

这组“有益于治道”的《外稿》，实际上是叶适精心设计的一份治国纲领，洋洋洒洒四十余篇、四五万字的篇幅，结构严密，条理清晰，浑然一体。

全书以《始议》发其端，开门见山地提出“有天下之大，必尽天下之虑”的命题，反复用历史经验论证“不尽天下之虑而终失天下之大计”，从而揭示全书的主旨“条列前后之源流，疏陈当今之本务”，即从历史源流的考察中阐述当

① 《水心别集》卷一至一五，《叶适集》第757—844页。

② 《外稿自跋》，《水心别集》卷一五，《叶适集》第843—844页。

今的治国之道，亦即“天下之虑”。[①]《取燕》三篇是“尽天下之虑”的前提，剖析宋与“燕”（指代北方契丹、女真诸族）关系发展的过程和教训。[②]《息虚论》驳斥了“君主亲征”和消极“待时”两种治国的“虚论”，[③]《实谋》则揭举当今治国最急于解决的“四累”，即“财以多为累而至于竭”，“兵以多为累而至于弱”，“法度以密为累而治道不举”，“纪纲以专为累而至于国威不立”。[④]

全书的主体部分即以财、兵、法度、纪纲四项为纲展开，每项都详尽剖析当今的弊端，并在此基础上提出改革的方案。《财总论》分析“古者财愈少而愈治，今者财愈多而愈不治”的原因，[⑤]并提出了一系列改革措施。《兵总论》揭示当时“养兵以自困，多兵以自祸，不用兵以自败”的弊端，[⑥]提出军队不能由国家包养，应根据不同性质区别对待。《法度总论》剖析“天下皆行于法度之害而不蒙法度之利”的矛盾现象，[⑦]详细列举了人事制度（《资格》）、任官制度（《铨选》《荐举》《任子》）、科举选拔制度（《科举》《制举》《宏词》）、教育制度（《学校》）、差役制度（《役法》）、监察制度（《监司》）等各项朝廷基本制度的问题所在，提出趋利避害的改革建议。《纪纲》四篇则比较了国家权力分散与集中的利弊，提出适当分散中央权力的措施。[⑧]

《终论》七篇是全书的总结。前两篇归纳了上述各项内政改革方案，并提出“二年之外、五年之内”见成效的时间目标。后五篇则专论外交，分析了宋、金相持的现状和各次“恢复”之论出台的背景，规划抗金复国的战略部署，强调“力行今日之实事，以实胜虚，以志胜气，以力胜口”，“以二年之外五年之内责其成功可也”。文章最后指出，“论立于此，若射之有的也”，“的必先立，然后

① 《始议》，《水心别集》卷一，《叶适集》第757—760页。
② 《取燕》，《水心别集》卷一，《叶适集》第761—764页。
③ 《息虚论》，《水心别集》卷一，《叶适集》第764—766页。
④ 《实谋》，《水心别集》卷一，《叶适集》第767—769页。
⑤ 《财总论》，《水心别集》卷一一，《叶适集》第773页。
⑥ 《兵总论》，《水心别集》卷一一，《叶适集》第782页。
⑦ 《法度总论》，《水心别集》卷一二，《叶适集》第791页。
⑧ 《纪纲》，《水心别集》卷一四，《叶适集》第811—817页。

挟弓注矢以从之”。[①]也就是说，全书之论，是树起一个治国的标的，目标明确，才能树立起必胜的信心。

综观《外稿》的巨篇宏论，构思十分精密，主旨十分鲜明，揭露问题一针见血，剖析源流入木三分，提出措施切实可行，树立目标明确坚定，诚然是大手笔之作。同时，这组政论“上考前世兴坏之变，接乎今日利害之实”，较之《贤良进卷》的虚言高论，更贴近现实，更联系实际，也更能体现永嘉之学“实事实功”的特点。全书有昂扬的激情，更有冷静的思考，虽然还带有理想化倾向，但是它标志着叶适政治思想和学术思想的完全成熟，是叶适思想发展中的一个里程碑。可惜叶适当时未能得到孝宗的“诘难”，治国方略未能得到实施，而皇皇大著箧藏二十年后才得以面世。但据宋人笔记记载，“是书流传则盛于嘉定间”，[②]可见在叶适生前，其亲手编次的《外稿》已经盛传于士林民间，而以《贤良进卷》和《外稿》为主编成的《水心别集》，也在南宋后期得以流传。当然，它们可能主要被作为士子科举应试策论的范本。治国宏论异化为“策场标准”，这实在是历史的悲剧。

轮对建言

叶适能较快地由幕职改任京官，得力于宰相王淮的推荐。[③]王淮是婺州金华人，与陈亮熟识。陈亮曾在致王淮的信中说：“亮向尝言叶适之文学与其为人，此众所共知，丞相亦尝首肯之矣。此人极有思虑，又心事和平，不肯随时翻覆，既有时名，又取甲科……丞相若拔擢而用之，必将有为报效者……亮当以五十口保任其终始可信也。”[④]正是陈亮的这种鼎力保举，才使叶适顺利地走上京朝官之路。太学是宋代的最高学府，其学官设有国子祭酒、司业、博士、丞、主

① 均见《终论》，《水心别集》卷一五，《叶适集》第821—830页。

② 《四朝闻见录》甲集，第35页。

③ 《宋史》本传称“参知政事龚茂良荐之，召为太学正”，有误，龚氏早已于淳熙五年卒于英州贬所。

④ 《与王季海丞相》，《陈亮集》（增订本）卷二七，第310页。

簿、正、录等。尽管太学正只是负责执行学规、考核学生的正九品官，但进入京官行列后就有较多的升迁机会。果然，叶适于次年（淳熙十四年，1187）就升任太学博士。

宋代京城的侍从以下的职事官，每五天轮一员，上殿面奏时政并提出建议，称为“轮当面对”，简称“轮对”。这是皇帝听取下层官员意见，并对其进行考察的一种制度。叶适入京不久，就于淳熙十四年（1187）冬天获得这种面对皇帝陈述政见的机会。叶适曾经准备了四十余篇《外稿》，却没有受到“问质”。此次轮对，他又作了精心准备，撰写成近四千言的《上殿札子》（又称《轮对札子》）。孝宗自即位起，到此时已经二十六年，当年收复失地、报仇雪恨的雄心壮志，已被时光消磨得愈益淡薄了。叶适想重提这件大事以激发孝宗的斗志，因而在奏札开篇就提出：“臣窃以为今日人臣之义所当为陛下建明者，一大事而已：二陵之仇未报，故疆之半未复，此一大事者，天下之公愤，臣子之深责也；或知而不言，或言而不尽，皆非人臣之义也。”[①]对于二十六年来孝宗“终未能奋发明诏，有所举动”的原因，叶适将其归纳为“四难五不可”，即“国是难变，议论难变，人才难变，法度难变，加以兵多而弱不可动，财多而乏不可动，不信官而信吏不可动，不任人而任法不可动，不用贤能而用资格不可动”。[②]这“四难五不可”，正是二十余年来现状的真实写照，对此，叶适再一次发出改革的呼唤：

> 然则其难者岂真难乎？其不可者岂真不可乎……讲利害，明虚实，断是非，决废置，在陛下所为耳。大义既立，则国是之难者先变矣；陛下之国是变，则士大夫议论之难亦变矣；群臣之在内者进而问之，在外者举而问之，其任是事者亲用之，其不任是事者斥远之，则人材之难亦变矣。变国是，变议论，变人材，所以举大事也，其所当顺时而增损者某事耳，非轻动摇而妄更易也，则法度之难亦变矣。四难既变，则兵以多而弱者，可

---

① 《上殿札子》，《水心别集》卷一五，《叶适集》第830页。

② 《上殿札子》，《水心别集》卷一五，《叶适集》第835—836页。

使少之而后强也；财以多而乏者，可使少之而后裕也；然后使官与吏相制而不制于吏，使人与法相参而不役于法，使贤能与资格并行而不屈于资格，皆无不可动之患矣。期年必变，三年必立，五年必成，二陵之仇必报，故疆之半必复，不越此矣。①

可以看出，《上殿札子》要求改革的呼声与《外稿》是一脉相承的，其对“四难五不可”的剖析，可以看作《外稿》的浓缩，叶适试图以报仇复疆的大事为核心来实现他的治国主张。叶适的奏札切中时弊，也深深打动了孝宗之心。《宋史》本传载：“读未竟，帝蹙额曰：‘朕比苦目疾，此志已泯，谁克任此，惟与卿言之耳。’及再读，帝惨然久之。”②孝宗在位的乾道、淳熙年间，号为宋室的“中兴”时期，然而偏安江南的小朝廷，仅能维持表面的繁荣，对于抗金复国的大业，却是再也没有信心了。叶适触及了孝宗的痛处，但孝宗除了“惨然久之”外，已经无话可说。这年十月，太上皇高宗病死于德寿宫，六十一岁的孝宗为了表达对高宗“禅位”于己的感激之情，一改历来帝王守丧以日代月的做法，决定亲毕三年之丧。十一月，孝宗下手诏令皇太子参决政务。这说明，孝宗开始准备自己的“禅位”了，而叶适的慷慨陈词自然也再次落空。

淳熙十五年（1188），叶适升任太常博士兼实录院检讨官，进一步由京官升入朝官的行列。官阶的升迁意味着职责的加重，叶适用积极建言的行动回报朝廷的信任。他向当时任右丞相的周必大上书，荐举“近岁海内方闻之士，志行端一，才能敏强，可以卓然当国家之用者”，共计三十四人，他们是：陈傅良、刘清之、勾昌泰、祝环、石斗文、陆九渊、沈焕、王谦、丰谊、章颖、陈损之、郑伯英、黄艾、王叔简、马大同、吕祖俭、石宗昭、范仲黼、徐谊、杨简、潘景宪、徐元德、戴溪、蔡戡、岳甫、王柟、游九言、吴镒、项安世、刘爚、舒璘、林鼐、袁燮、廖德明。③其中陈傅良、郑伯英、徐谊、徐元德、戴溪、王柟等均为温州人，是叶适熟悉的师友；吕祖俭、潘景宪为婺州人，石斗文、石宗

① 《上殿札子》，《水心别集》卷一五，《叶适集》第836页。

② 《宋史》卷四三四《叶适传》，第12889—12890页。

③ 《上执政荐士书》，《水心文集》卷二七，《叶适集》第555页。

昭兄弟为新昌人，都是吕祖谦门人；而沈焕、舒璘、杨简则是陆九渊的门人，他们都与叶适有过交往；其余也都是一时之选。这三十四人“后皆召用，时称得人”，[①]叶适也因此在朝廷中赢得很好的声誉。

这一年六月，朝廷中发生兵部侍郎林栗参劾郎官朱熹的事件，一时间议论蜂起。林栗字黄中，福建福清人，为绍兴十二年（1142）进士，当时官兵部侍郎，位高势大；朱熹刚由江西提刑除兵部郎官，因脚病而尚未到职。林、朱二人过去因对道学经典《周易》和《西铭》的评价上意见不合，林栗此次就以势压人，用怠慢君命的理由参劾朱熹，要求罢免他的一切职务，朱熹在这样的情势下只能请求奉祠宫观。在朝臣普遍沉默之时，叶适挺身而出，向孝宗奏上《辩兵部郎官朱元晦状》，为朱熹辩诬。奏状针对林栗对朱熹的指责，逐条进行辩驳。如林栗指责朱熹“本无学术”，叶适说：“使熹果无学术欤？人何用仰之？果有学术欤？其相与从之者，非欲强自标目以劝人为忠为孝者，乃所以为人材计，为国家计也。”肯定了朱熹是有学术的，其授徒论学、培养人才对国家是有利的。又如林栗指责朱熹聚徒讲学为“乱人之首”，叶适说：“臣闻朝廷开学校，建儒官，公教育于上，士子辟家塾，隆师友，私淑艾于下，自古而然矣……惟蔡京用事，讳习元祐学术，曾有不得为师之禁。”用正反两面的历史教训说明林栗颠倒治乱关系，十分有力。在此基础上，叶适进一步指出：

> 凡栗之辞，始末参验，无一实者。至于其中“谓之道学”一语，则无实最甚。利害所系，不独朱熹，臣不可不力辩。盖自昔小人残害忠良，率有指名，或以为好名，或以为立异，或以为植党。近创为“道学”之目，郑丙倡之，陈贾和之，居要津者密相付授，见士大夫有稍慕洁修，粗能操守，辄以道学之名归之。以为善为玷阙，以好学为过愆，相为钩距，使不能进，从旁窥伺，使不获安。于是贤士惴慄，中材解体，销声灭影，秽德垢行，以避此名，殆如吃菜事魔影迹犯败之类……自此游辞无实，谗口横

---

① 《宋史》卷四三四《叶适传》，第12890页。

生，善良受祸，何所不有！[①]

叶适敏锐地觉察到林栗罗织“道学”的罪名诬陷朱熹，其实质是用政治强权压制学术观点的不同，后果十分严重，“利害所系，不独朱熹”。后来的事实证明，叶适这里的担忧，并非杞人忧天，学术上的分歧最终演变为政治上的“党禁”，教训十分惨痛，这是后话。其实，到淳熙末年，叶适和朱熹学术上的交往虽不算多，但彼此间的分歧已经体现出来。叶适在奏稿中抨击道学“高谈者远述性命，而以功业为可略”，[②]“虽有精微深博之论，务使天下之义理不可逾越，然亦空言也”。[③]而朱熹在致陈亮的信中论及叶适时则说：“观其议论，亦多与鄙意不同，此事尽当商量。”[④]就在“事功之学”与“性理之学”的分歧已经逐步显现的情况下，叶适站出来为朱熹辩诬，显然不是赞同和支持朱熹的学术观点，而是同情朱熹的学术遭到林栗为代表的政治强权的迫害，从而要为包括道学和永嘉之学在内的所有“君子之论”争取独立的地位。[⑤]从这里可以见出叶适不计前嫌、仗义执言、不畏强权、追求真理的高尚品格，无怪乎宋末黄震高度评价说：“水心非言官，又所学与晦翁不相下，非平昔相党友者，一旦不忍其诬，出位抗言，廷斥不少恕……呜呼，壮哉！”[⑥]林、朱事件的结局是：林栗被劾，出知泉州，又改明州；朱熹仍赴江西任提刑，他力辞不就，请祠回武夷山著书去了。叶适则因其仗义执言的举动在朝廷上树立起自己的形象。

意志消沉的孝宗赵昚终于步高宗“禅位”的后尘，于淳熙十六年（1189）二月下诏传位皇太子，自称太上皇，太子赵惇即位，是为宋光宗。新君登基之初，诏令“中外之臣，各以其言疏列来上”，这使多次失望的叶适又燃起新的希

---

① 均见《辩兵部郎官朱元晦状》，《水心文集》卷二，《叶适集》第16—20页。

② 《上殿札子》，《水心别集》卷一五，《叶适集》第832页。

③ 《外稿・始议二》，《水心别集》卷一，《叶适集》第759页。

④ 〔宋〕朱熹：《答陈同甫书》，《晦庵先生朱文公文集》卷三六，《朱子全书》本，第21册，1585页。

⑤ 对叶适为朱熹辩诬的评价，参考张义德《叶适评传》第二章，南京大学出版社1994年版，第68—75页。

⑥ 〔宋〕黄震：《黄氏日抄》卷六八，《四库全书》本。

望，于是，他又精心推敲，呈上《应诏条奏六事》，再论治国之策。针对新君即位，叶适首先阐明："古之号为贤君者，必能先明所以治其国之意。能先明所以治其国之意，知病所在，镌剔根柢，不惮改为，则虽已衰复兴，垂败复成，终必得其所愿而后已。""所谓当先明治国之意者何也？盖当微弱之时，则必思强大；当分裂之时，则必思混并；当仇耻之时，则必思报复；当弊坏之时，则必思振起。"[①]显然，这是鼓励新君挖掘病根，力行改革，以图复仇振兴。奏状为光宗详细剖析"今日之未善者六事"，[②]即国势未善、士未善、民未善、兵未善、财未善、纪纲法度未善，要求光宗"审观熟察"，"果断改为"。[③]条奏的内容较之《外稿》《上殿札子》并无多大的变化，只是已经缺少了一点激情；它寄托了叶适对新君的新的希望，只是这种希望也已不那么强烈。初入仕途的叶适满怀着锐意改革的热情，他轮对、条奏，努力建言，他举贤、辩诬，集聚人才，这些举动的目的，都是为了实现治国的宏伟理想。然而，国势日衰，弊端丛生，君主更替，朝臣植党，叶适对政治斗争的严酷现实有了更多的体验和认识。对于光宗这位新即位的君主，他还不熟悉，他觉得应该暂时离开京城，仔细观察思索后再决定自己的进退。于是，在光宗升任他为秘书郎仍兼实录院检讨官之后，叶适随即请求外补，并获得添差湖北安抚司参议官的任命。

参议江陵

去湖北赴任之前，叶适自临安回永嘉探亲，途经永康时访问了老友陈亮。淳熙十六年（1189）六月，叶适离家赴任所途中，又经金华、永康，会晤了陈亮和吕祖俭。吕祖俭字子约，为吕祖谦胞弟，其兄去世后，遂成为吕学传人。他长期在明州讲学，对明州学术颇有贡献。分手之际，陈亮又赋词送别，调寄《祝英台近》，词云：

---

① 《应诏条奏六事》，《水心别集》卷一五，《叶适集》第837页。

② 《应诏条奏六事》，《水心别集》卷一五，《叶适集》第838页。

③ 《应诏条奏六事》，《水心别集》卷一五，《叶适集》第843页。

> 驾扁舟，冲剧暑，千里江上去。夜宿晨兴，一一旧时路。百年忘了旬头，被人馋破，故纸里，是争雄处。怎生诉？　　欲待细与分疏，其如有凭据！包裹生鱼，活底怎遭遇？相逢樽酒何时？征衫容易，君去也，自家须住。①

故纸争雄，樽酒相逢，正是这对二十余年朋友交游的真实写照。

宋代湖北全称荆湖北路，其安抚司治所在江陵府。江陵古称荆州，是长江中游的战略要地、历来兵家必争之处。时任江陵府知府兼湖北安抚使的是太原阎苍舒。阎公字才元，绍兴二十七年（1157）王十朋榜第二名进士，历官吏部侍郎、龙图阁待制等职。他擅书法，有楷则，为时推重。阎公初到江陵，见新修城墙巍峨雄伟，便令参议撰文记之，叶适遂于八月撰成《江陵府修城记》。记文先描绘了历经战乱后的江陵城景象："始，江陵息靖康之难，伐茭芦，逐虎豹，四招流民，重立坊市，垂五十载，渐还故初。惟城朽败日甚，毁垣颓堑，莫补莫续，驴马之驮可径，门关之阖不楔也。"曾任右丞相的赵雄治江陵六年，具奏朝廷，力主修葺，终得批准。赵公亲自督造修城：

> 始于淳熙十二年九月，成于十三年七月，为砖城二十一里，楼橹战棚之屋一千三间，浚隍池，缭甬道，备凡扞御器械之用。然后江陵之人，更门益宅，早卧而晏起；四方之来者，惊其厚墉崇雉，岿然于长川大陂广野之中，环城以骋，登楼而望，知其跨江北，连襄、沔，莫不慨然思凭国威而壮戎守也。②

文章的主旨是为阎公、赵公乃至孝宗歌功颂德，但却为后人留下江陵城重修前后情景的真实记录。

叶适在江陵参议任上，并无多少具体职责，于是在闲暇时专心致志"读浮屠书尽数千卷。于其义类，粗若该涉"。③他在《送冯传之》诗中记载了这段读

---

① 《陈亮集》（增订本）卷三九，第513页。

② 《江陵府修城记》，《水心文集》卷九，《叶适集》第139页。

③ 《题张君所注佛书》，《水心文集》卷二九，《叶适集》第599页。

书生活："我乞来荆州，足未曾出门；明明楚、汉迹，莽莽风尘昏。兹复罢著书，梵译专讨论；颓然对白法，诸有不得存。"[①]叶适还将自己攻读佛书颇有心得之事告诉朱熹，朱熹回信说："如来书所谓：'在荆州无事，看得佛书，乃知世外瑰奇之说，本不能与治道相乱，所以参杂辨争，亦是读者不深考尔。'此殊可骇，不谓正则乃作如此语话也……欲得会面，相与剧谈，庶几彼此尽情吐露，寻一个是处，大家讲究到底……不亦快哉！"[②]从朱熹的来信看，叶适对佛书的理解使他十分惊骇，他希望有机会深入探讨，尽情交流。朱熹的道学虽然援佛入儒，但他的基本立场却是辟佛的，而叶适则认为，佛教"盖世外奇伟广博之论也，与中国之学皎然殊异，岂可同哉？世之儒者，不知其浅深，猥欲强为攘斥，然反以中国之学佐佑异端，而曰吾能自信不惑者，其于道鲜矣"。[③]叶适承认虽然与儒学"皎然殊异"，但佛教也是"世外奇伟广博之论"，世之儒者不知浅深、强为攘斥的态度是不足取的。当然，叶适并不佞佛，就在当年十二月为华阳范东叔所作的《觉斋记》中，他指出："所谓觉者，道德、仁义、天命、人事之理是已"，而"异端之说至于中国，上不尽乎性命，下不达乎世俗，举以聪明为障，思虑为贼，颠错漫汗而谓之破巢窟，颓弛放散而谓之得本心，以愚求真，以粗合妙，而卒归之于无有，是又大异矣"。[④]可见他对儒学和佛学的界限还是判然区分的。此时，陈傅良在湖南任转运判官，读到叶适的《送冯传之》诗，知道叶适正研读佛经，便次韵以发问云："西方亦人豪，国自为乾坤。书来入中州，坐使学者奔。君岂舍从之？或但游其藩？吾闻欲乘槎，凿空访河根。孰与瞻斗车，把柁行江湍。"[⑤]"君岂舍从之？或但游其藩？"这当然是带有玩笑性质的问质，陈傅良相信，叶适是不会舍儒从佛的，他只不过是在佛学的苑囿内作了一番畅游，以开阔眼界罢了。

除了知府阎苍舒之外，叶适在江陵交游的朋友还有刘愚、项安世和王闻礼等

---

① 《送冯传之》，《水心文集》卷六，《叶适集》第44页。

② 《答叶正则书》，《晦庵先生朱文公文集》卷五六，《朱子全书》本，第23册，2651页。

③ 《题张君所注佛书》，《水心文集》卷二九，《叶适集》第599页。

④ 《觉斋记》，《水心文集》卷九，《叶适集》第141—142页。

⑤ 《闻叶正则阅藏经次其送客韵以问之》，《止斋先生文集》卷三，《四部丛刊》本。

人。刘愚字必明，衢州龙游人，曾与叶适在太学同僚，他为人谦谦卑下，“及在荆州，必明官博士，间携子克勤相与还往，风蒲霜苇，淡语常尽日”。[①]其子刘克勤“早以诗名，叶适尝称其可继陶（渊明）、韦（应物）”，而刘愚任江陵府教授，“早晚为诸生讲说，同僚相率以听，愚益谦下，与叶适、项安世讲论不倦，每以隐居学道为乐”。[②]王闻礼字立之，温州乐清人，乃王十朋的次子，时任湖北营田干官，他果敢激烈，正直敢言，继承了父亲的遗风，“在荆州，向余剧语詹事（指其父）绍、隆间忧劳忠虑，于时正邪贤不肖，一一记忆无遗”。[③]还有一次，知府阎公新筑喜雪堂落成，请叶适题诗，叶适欣然题写七绝三首：

东来十月黄尘满，霰点霜花总未堪。
恰是使君诚意足，带将腊雪赴荆南。

平压龙山五尺危，堕鸢何处避阴威。
渐令融罢春泥软，麦浪粘天燕子飞。

檐角低隈小凭栏，霏霏只合对高寒。
他年认得名堂意，不作销金暖帐看。[④]

欣赏霏霏白雪的傲对高寒，想象麦浪起伏、燕子翻飞的春天景象，叶适从阎公对喜雪堂的命名中发掘出盎然的生意。

试郡蕲州

宋光宗绍熙元年（1190）十月，叶适被差知蕲州。赴任之前，叶适再由江

---

① 《夫人徐氏墓志铭》，《水心文集》卷一六，《叶适集》第313页。
② 《宋史》卷四五九《刘愚传》，第13467页。
③ 《运使直阁郎中王公墓志铭》，《水心文集》卷一七，《叶适集》第324页。
④ 《题阎才元喜雪堂》，《水心文集》卷八，《叶适集》第123页。

陵返回永嘉，准备接眷属同赴蕲州。恰在此时，得到老友陈亮第二次入狱的消息。叶适早在婺州游学时就结识陈亮，二十多年来，两人多次互访，书信不断，相互切磋，相互扶持，成为亲密无间的挚友。然而两人的个性并不相同：陈亮“才气超迈”，特立独行，颇有狂狷之气；而叶适则脚踏实地，沉稳而谦恭。陈亮于乾道五年（1169）和淳熙十五年（1188）两次赴临安上书皇帝，力倡恢复中原之论；他又与朱熹长期展开“王霸义利之辩”，猛烈抨击空谈性理之学。由于这些举动，陈亮一时名声大盛，但“狂怪”的个性，也为自己种下祸根。他曾因家童杀人，被人诬告下狱，幸得辛弃疾、罗点大力营救，孝宗也不信其事，最终获释出狱。叶适后来借陈亮邀其赋诗的机会，作《抱膝吟》二首，微寓规劝之意。此次，陈亮赴乡宴，邻座归家后暴死，由于平时得罪乡人、县令，陈亮又被诬为指使杀人，关入大理狱，被认为必死无疑。陈亮门人喻南强奔赴永嘉向叶适求助，“适曰：‘子真义士也！’即秉烛为作书数通。南强又持走越，袖见诸台官”。[①]后来是大理少卿郑汝谐看到案卷，大为惊异道：“此天下之奇才，国家若无罪而杀士，上干天和，下伤国脉矣。”[②]就力求光宗开恩，陈亮终于又获赦免。宋人笔记《四朝闻见录》认为当时叶适等人“莫有救亮迹”，[③]但从叶适和陈亮的一贯关系看，叶适在此紧要关头袖手旁观，似不合情理，《喻南强传》所记当是可信的。

叶适携眷属离开永嘉之际，“夫人（叶适岳母）送高氏（叶适妻）至江滨，有诀别语，盖知其不再见也”。[④]果然，一年多后，高夫人就病逝了。绍熙二年（1191）春，叶适到达时属淮南西路的蕲州，首次开始担任一州的最高长官知州。次年，他又被任命为淮西提举，兼提刑，转盐铁冶司公事，一时身兼数职。蕲州乃“山泽之聚，淮之名城也”，叶适这样描写赴蕲州的沿途所见：

余自湖口渡江，沿淮北上至王潼洲，烧苇夜行，投宿民舍。迟明，道

① 〔明〕宋濂：《喻偘传》附《喻南强传》，《宋濂全集》，浙江古籍出版社1999年版，第2042页。
② 《宋史》卷四三六《陈亮传》，第12943页。
③ 《四朝闻见录》甲集《天子狱》节，第25页。
④ 《高夫人墓志铭》，《水心文集》卷一四，《叶适集》第251页。

上车夫与牙兵相詈去，慰谢之，然后肯去。践小杨湖，一步数陷，所过空堤绝岸，败芦衰莽而已。入濯港，乃见黄梅诸峰雄秀可喜。而百余里之间，碎坡丛岫，靡迤连接，浅泉细石，经络田畔，则蕲之土无不辟而居者相望矣。然而州无城堞，市无廛肆，屋无楼观，佳卉良木不殖，公私一切简陋。四方之集徙者，以欺诞苟且为生，促具衣食则止。其于绝埃烦，近清凉，理榛荒，致茂好，居高览远，以遂其生之乐，非惟不能，亦未之知也。[1]

田野衰败，城市简陋，百姓猥琐，文化落后，蕲州与江陵不能比，与平江更不可同日而语。治理这样的僻壤穷州，自然相当棘手，而“于时州县吏，能宽刑审虑以善道佐余者惟舒君名杲字彦升”。舒君为信州永丰人，与叶适同年进士，时任蕲州主簿。他有多年监铸铁钱的经验，所铸铁钱质量规范，“皆为式于后不可改，故私钱遂绝而官铸流通至今”，[2]成为叶适的好帮手。叶适在蕲州，还与居于城西中洲的隐士李之翰多有往来。李君年已七十，阅尽世事，“所察将益警，所进将益深，不惰不昏，以俟天命”，[3]叶适颇为称道，作《李氏中洲记》为之称扬。李君曾折梅相赠，叶适作七律一首回谢：

中洲之中十树梅，蟠枝著地照蒿莱。
即非无主凭谁伴，自不冲寒要早开。
午蝶只随游子意，暮笳难写遁夫哀。
幽怀寂寂天应笑，插向归帆雪满桅。[4]

作为地方父母官，叶适时刻关心民瘼，即使如季节气候的变化，也不敢怠慢。他在蕲州写过《祈雪文》《谢雪文》一组，颇为有趣，值得一读：

---

① 《烟霏楼记》，《水心文集》卷九，《叶适集》第143页。
② 《舒彦升墓志铭》，《水心文集》卷二二，《叶适集》第436页。
③ 《李氏中洲记》，《水心文集》卷九，《叶适集》第145页。
④ 《中洲处士折梅花并新语为赠率易鄙句为谢》，《水心文集》卷八，《叶适集》第112页。

淳、绍之交，大雪烂漫，平地累尺，而人以过寒为患。今冬温暖已甚，褚有不穿之裘，傩腊将至而近郊未见白焉，民又以疫疠告矣。揆血气之和，以求时令之正，此神之休而吏之责也。翕合冻凝，飘舞积聚，在瞬息之间尔，敢再拜以蕲。[①]

当庚寅之上谒，粲晴光其朝晰。步堂皇以屡瞻，渐重云之晡起。霰已下兮还止，阴已交而似霁。越庚寅之三日，缤终日而并萃。高嵯峨兮特映，远苍茫兮平施。抽寒疾之关钥，洗麦苗之昏秽。遍国人而相语，何肸蠁兮斯异。事有时而适合，物或疑于偶值。惟应节而不滥，尤神灵之可贵。念欲报之靡足，写以词而未既。[②]

因过暖而祈雪，因得雪而谢神；毕恭毕敬，诚惶诚恐；一为散文，一为骈体。今人或觉得可笑，古人却绝对地虔诚，以显示对神灵的恭敬、对百姓的尽责。

对于自己“试郡”蕲州所担负的职责，叶适还是十分清楚的。他到任后不久上奏朝廷的《谢表》中就说：

江、黄之间，山泽相杂，素号僻左，本极贫虚。属因淮南行铁以来，暨乎蕲口置监而后，阴仰官炉之羡，不胜伪冶之烦，浸用骄奢，无复绳矩，所以检核增铸，禁绝私钱。畏两文销折之多，市井至于昼闭；取十年工本之数，军库为之顿空。解纷既难，任责良重。将欲布宣国家拊循之德，奉行监司督察之威，稍安人情，粗给经费，惧非孱拙，所克堪胜。[③]

淮南地处宋、金交界处，为防止南宋的铜钱渗漏到北方，朝廷命两淮、京西等地使用铁钱，并于乾道初年设立淮西铁冶司，管辖舒、蕲、黄三州，监铸铁钱。但铸铁钱有利可图，民间私铸渐多，造成币制混乱，朝廷和百姓的利益都受到

① 《祈雪文》，《水心文集》卷二六，《叶适集》第536页。
② 《谢雪文》，《水心文集》卷二六，《叶适集》第537页。
③ 《蕲州到任谢表》，《水心文集》卷二，《叶适集》第25页。

损害。为了稳定币制，朝廷又采取增铸官钱、收换并禁绝私钱的措施，但在执行中困难重重，“解纷既难，任责良重”。叶适兼领盐铁冶司公事后，专职负责此项事务，他“在蕲州目见利害，询采吏民，颇为亲切”。经过广泛的调查研究，叶适摸清了情况，提出五项应对措施：第一，“开民间行使之路”。原来铁钱不分官私，百姓得钱便用，禁私钱后要仔细拣择，区分官私，影响了货物交易。叶适将“新旧诸样官钱，钉板印榜，晓谕民间，令其从便行使，亦立私钱样，令拣选不用”，这样就大大便利了百姓的使用。第二，“责州县关防之要”。禁私钱法令执行中的宽或严，都会造成很大的矛盾，叶适提出“专一禁止行使私钱之家”，让他们定期签订不用私钱的保证，申报冶司进行监督，“只此一令，不必繁多，但要行之坚久，私钱无用，私铸自息”。第三，“审朝廷称提之政”。当时铜钱过江北，可以兑换成铁钱，但铁钱过江南，就不能兑换成铜钱，时间一久，就造成富商大贾资金流转的阻碍。叶适提出，“若要称提得所，义理均平，当使铁钱之过江南，亦如铜钱之过江北，皆有兑换之处，两无废弃之虞”。第四，“谨诸监铸造之法”。原先冶司为对付私铸者，在官钱字文、重量等形制上不断翻新花样，致使百姓无法辨认，叶适认为“钱文宜一，轻重大小宜均，则民听不疑，行用不惑”，并确定以蕲春监淳熙七年、八年、九年三年所铸铁钱为质量标准。第五，“详冶司废置之宜”。对于冶司和各路监司的关系，叶适认为应分清职责，相互协调，冶司“但当督察稽考，总其大柄”，铸钱则由各路监司负责。[①]这些措施，在职权范围之内的叶适已经施行，其余则要求朝廷发令贯彻。淮西铸钱事宜，是叶适从政后处理的第一件较为重大和复杂的公务，从叶适提出和施行的五项措施看，思路十分清晰，考虑颇为周到。这说明，叶适不仅具有议事论政的能力，而且具备处理具体政务的才干；不但有改革的“宏论”，而且有从事改革的“实功”。初试锋芒，叶适就展示出作为一名政治家不凡的实力。

---

① 均见《淮西论铁钱五事状》，《水心文集》卷二，《叶适集》第20—24页。

痛悼陈亮

绍熙三年（1192）十二月，朝廷除叶适浙西提刑之职。[①]但此后半年多叶适的行迹，未见有到平江任职的记载，而根据这段时间内叶适所撰的几篇墓志铭看，他似回到了永嘉。[②]或许在绍熙四年（1193）八月奉诏赴京前，叶适并未赴任。这一节待考，但此期间发生的一件大事，则是老友陈亮进士及第，并被擢为状元。

陈亮第二次入狱是在绍熙元年（1190）十月，其得免出狱，已是绍熙三年二月。绍熙四年，五十一岁的陈亮进士及第，因殿试对策得到光宗赏识，"奏名第三，御笔擢第一。既知为亮，则大喜曰：'朕擢果不谬。'孝宗在南内，宁宗在东宫，闻知皆喜"。[③]高中状元的陈亮被授佥书建康府判官厅公事之职，但由于长期"忧患困折，精泽内耗，形体外离"，[④]未及赴任，就于次年三月病卒于永康，年仅五十二岁。噩耗传来，与陈亮相知相携二十余年的叶适悲痛不已，他在祭文中痛悼挚友：

> 呜呼同甫！绝代之宝，众岂同美！抵掷弃捐，亦其常理。子重受祸，嘻又已甚！寓矢以攻，杀者无禁。脱廷尉械，为进士头；天子第之，始莫我尤。谓天弗省，天乃终定；谓天既定，而弗永命。呜呼同甫！心事难平，宠光易满；万世之长，一朝之短。余蚤从子，今也变衰；子有微言，余何遽知。畏子高明，痛子憔悴；镌嗟无勇，和、随有罪。子不余谬，悬俾余铭；且曰必信，视我如生。畴昔之言，余不敢苟，哀哉此酒，能复饮否？[⑤]

慨叹命运的无常，牢记挚友的嘱托，信誓旦旦，一往情深。据吴子良《荆溪林

① 据叶适二子所撰《墓志》和《墓碑记》。

② 见《姜安礼墓志铭》《陈彦群墓志铭》，《水心文集》卷一四，《叶适集》第258—260页。

③ 《宋史》卷四三六《陈亮传》，第12943页。

④ 《陈同甫王道甫墓志铭》，《水心文集》卷二四，《叶适集》第483页。

⑤ 《祭陈同甫文》，《水心文集》卷二八，《叶适集》第572页。

下偶谈》载，陈亮临终确曾委托叶适为其撰写墓志铭，还说："铭文如不真实可信，我在阴间还要与你论辩。"叶适当时确也撰写过铭文，但因病丢失了。[①]其后，叶适在吏部侍郎任上，曾请求朝廷超越常规，为陈亮一子补官，仍关照着陈亮的后代。[②]陈亮之子陈沆，聚乃父文章若干卷授予叶适，叶适为作《龙川集序》，感慨其才华和遭际；文集刻成后，叶适又作《书龙川集后》，高度评价其文如"海涵泽聚，天霁风止，无狂浪暴流，而回漩起伏，萦映妙巧，极天下之奇险"。[③]嘉定十四年（1221），也即叶适逝世前两年，陈亮诸子再次求铭于叶适，叶适在衰病之间撰写《陈同甫王道甫墓志铭》，履行了二十七年前对老友许下的诺言，也了却了自己的心愿。文章开篇云：

> 志复君之仇，大义也；欲挈诸夏合南北，大虑也；必行其所知，不以得丧壮老二其守，大节也：春秋、战国之材无是也。吾得二人焉：永康陈亮，平阳王自中。[④]

以"大义""大虑""大节"三词对陈亮一生所作的高度概括和评价，可谓对陈亮的盖棺论定，也是两位挚友肝胆相照、生死与共的最好写照。诚如吴子良所言："水心与龙川自少至老，自生至死，只守一说，而后辈不知本末，咸以为疑，此要当为知者道也。"[⑤]显然，这是针对当时怀疑陈亮和叶适关系的论调（如《四朝闻见录》之言）所发。从两人交游的全过程看，虽然两人的性格不尽相似，而永嘉之学和永康之学也有一些观点不尽相同，但叶适和陈亮仍是志同道合、披肝沥胆的一对挚友，他们的数十年交往和深厚情谊无疑是宋代学术史、文学史上的佳话。无怪乎明代李贽也说："始终知公者叶（适），虽与文公（朱熹）游，文公不知也。"[⑥]较之朱熹，叶适无疑是陈亮最信任的知己。

---

① 《荆溪林下偶谈》卷二，《四库全书》本。

② 《宋史》卷四三六《陈亮传》，第12943页。

③ 《书龙川集后》，《水心文集》卷二九，《叶适集》第597页。

④ 《陈同甫王道甫墓志铭》，《水心文集》卷二四，《叶适集》第482页。

⑤ 《荆溪林下偶谈》卷二，《四库全书》本。

⑥ 〔明〕李贽：《藏书》卷一六，《李贽文集》第二卷，社会科学文献出版社2000年版，第333页。

第四章　“内禅”“党禁”　宦海沉浮

绍熙内禅

当绍熙四年（1193）八月叶适奉诏奔赴临安之时，他可能没有想到，一场南宋历史上重大的政治风波正在酝酿之中，而他将被卷入其中，并成为这场风波中的重要人物之一。

原来，新登基的宋光宗赵惇为孝宗第三子。孝宗“禅位”之后，即被尊为“寿皇圣帝”，退居重华宫，而原皇太后吴氏则被尊为寿圣皇太后。其实，孝宗并不想完全放弃权力，但光宗却不愿意受孝宗控制。这与当年孝宗对太上皇高宗唯命是从的态度完全不同。这样，父子间的矛盾逐渐深化。光宗的皇后李氏，是其为恭王时由高宗所聘，但李氏“性妒悍”，不为高宗喜欢，也常受到孝宗的训斥，要求她“以皇太后为法，不然，行当废汝”。[①]光宗即位后，李氏被立为皇后，所生之子赵扩进封嘉王，但李后却对寿皇夫妇和寿圣皇太后怀恨在心，不和的种子由此种下。光宗治国，基本上承袭孝宗晚年的一系列政策，虽然也在内政上作过一些改革，但并无多少建树，而皇室内部的矛盾却日益尖锐。光宗和李后想将嘉王早日立为太子，却一直得不到寿皇的首肯，这引起光宗帝后的猜忌和不安。光宗素有“心疾”，寿皇曾购得良药，准备让他在朝重华宫时服

① 《宋史》卷二四三《后妃下》，第8654页。

用，此事被李后知道，认为其中有阴谋。在一次内宴上，李后再次请求立嘉王为太子，又遭寿皇拒绝。李后质问道："妾六礼所聘，嘉王妾亲生也，何为不可？"[①]寿皇大怒。李后回宫后向光宗哭诉，称寿皇有废立意，于是光宗就不再定期前往重华宫朝省，两宫间开始处于对立状态。绍熙二年（1191）十一月，李后趁光宗郊祭之时，杀死其宠妃黄氏，称其暴卒。光宗闻讯时恰逢风雨大作，祭坛灯烛尽灭。受此刺激，光宗心疾加重，不能视朝，政事多决定于李后，李后愈益骄恣。由于孝宗在位时对太上皇实行一月四朝，因此，当皇室内部矛盾逐渐传出，宰辅、百官乃至布衣之士纷纷上疏，谏请光宗恢复朝省，社会舆论已将定期朝省看作朝廷政治稳定的一个标志。绍熙四年重阳节，光宗在群臣力劝下，准备起驾往朝寿皇，百官列班侍候。光宗已出殿门，却被李后拉回宫中，称："天寒，官家且饮酒。"百官大惊，相顾无敢言者。时任中书舍人的陈傅良上前拉住光宗衣裾，并随其到御屏后。李后大骂："这里甚去处？你秀才们要斫了驴头。"[②]陈傅良只得大哭下殿，当即辞官回乡。而光宗终于被李后拖回宫去了。

叶适正在此时入朝，一下就被卷入宫廷斗争的旋涡。不久，他被任命为尚书左选郎官。这是吏部的属官，掌管文职京朝官的考核和升降。这时，光宗已连续七月不朝重华宫，朝廷事无巨细，皆废置不行。叶适立即加入谏疏的行列，对光宗说："父子亲爱出于自然。浮疑私畏，似是而非，岂有事实？若因是而定省废于上，号令愆于下，人情离阻，其能久乎！"在群臣的劝谏下，光宗有所悔悟，两次进宫朝省，朝廷上下一片欢悦。叶适又上奏，提出光宗过宫朝省时，应由宰执、侍从陪同，负责转达两宫之间难言之意，防止小人从中挑拨，可惜这一意见未被采纳。[③]而两宫关系也好景不长，不久又依然如故。

绍熙五年（1194）正月，寿皇染病不起，光宗继续托疾不去问病。至五月病重，寿皇想见光宗，光宗仍不肯见，只是同意由儿子嘉王入宫问疾。六月九日夜，寿皇终于病卒于重华宫，但光宗依然不肯出面主持丧礼。两宫间的不和

---

① 《宋史》卷二四三《后妃下》，第8654页。

② 〔宋〕周密：《齐东野语》卷三《绍熙内禅》，第37页。

③ 均见《宋史》卷四三四《叶适传》，第12890页。

终于酿成南宋王朝的一场严重的政治危机。中外人情汹汹，以为祸在旦夕。近臣巨富，竞相装载金帛藏匿乡村；朝士中有人逃离数日，搬家归乡者甚多，皇室侍从也欲相率出城；军士籍籍有语，变乱的迹象已露端倪。就在这万分危急的时刻，叶适向宰相留正提出：“上疾而不执丧，将何辞以谢天下？今嘉王长，若预建参决，则疑谤释矣。”[①]这一请出嘉王缓解局势的建议被留正采纳，留正立即奏请立太子以安人心。几天后，光宗批准了这一请求，并亲书御札交付丞相，上写“历事岁久，念欲退闲”八字，表达了准备退隐的意愿。然而，胆小的留正害怕承担责任，便借口上朝仆倒伤脚而请求罢免，连夜出城逃避。其实，光宗“念欲退闲”的批示，正是给这场政治危机的解决提供了一个契机，但其中的风险很大。留正显然无此胆识，于是，朝野将希望寄托在宗室出身的知枢密院事赵汝愚身上。工部尚书赵彦逾打消赵汝愚的顾虑，对他说：“留丞相以足疾求去，天付此一段事业与知院，岂可持疑？祭在近，便可举行。”[②]尚书左司郎中徐谊也对赵汝愚说：“国家安危，在此一举”，并建议“此大事，非太皇太后命不可。知阁门事韩侂胄与同里蔡必胜同在阁门，可因必胜招之”。[③]蔡必胜为温州平阳人，武状元出身，与徐谊、叶适均为同乡。这时，叶适也鼓励蔡说：“国事至此，子为近臣，庸坐视乎！”蔡必胜答应了叶适的要求，回宫与宣赞舍人傅昌朝、知内侍省关礼、知阁门事韩侂胄商议，韩侂胄又同慈福宫提点张宗尹取得联络，叶适则充当与赵汝愚联系的纽带。最终，相关人士取得一致意见，以内禅的动议上奏太皇太后吴氏，并请其垂帘主持此事。太皇太后批准了这一方案，并付诸实施，所有表章、奏议及诏书等，都由赵汝愚和叶适裁定，临行大礼时才交付仪曹郎，朝臣们到此时才知道叶适参与了整个事件的策划。绍熙五年七月甲子日，赵汝愚率百官到寿皇梓宫之前，太皇太后垂帘，赵汝愚奏请嘉王即皇帝位，经太皇太后允诺后，内侍扶嘉王登御座，百官拜贺，是为宋宁宗。随即，在宁宗主持下举行了禫祭之礼，民心悦怿，中外晏然，一场政治危

① 《宋史》卷四三四《叶适传》，第12891页。

② 《齐东野语》卷三《绍熙内禅》，第40页。

③ 〔清〕毕沅：《续资治通鉴》卷一五三，中华书局1979年点校本，第4109页。

机至此总算得到化解。[①]“绍熙内禅”的实质，是在合法外衣掩盖下的一场宫廷政变，在赵汝愚、赵彦逾、韩侂胄等人的精心策划下得以圆满实现，从而使南宋政权渡过了一次难关。叶适积极参与事件的策划，并贡献出自己的政治智慧。

宁宗即位之后，南宋朝廷中围绕着“内禅定策”的推赏展开新的权力之争。宗室赵汝愚因定策有功，先迁枢密使，不久又升为右相。他执政后，即将好友左司谏章颖升为侍御史，原嘉王府翊善黄裳升为给事中，陈傅良、彭龟年并除中书舍人，又将朱熹从湖南召回，出任天章阁待制兼侍讲，成为宁宗的老师，还把李祥、杨简、吕祖俭等引入朝廷，组成以道学人士为主体的权力集团。赵汝愚也要论叶适之功，叶适推辞说：“国危效忠，职也，适何功之有！”[②]结果，叶适被升为国子司业，不久又除显谟阁学士兼充馆伴使，并兼实录院检讨官。然而，与此同时，在“内禅定策”过程中同样立大功的韩侂胄却未能如愿。韩侂胄为北宋名臣韩琦的曾孙，其母为太皇太后之妹，其妻是太皇太后的侄女，而他的侄女又嫁给了嘉王，此时已被立为皇后，从而与皇室有着极深的关系。韩侂胄想得到节度使的赏赐，但赵汝愚不同意，说：“吾宗臣，汝外戚也，何可以言功？惟爪牙之臣，则当推赏。”结果，韩侂胄只得到一个汝州防御使的职位，他愤愤不平，从此对赵汝愚怀恨在心。当时，知临安府徐谊对赵汝愚说：“侂胄异时必为国患，宜饱其欲而远之。”叶适也劝他：“胄所望，不过节钺，宜与之。”但赵汝愚出于宗派成见和对武人的轻视，一概不听劝告，最后勉强给了一个枢密都承旨的兼官，韩侂胄因此被深深激怒。面对赵、韩之间的权力斗争，叶适既看到韩侂胄的政治野心和势力逼人，也看清了赵汝愚的居功自傲和见识短浅，他敏感地预料到“祸自此始矣”，[③]因此就力求外补，离开朝廷的是非之地。绍熙五年（1194）十一月，朝廷同意了叶适的请求，任以太府卿总领淮东军马钱粮之职。

---

① 有关叶适参与“绍熙内禅”的经过，参考《宋史》《续资治通鉴》《宋史纪事本末》相关卷次，《齐东野语》卷三、《四朝闻见录》甲编，以及叶适《蔡知阁墓志铭》《宝谟阁待制知隆兴府徐公墓志铭》等材料。

② 《宋史》卷四三四《叶适传》，第12891页。

③ 以上均见《续资治通鉴》卷一五三，第4112页。

总领淮东

淮东总领财赋所设在润州丹阳县（今江苏丹阳），叶适于绍熙五年（1194）十二月到任。总领兵马钱粮的职务，是朝廷于绍兴十一年（1141）将诸帅之兵改组为御前军后所设置的，“驻屯之所，皆置总领一人，以朝臣为之，叙位在转运副使以上”。①此职务共设四员，与四大驻屯军相对应。淮东总领掌管镇江诸军钱粮，因此，叶适在到任谢表中说：“既管钱米，又知甲兵，本乞漫游，更叨烦委”，又称“预闻军政，制其财赋之权”。②可见，这一职务的设置，实际上还负有监察将帅的使命。淮东总领掌管钱粮的数额，约为每岁钱九百六十余万缗、米九十万石，由于宋金间维持了较长时间的和平局面，各总领所收入的钱粮，除支出外还有部分盈余。有关部门“多掩蔽所余，不尽载于册，往往妄称趱积，以为己功”。绍熙末，内藏库（皇宫府库）下文调拨淮东总领所余财。此时叶适已到任，于庆元元年（1195）二月上书，说明“此钱当存留以备缓急”，不应调拨动用，请求朝廷“诏有司，自今除每岁收支外，并将有管实在之数，开具成册，使朝廷通知有余不足之数”。他还主张，“非缘军前事，毋得辄支移起发，欲以它用”，待“储积累多”，再“考拨定之数，宽减州县，还之于民”。③叶适显然主张在加强管理的基础上保障军用，有积余则要“还之于民”，不得随意挪作他用。

叶适是估计到时局会发生变化，才请求离开临安以避祸全身的。果然不出所料，朝廷中赵汝愚、韩侂胄双方的争斗局势发生急转，而叶适却仍然在劫难逃。韩侂胄任枢密都承旨后，官职虽然不大，但因为其地位特殊，且承担传达诏旨的使命，因而渐见亲幸，权势日重。他与当初同时参与内禅策划而未得封赏的赵彦逾相互呼应，攻击赵汝愚结党营私，力图将以赵汝愚、朱熹为首的道学势力集团排挤出朝廷。绍熙五年（1194）十月，韩侂胄鼓动宁宗罢免了朱熹

① 〔清〕钱大昕：《十驾斋养新录》卷一《四总领》，江苏古籍出版社点校本。

② 《除太府卿淮东总领谢表》，《水心文集》卷二，《叶适集》第26页。

③ 〔宋〕李心传：《建炎以来朝野杂记》甲集卷一七，中华书局点校本。

的侍讲职务。随后，他通过“御批”将自己的亲信刘德秀、李沐、刘之杰、胡竑等除为台官，控制了言路，并先后罢去陈傅良、彭龟年、刘光祖等人官职，削弱了赵汝愚在朝中的力量。庆元元年（1195）二月，李沐上疏，称赵汝愚“以同姓居相位，非祖宗典故”，攻击他“倚虚声，植私党，以定策自居，专功自恣”。于是，赵汝愚被罢去相位，出知福州，不久再遭弹劾，诏与宫观。此后，李详、杨简、吕祖俭等被赵氏荐引者，全被贬黜；太学生杨宏中、周端朝等六人上书救赵，被送五百里外编管；而蔡幼学、薛叔似、徐谊、孙元卿、陈武等永嘉籍朝官，也先后被劾罢。十一月，胡竑、何澹上疏劾奏赵汝愚“唱引伪徒，谋为不轨”，[①]编造其欲趁乱夺取帝位的罪名加以陷害，赵汝愚被谪往永州（今湖南零陵）安置。两个月后的庆元二年元月，赵汝愚行至衡州（今湖南衡阳）而卒。与此同时，宁宗起用积极反对道学集团的参知政事京镗为右相，韩侂胄由保宁军节度使加开封仪同三司，权力在丞相之上。在与赵汝愚争权的斗争中，韩侂胄取得了胜利。

庆元二年（1196）三月十二日，叶适被监察御史胡竑以“阿附权臣，过从伪党，诬蔑君上”的罪名弹劾，“降两官，放罢”。[②]叶适被卷入“绍熙内禅”的政治风波，并为政局的稳定贡献了智慧；他预见到随之而来的朝廷内部权力斗争的险恶，采取了避祸全身的策略。然而，政治斗争是无情的，他终于未能幸免，遭受到仕途上的第一次重大挫折。叶适或许没有想到，接二连三的打击，正等着他这位已被罢官的政治斗争的牺牲者。

庆元党禁

宁宗庆元年间对以赵汝愚、朱熹为首的道学势力集团的打击迫害，史称“庆元党禁”或“伪学党禁”，其缘起则要从道学的形成和发展说起。起源于北宋中期的道学，当时只是儒学中诸多学派之一，它的影响主要在学术界。作为

① 《齐东野语》卷三《绍熙内禅》，第44—45页。

② 〔清〕徐松辑：《宋会要辑稿·职官》七三之二一，中华书局影印本。

元祐学术的一部分，道学的代表二程“洛学”与苏氏“蜀学”等，都受到王安石“新学”的排挤打击。南渡以后，在“新学”受到一致声讨的背景下，“洛学”逐渐在南方传播开来，高宗绍兴年间就曾有过是否要禁止“程氏学”（亦称“伊川之学”）的争论。孝宗时，朱熹对道学思想体系作了进一步的阐发、加工，使之愈趋完备精密，并通过广泛的授徒讲学扩展影响，道学思想为越来越多的官僚士大夫所接受。于是，道学家及其信徒便不甘心局限于学术研究，而是企图在政治上有所作为，学术思想上的志同道合开始演变为政治势力的集聚。道学的兴起，引发朝廷内部权力的再分配。拥护者推崇道学为圣贤之学，是齐家、治国、平天下的良方；反对者则攻击道学矫揉造作，沽名钓誉，乃是十足的“伪学”。周必大当国期间，道学之徒多得进用。淳熙九年（1182），朱熹在浙东提举茶盐公事任上，奏劾台州知州唐仲友不法，时有吏部尚书郑丙指责朱熹：“近世士大夫有所谓‘道学’者，欺世盗名，不宜信用。”监察御史陈贾也奏称：“道学之徒，假名以济其伪，乞摈斥勿用。”[①]淳熙十五年（1188），林栗在弹劾朱熹时更直接指斥：“熹本无学术，徒窃张载、程颐之绪余，为浮诞宗主，谓之道学，妄自推尊。”[②]至此，“道学”的名目被正式地运用于政治生活之中。

赵汝愚是道学的忠实信徒，他掌权之后，便明显重用以朱熹为首的道学家及其信徒，形成势力集团，排斥异己力量。道学家及其信徒都旗帜鲜明地维护赵氏的地位，反对韩侂胄集团。而赵汝愚一旦垮台，韩侂胄就对道学家展开政治围剿，给朱熹加上种种罪名，要求对他及门徒加以严惩。庆元二年（1196）二月，叶翥知贡举，奏称：“伪学之魁，以匹夫窃人主之柄，鼓动天下，故文风未能丕变。乞将语录之类，尽行除毁。”并称：“有叶适《进卷》、陈傅良《待遇集》，士人传诵其文，每用辄效。”于是，该年取士，语涉义理者悉皆黜落，“六经”、《语》、《孟》、《中庸》、《大学》之书，为世大禁。[③]八月，朝廷申严道学之

① 《宋史》卷三九四《郑丙传》，第12035页。

② 《宋史》卷三九四《林栗传》，第12031页。

③ 〔明〕陈邦瞻：《宋史纪事本末》卷八，中华书局1977年点校本，第873页；《宋史》卷一五六《选举二》，第3635页。

禁，太常少卿胡竑上书称：“比年以来，伪学猖獗，图为不轨，动摇上皇，抵诬圣德，几至大乱。……今纵未能尽用古法，亦宜且令退伏田里，循省愆咎。”[1]宁宗下诏：“伪学之党，勿除在内差遣。”甚至要求“监、司、帅、守荐举改官，并于奏牍前声说‘非伪学之人’”。[2]“道学”终于被升格为“伪学”。十二月，朝廷削去朱熹秘阁修撰的官职，并进而落职罢祠，窜朱熹门人蔡元定于道州，更有人上书乞斩朱熹“以绝伪学”。[3]

庆元三年（1197），对“伪学”的打击继续发展。闰六月，右正言刘三杰入见，提出“伪学”已升格为“逆党”。[4]十二月，知绵州王沆上疏“乞罢伪学之籍”，要求将曾受伪学举荐之人，“并令省部籍记姓名，与闲慢差遣”，获得批准。被列入“伪学逆党”得罪著籍者共五十九人，计有：

> 宰执四人：赵汝愚、留正、王蔺、周必大；
>
> 待制以上十三人：朱熹、徐谊、彭龟年、陈傅良、薛叔似、章颖、郑湜、楼钥、林大中、黄由、黄黼、何异、孙逢吉；
>
> 余官三十一人：刘光祖、吕祖俭、叶适、杨芳、项安世、李埴、沈有开、曾三聘、游仲鸿、吴猎、李详、杨简、赵汝谠、赵汝谈、陈岘、范仲黼、汪逵、孙元卿、袁燮、陈武、田澹、黄度、张体仁、蔡幼学、黄灏、周南、吴柔胜、王厚之、孟浩、赵巩、白炎震；
>
> 武臣三人：皇甫斌、范仲壬、张致远；
>
> 士人八人：杨宏中、周端朝、张道、林仲麟、蒋傅、徐范、蔡元定、吕祖泰。[5]

庆元四年（1198）四月，右谏议大夫张釜请下诏禁“伪学”。五月，宁宗终于正

---

① 《宋史》卷三九四《胡竑传》，第12024页。

② 《宋史纪事本末》卷八，第874页。

③ 《宋史纪事本末》卷八，第875页。

④ 《续资治通鉴》卷一五四，第4150页。

⑤ 《宋史纪事本末》卷八，第876页。

式“诏禁伪学”。[①]至此，“庆元党禁”达到高潮。

“庆元党禁”本质上是一场政治斗争，而并非学术之争。韩侂胄抓住赵汝愚的弱点，依靠其政治铁腕，迅速清除道学势力集团，为其步步高升扫清道路，开始了为期十年的擅权之路。赵汝愚由于居功自傲和政治上的短见，在“绍熙内禅”中昙花一现，很快消失在政治舞台上。作为道学的宗师，朱熹一心想用道学改造南宋政治，挽救社会危机，实现其“致君尧舜”的理想，但由于他自视过高，许多想法迂阔不切实际，当他卷入韩、赵之间争权夺利的斗争后，又暴露出强烈的宗派观念，终于招致灭顶之灾。庆元六年（1200）三月，朱熹在怨愤抑郁中逝世。直到两年后的嘉泰二年（1202），朝廷才开始弛“伪学”之禁，这已是后话了。

退居水心

在庆元三年（1197）确定的五十九人的“伪学逆党”著籍名单中，温州籍的占到九人，即知临安府徐谊、中书舍人陈傅良、户部侍郎薛叔似、淮东总领叶适、校书郎陈岘、国子博士孙元卿、国子正陈武、福建提举蔡幼学和太学生周端朝。此外，名单中的周南、赵汝谠、赵汝谈三人连同周端朝都是叶适的门人。当时永嘉学者人数众多，且有盛名，引起朝中不少人的妒忌猜疑，甚至有臣子上书说：“三十年来，伪学显行，场屋之权，尽归三温人。预说试题，阴通私书，所谓状元、省元与两优释褐者，若非似其亲故，即是其徒。”[②]所谓“三温人”即指叶适、陈傅良和徐谊三人。其实，永嘉学者大多并非道学人士，仅因为他们在政治上与赵汝愚有联系，就在“庆元党禁”中一概受到残酷打击，或遭贬斥，或被放罢。如陈傅良降三官，罢宫观，杜门屏居，题其室为“止斋”；徐谊被送韶州安置，后移婺州。另有陈谦、王楠、曹叔远等永嘉学者虽未入党籍，也受连累罢官。

① 《宋史》卷三七《宁宗一》，第724页。

② 〔宋〕李心传：《道命录》卷七下，《四库全书存目丛书》史部传记类。

叶适在“庆元党禁”中在劫难逃，自有其必然的原因。其一是淳熙十五年（1188）叶适曾在《辩兵部郎官朱元晦状》中，驳斥林栗以道学为由对朱熹的诬蔑攻击；其二是“绍熙内禅”中叶适直接为赵汝愚出谋划策，联络宫廷内部取得太皇太后的支持。因此，虽然叶适并不是道学家的门徒，他的事功思想与朱熹已表现出明显的分歧，虽然他在宁宗即位后急流勇退，自请外补以避祸全身，然而，他仍被视为赵汝愚、朱熹的同党而遭受株连。自从庆元二年（1196）三月被罢官回乡后，叶适目睹了党禁如何一步步深入发展，目睹了自己的著作《进卷》如何被毁版禁止流传，也目睹了许多永嘉学者及自己的门人纷纷被放罢还家。面对权力斗争的酷烈，面对朝政的腐败不堪，叶适一时间心灰意冷，闭门不出，决意退出政治生涯，所谓“赐归于穷舍，即甘息望于荣涂”。[①]庆元四年（1198），朝中曾有人主张调和与部分伪学人士的关系，提出起用叶适、薛叔似等人，叶适曾被拟差知衢州，但不久又有人极论北宋元祐、建中靖国年间调和新旧党争的危害，于是，差遣之议遂罢，叶适改为主管冲佑观，朝廷又重申伪学之禁。[②]

也就在庆元四年（1198），叶适开始定居于永嘉县城郊生姜门外、松台山下的水心村（今温州市鹿城区水心街道），“水心先生”之称号即缘于此。叶氏自绍兴末迁居永嘉以来已有三十余年，叶适自淳熙八年（1181）出仕为官宦游各地也已近二十年，但叶家在永嘉始终还没有稳定下来。这时，年近五十的叶适终于下了决心，变卖田地，购置房产，“始居生姜门外西湖上”。[③]西湖与南湖合称会昌湖，因唐代会昌四年（844）太守韦庸疏浚而得名，[④]水心村即坐落在西湖之畔、松台山下。叶适定居于水心村，除与学生周端朝之父周镇伯为邻外，其西邻为吴民表。吴氏后归宗复姓陈，即陈烨，其子陈埴此时即从叶适学。叶适有《水心即事六首》记述自己的退居生活：

---

① 《湖南运判到任谢表》，《水心文集》卷二，《叶适集》第28页。

② 见李心传《道命录》卷七下，《四库全书存目丛书》史部传记类。

③ 《庄夫人墓志铭》，《水心文集》卷一六，《叶适集》第297页。

④ 见（清）光绪《永嘉县志》卷二一。

生姜门外山如染，山水娱人岁月长。
净社倾城同禊饮，法明阖郭共烧香。

我久无家今谩归，卖田买宅事交违。
填高帮阔为深费，柱小檐低可厚非。

虽有莲荷浸屋东，暑烦睡过一陂红。
秋来人意稍苏醒，似惜霜前零乱风。

拒霜旋插花疏疏，甘菊新移日晒枯。
花草只今如此在，几时写作会昌图。

听唱三更啰里论，白榜单桨水心村。
潮回再入家家浦，月上还当处处门。

吴翁肥遁逾七十，术老芝荒手自锄。
惠我篇章成锦字，西邻得伴亦堪书。[①]

从诗中看，水心村山环水绕，景色宜人，夏种莲荷，秋移甘菊，家家看潮起潮落，处处当月白风清，加之民间风俗淳朴，邻里志趣相投，确是退居的好处所。叶适从小漫游，久无定居，今得买屋筑巢，虽柱小檐低，仅能容身，但一旦脱身宦海，返归自然，自有一种彻底解脱的轻松之感。他完全沉浸在山光水色、田园情趣之中，颇有在此终老一生之意。以下几首绝句，也当作于此时：

菊苗新擢马兰丛，柳老吹花拂掠空。

① 《水心即事六首兼谢吴民表宣义》，《水心文集》卷八，《叶适集》第124—125页。

闻说先生过山去，钓丝无主系东风。[①]

锄荒培薄寺东隈，一种风光百样栽。
谁妒眼中无俗物，前花开遍后花开。[②]

虽然一桨匆匆去，也要身宽对好山。
新拗篷窗高似屋，诸峰献状住中间。[③]

访友不值，感受柳丝漫舞东风；锄荒东隈，放眼百花风光无限；更有别出心裁，创为篷窗，虽无大舫，小舟内照样尽览好山，诸峰献妍。叶适的田园生活，真可谓其乐无穷。

虽然遭受党禁，但仍有好学的年轻人慕名前来向叶适求学，其中就有前宰相王淮之侄王植。王植字立之，金华人，不顾党禁之限，来到水心村：

于时士相禁以学，立之宰相家子，匿姓名，舍辎重，从余穷绝处。水村夜寂，蟹舍一渔火隐约，而立之执书循崖，且诵且思，声甚悲苦。其中表有仕永嘉者，节朔设坫盛集，立之独后至。中表笑曰："上学来欤？"盖靳之也。自是岁率一来。[④]

从学生的"声甚悲苦"可见叶适境遇的艰难，但如此逆境中还有这样的弟子前来问学，无疑给处于穷绝之地的叶适多少带来一点慰藉。

虽然退居生活看似闲散，但叶适仍时时不忘书生本色，他不但坚持授徒，还鼓励开设书院，培养人才。东阳有郭君钦止，将祖传名山石洞"度为书院，礼名士主其学，徙家之藏书以实之，储洞之田为书院之食，而斥洞之山为书院

① 《过叶威仲不值》，《水心文集》卷八，《叶适集》第126页。
② 《锄荒》，《水心文集》卷八，《叶适集》第126页。
③ 《余泛舟不能具舫创为隆篷加牖户焉》，《水心文集》卷八，《叶适集》第126页。
④ 《庄夫人墓志铭》，《水心文集》卷一六，《叶适集》第297页。

之山”，石洞书院的名声遍传四方。郭君卒后，“诸子修之不废”，并请叶适作记文，叶适欣然撰《石洞书院记》记其始末，并抒写感慨道：

嗟夫！郭君远矣！以学易游而不以物乐厚其身，以众合独而不以地胜私其家也。自君之为是，至今五十年，成之之难，传之之久也。游之兴废，家之盛衰占焉；学之兴废，人之盛衰占焉。学不待地也，萤灯雪屋，苟取尺寸，而圣贤之业可成矣。学以知意为始，以尽力为终。今夫悉其聪明，传之文字，深已造于性命，浅亦重于科举，而不能知其意，则犹为无所始也，将何以终之乎？君之子孙与其乡人必勉之！使之玩云岚，挹泉濑，心形洁清，以始终其学，而卓异豪杰之材出焉。然则学虽不待夫地，而地固有待夫学也。①

勉励郭君子孙与其乡人“始终其学”，培养出“卓异豪杰之材”，从而为石洞书院增光添彩。后来楼钥书写记文，朱熹为之题签，一时间被称为“当代三绝”。②叶适还撰有《石洞书院》诗一首，诗云：

好泉好石入君庐，雾锁云封未敢居。
若挹风光当豪馔，岂同经史作寒菹。
庭中蓍老《易》无过，畹内兰滋《诗》有余。
只此尽知贤圣乐，世间青紫亦空虚。③

将世间的功名利禄视作“空虚”，在书院的琅琅书声中体味圣贤之快乐，这正是此刻叶适的心境。

定居水心村一年后的庆元五年（1199）夏，叶适患上一场“异疾”，其症状是“畏风，更用寒热，药不疗病，聚腹胁上行，四肢百体皆失度，如土木偶”；

① 《石洞书院记》，《水心文集》卷九，《叶适集》第155页。
② 见曹彦约《跋东阳郭氏石洞书院记》，《昌谷集》卷一七，《四库全书》本。
③ 《石洞书院》，《水心文集补遗》，《叶适集》第623页。

不久，又“不能伏枕席，常狂行竟日”。[1]这些症状，颇类似精神性的疾病，它的突发，当由此年春天一场政治上的惊吓所引起。庆元五年正月，曾在策划拥立宁宗时泄露机密而被远斥的蔡琏逃回临安，诬告赵汝愚当年定策时有“异谋”，所上诉状有七十余纸。韩侂胄遂指使大理寺准备抓捕彭龟年、徐谊、曾三聘、沈有开、叶适、项安世等人到案受审，后经中书舍人范仲艺驳奏，晓以利害，韩侂胄总算未予执行。[2]消息传到永嘉，对退居中的叶适又是一次重大的精神刺激。短短几年间，学术界遭到权力斗争致命的摧残，乾、淳年间学术繁荣、百家争鸣的局面一去不返；昔日学术上的朋友以及弟子，几乎无一例外地遭到迫害，或贬或死，举目一片凄凉；叶适自幼怀抱的改革政治、增强国力，从而收复失地、报仇雪恨的远大抱负，更是难以实现；再加上朝中权臣当道，小人得志，滥施淫威。所有这一切，都使叶适心中无比郁愤又极其孤独，万分悲苦又无处倾诉。心理上的失衡，终于导致精神上的崩溃：“异疾”根本上是“心病”，确非任何汤药短时间能够治愈。

叶适初发病时，“众医妄议却立，亲党不知所为，多引去”，只有岳父高子莫天天来探视照料。不想岳父次年也患上疾病，于四月里去世，而病中的叶适却是“其疾不能问，其殓不能哭”。当年岳父看中他这个贫寒学子的文墨才华，招以为婿，但叶适此刻却无力为岳父撰写一篇墓志铭。叶适的这份缺憾直到六七年后才得以补偿。开禧三年（1207），叶适终于为岳父撰成《高永州墓志铭》，岳父留在他心中的印象是：

> 公风神峻美，虽巾屐疏散，亦就仪律，人谓图画当似之。敏达明恕，要在不繁鞭挞而事举。退公，常掩户然。一衣数十年，生计粗给。其仕虽取知，或连章荐引，然不验。晚乘太守车，若将有为也，而又死。[3]

叶适在简洁朴素的白描中倾注了深深的敬意和惋惜，一位风神峻美、敬业清寒、

① 《高永州墓志铭》，《水心文集》卷一五，《叶适集》第293页。

② 见《续资治通鉴》卷一五五，第4163—4164页。

③ 均见《高永州墓志铭》，《水心文集》卷一五，《叶适集》第293—294页。

赍志以没的下层官吏形象，跃然纸上。

叶适善为碑志文，早已声名远扬，而无论同僚朋辈、乡邻弟子，凡有所求，叶适也莫不应允。但自得异病，叶适“文理颠倒，不自省录”，[①]只得搁笔，不少当时的请托都如《高永州墓志铭》一样到多年以后才得补写。同在庆元五年（1199），友人平阳王自中（字道甫）去世，叶适在二十二年后才将其与陈亮合铭，撰成《陈同甫王道甫墓志铭》[②]。又庆元六年（1200），门人余姚孙之宏来请叶适为其父作铭，叶适不能自撰，十余年后才补作《孙永叔墓志铭》，而当时只能“请山阴陆公表于墓以待”，[③]今《渭南文集》正有《孙君墓表》一文。[④]关于叶适和南宋大诗人陆游的交往，在此略作补叙。早在绍熙四年（1193）奉诏进京后，叶适就曾将蕲州任上带回的特产簟席送给陆游，陆游次年有《新暑书事》诗记其事云：“城中五月汗沾衣，吾爱吾庐喜气微。珍簟会风来远饷，轻罗叠雪出鸣机。”诗后注云：“去岁叶正则饷蕲簟，得以御暑。”[⑤]绍熙五年春，叶适曾为时任六安县令的陆游长子陆子虡撰《六安县新学记》。[⑥]约在庆元二年，叶适曾作《跋陆游帖》，为陆游题识的《兰亭》再作跋语，[⑦]而此跋出于桑世昌《兰亭考》，桑氏为陆游外甥，叶适后又为桑氏所作《兰亭博议》撰有题后。[⑧]加上庆元六年叶适又请陆游代撰墓表，可见虽然留存的材料不多，但六七年间两人交往不断，应是相当熟识且相互信赖的朋友。叶适也正是靠着这些亲属、邻里、朋友、弟子的支持，才能在“异疾”的折磨中逐渐恢复起来。

---

① 《孙永叔墓志铭》，《水心文集》卷一六，《叶适集》第310页。

② 见《水心文集》卷二四，《叶适集》第482—485页。

③ 《孙永叔墓志铭》，《水心文集》卷一六，《叶适集》第310页。

④ 〔宋〕陆游：《孙君墓表》，《渭南文集》卷三九，中华书局1976年点校本《陆游集》，第2374页。

⑤ 《剑南诗稿》卷三，《陆游集》第795页。

⑥ 《六安县新学记》，《水心文集》卷九，《叶适集》第147页。

⑦ 此跋为《水心文集》佚文，见周梦江《叶适年谱》“庆元二年”，第115页。

⑧ 《题桑世昌兰亭博议后》，《水心文集》卷二九，《叶适集》第594页。

弛禁复职

就在叶适痛苦地辗转于病榻之时，朝廷中党禁的形势正悄然地发生着变化。韩侂胄自执掌朝政大权后，地位节节高升，庆元四年（1198）加少傅，庆元六年加太傅，嘉泰二年（1202）又加太师，封平原郡王。与此同时，他网罗一批亲信把持朝廷要职，如他幼时的老师陈自强在六七年内便升到右丞相，曾在他手下办事的书佐苏师旦则当上了安远军节度使，其他如周筠、李士谨等，都得到重用。随着庆元六年朱熹的去世，韩侂胄认为道学势力集团已被彻底摧毁，对他不再构成威胁，自己在朝中的地位已经十分稳固。为了消除党禁造成的统治集团内部的对立状态，尤其是为了准备对金战争的需要，韩侂胄决定逐步调整党禁的政策，开始起用一些虽被列入“伪党”而坚决主张抗金的官员。嘉泰元年二月，永嘉学者薛叔似首先被起复差知赣州。接着，叶适也接到了起复任湖南转运判官的诏令。

两年前罹患疾病的叶适，虽经一段时期的调养，但仍未痊愈，他自述这场疾病是“灾屯合聚，疴恙侵凌，形质至于变移，心虑从而昏夺。累年沉痼，众药备尝，曾微除愈之期，仅有苏醒之觉。故人玩于存省，或疑无他；医工莫知主名，可谓异疾”。经历了从“内禅”到“党禁”这一系列疾风暴雨般的政治风波，又遭受“形质变移”“心虑昏夺”的“异疾”的折磨，叶适“思过特深，自量尤审”，他早已“甘息望于荣涂”，准备在故乡终老余生。然而，当朝廷起复任用的诏命送到面前，他却又不敢抗命，虽然自觉“羸而难任”，但朝廷“示欲必行，严为期会”，他只能“恭命勉行”。嘉泰元年（1201）夏，叶适拖着病体，冒着暑热，历经跋涉，来到长沙赴任。在到任谢表中，他还不得不谢恩表态，表示要“销虚威以周下情，立实信以观远俗。视残躯之可力，倾尽而为；傥宿疢之或平，靡捐以报”。[①]次年，朝廷又授予其兼领秘阁修撰之职，叶适在谢表

① 《湖南运判到任谢表》，《水心文集》卷二，《叶适集》第28页。

中表示：“谂疾丐归，将待休于一壑；疏恩寓职，乃增重于三湘。”[①]职位的不断“增重”，预示着叶适将进一步得到朝廷的任用。

在湖南运判任上，叶适发现当地“二十年来，岁虽熟而小歉辄不耐；地之所产，米最盛而家中无储粮”。造成这种丰收却不耐“小歉”、产米却“家无储粮”的原因，是湖南水路运输发达，农民的收成除口粮、种子外，全都外运谋取“厚利”，当地“以为常俗”，而其结果则是一遇小灾，乡里要靠州县赈救，城市更依赖国家粮仓。叶适认为，“此事诸司当任责，而漕司为一路通融有无之处，其责尤重”，而当时漕司的收入匮乏，“平居不足以自存”，一旦“水旱急难”，更无力履行职责。因此，他打算自己开拓“利源”，尽心经理，争取稍有积余，以备急用，并认为“此诚一路之急政，不可忽也”。[②]虽然这一措施未能施行，但病中的叶适还是认真地履行自己的职责，发现问题，查明原因，提出对策，并随即向皇帝作了报告。

嘉泰二年（1202）初，韩侂胄对前几年党禁之事已感厌烦。此时，有人进言说“不弛党禁，恐后不免报复之祸”。韩侂胄认为有道理，于是请宁宗正式下诏“弛伪学党禁”。[③]随后，徐谊、刘光祖、陈傅良、章颖、陈谦等党人先后复官，不久又追复赵汝愚、朱熹、周必大、留正等的官职，历时六年的道学之禁，至此基本结束。当年十二月，叶适又被除右文殿修撰，调知泉州。

叶适于嘉泰三年（1203）四月到达泉州任上。在泉州，他发现这个素称“乐郡”之地，却在财政上陷入困境。同在湖南一样，他又认真调查研究，分析原因，并提出相应的对策。[④]在泉州，叶适还专程赴莆田，去寻访他幼时老师二刘公的故居。莆田人刘夙、刘朔兄弟，都曾在温州任职，叶适“童孺事二公”，深受教益。二公虽早在乾道年间去世，但叶适始终未曾忘却二公的高风亮节。刘朔之子起晦字建翁，与叶适同年，时居故乡，叶适专程前往拜访。只见二刘公故居“居室尤陋，不改”，“建翁逡巡出迎中街，笑曰：‘自二父在，而四方之

① 《除秘阁修撰谢表》，《水心文集》卷二，《叶适集》第29页。

② 均见《上宁宗皇帝札子二（嘉泰三年）》，《水心文集》卷一，《叶适集》第2—3页。

③ 见《宋史纪事本末》卷八，第877页。

④ 见《上宁宗皇帝札子三（嘉泰三年）》，《水心文集》卷一，《叶适集》第4—5页。

过莆者无不造于庭。盖今之轿大于旧矣，乃世变也。’……其偏，甃四围之，仅通户牖，建翁指示余：‘此吾二父讲学处也。’”[①]叶适仔细瞻仰故居，二公的音容笑貌如在眼前，但三十余年倏忽已过，当年的童孺都已年过半百，而宦海沉浮不定，世事茫茫难料，叶适的心中充满着无限的惆怅和感慨。

知泉州不满五月，叶适于当年九月又被召赴行在入对。这无疑体现了朝廷对他的日益看重。预感到朝廷即将信用自己的叶适，又被激发起议政的热情，一连向宁宗上了三道奏札。其中两道是叶适分别对“转漕湖外，守符泉南”时所见弊政的剖析和对策，另一道则是叶适对当前国家局势和治国大政的分析。奏札从人才问题切入，开篇即提出“欲占国家盛衰之符，必以人材离合为验”的命题，并以历史上明君纳贤用士的事例说明：“忠信诚实，尽公忘家，惟以国之休戚关忧乐，不以己之曲直校胜负，故能上为人主所信，下为百姓所爱。盖人材合一之时，和平极盛之治。”这是从臣下的角度立论。接着，奏札又转从君王的角度提出治国之本：

> 臣闻治国以和为体，处事以平为极。和如庖人之味焉，主于养口而无酸咸甘苦之争也；使犹有酸咸甘苦之争，则非和矣。平如工人之器焉，主于利用而无痕迹节目之累也；若犹以痕迹节目为累，则非平矣。故善调味者，必使众味不得各执其味；而善制器者，必能消众不平使皆效其平。人臣谁无有己，惟明主能使其忘己。仁宗初年，尝有党论。至和、嘉祐之间，昔所废弃，皆复湔洗，不分彼此，不问新旧，人材复合，遂为本朝盛时。[②]

显然，这是叶适针对长期党禁造成的君臣隔阂、人才分裂的现状而发，既表明自己“惟以国之休戚关忧乐，不以己之曲直校胜负”的态度，又对宁宗治国提出“以和为体”“以平为极”的要求。经历六年党禁的折腾，朝廷上下迫切需要一个和谐团结的政治环境。叶适的这道奏札，一方面展示了他作为一名政治家

---

① 《刘建翁墓志铭》，《水心文集》卷一八，《叶适集》第351页。

② 《上宁宗皇帝札子（嘉泰三年）》，《水心文集》卷一，《叶适集》第1—2页。

的阔大胸怀，另一方面也体现了此时此刻国家结束朝政分裂、迅速聚合人才的客观需求。叶适在奏札末尾表示，自己“久病积衰，已绝荣望。区区之愚，所期人臣忘己体国，铭心既往，图报方来”，“职任所系，毕知陈力；分寸所严，极忠尽敬”，“如此则下知和平之实义，上享和平之实福”。[①]以和谐平正作为治国的目标，再次体现了叶适杰出的政治识见。随即，叶适向宁宗举荐楼钥、丘崈、黄度三人，他们都因伪学党禁被罢官。这一举荐实际上也是对宁宗诚意的试探。结果，朝廷“悉与郡，自是禁纲渐解矣”。[②]这说明，叶适的这一奏札在解除党禁中及时发挥了作用。

十一月，朝廷升任叶适为权兵部侍郎，准备进一步予以重用。不料，月中却传来叶适之父病逝的消息。于是，正打算“忘己体国”的叶适，只能回家守制。

居家守制

叶适的父亲叶光祖，生于北宋徽宗重和年间，卒于南宋嘉泰三年（1203）十一月十一日，享年八十五岁。嘉泰四年（1204）二月初八，葬于永嘉县建牙乡无相院山之右。叶光祖终身未仕，因子叶适而显贵，积封至朝请郎，赐紫衣金鱼，卒后又赠正议大夫。叶家自处州龙泉迁温后，初居瑞安，至叶光祖始定居永嘉。叶光祖曾聚童子教学，因而很可能就是叶适的启蒙老师，但其后他的生平事迹，几乎没有记载流传下来，叶适的文章里，也极少提到父亲。叶适是撰写碑志的名家，也曾为亲属写过不少碑志文，[③]但为父亲仅写有篇幅短小的《致政朝请郎叶公圹志》，而且还是托名门人滕宬所作。志文除记载父亲卒葬事宜及子孙情况外，直接记写其生平行事的仅有寥寥数句：

---

① “铭心既往”，《宋史》本传作“息心既往”。

② 《宋史》卷四三四《叶适传》，第12892页。

③ 叶适为母亲撰有《母杜氏墓志》，《水心文集》卷二五，《叶适集》第509页；为岳父撰有《高永州墓志铭》，《水心文集》卷一五，《叶适集》第293页；为岳母撰有《高夫人墓志铭》，《水心文集》卷一四，《叶适集》第250页；为妻子撰有《高令人墓志铭》，《水心文集》卷一八，《叶适集》第354页。

> 公性拓荦，志愿大，困于无地，不自振立。岁既晚，专屏静处，不预人事，味山野之乐而远市朝，服台笠以忘冠绅焉。[①]

从中可以略知，由于特立不拘的个性，叶光祖一生无意仕途，晚年更是“远市朝”，“忘冠绅”，过着“专屏静处，不预人事”的隐居生活。或许叶适觉得，对于看破红尘的父亲，已经不需要任何世俗的褒扬和虚荣，尊重父亲平凡的一生，就是尽了最大的孝道，尽管自己还不得不在宦海中继续浮沉。

叶适回永嘉为父亲奔丧的同时，其实还为另一位乡前辈奔丧，即交游四十载的陈傅良。就在叶适父亲去世的第二天，六十七岁的陈傅良也病逝于瑞安家中。陈傅良是叶适少年时代最早问学的同乡前辈，叶适的事功思想，受到陈傅良直接而深刻的影响。进入仕途后，两人彼此赏识，相互提携：叶适在淳熙十五年（1188）向执政荐举贤德之士三十四人时，以陈傅良为首；[②]陈傅良在绍熙五年（1194）辞免实录院同修撰时，荐举叶适自代，称其为“当今良史之才”。[③]两人共同参与策划拥立宁宗的“绍熙内禅”，又共同被列名“伪学”党籍而遭受迫害。“伪学”弛禁后，陈傅良却因年迈衰病，无力起复，壮志难酬，终至陨灭。叶适在痛失父亲之时，又痛失终身的师友，可谓痛上加痛。他满含情感，写下长篇祭文云：

> 呜呼！惟公勤而□苦之累，敏而成钝之功；岂徒意讲圣贤之精粗，固已实考王伯之污隆。所欲托之空言，又曰不如载之行事者，皆古人之未及，讵广学而希通！有能行之，审周道如贯珠，晓百世若发蒙；开章程于草昧，调辔策于驽癃。其广其长，其深其崇，可以运之掌上而措之寰中。鸣于海陬，败屦瘦筇；暴名如雷，新语如风；宿老负墙，豪隽景从；而时文靡然由之一变，遂为多士之宗。好恶顺逆，几几恭恭；进退用舍，侃侃雝雝；

① 《致政朝请郎叶公圹志》，《水心文集》卷一五，《叶适集》第292页。

② 《上执政荐士书》，《水心文集》卷二七，《叶适集》第555页。

③ 《辞免实录院同修撰第二状》，《止斋先生文集》卷二七，《四部丛刊》本。

机虑内沉，笑语外融；曾未施其一二，而谤大于山，忌众成丛。洗足南塘之流，振袖葑村之峰，帝曰汝归，公寐无聪。

呜乎哀哉！世事多端，非智所穷，谓其易研，而后难工。有或间之，掩昭以聋，惟其不磨，植厚干穹。自我获见，四十余冬；其术则殊，其论鲜同。伟标寒而韵远，有死始而生终。异疾侵陵，美人西东；天罚不宥，销殒并空。公既弃我，又遭鞠凶；日余几何，而不随公。覆酒成池，有痛填胸。①

祭文以四言为主，间以杂言，高度评价了陈氏一生行事及学术成就，回顾了“自我获见，四十余冬”的交往经历，结尾几句，倾诉悲情，尤显沉痛。两年后的开禧元年（1205）三月，陈傅良落葬于瑞安葑村前山，叶适又赋五言、七言诗各一首志哀。诗云：

可怕阴阳恶，还惊日月遒。
终成埋璧去，不作坐禅留。
雨洗一篁净，风翻千橘愁。
门前系船橛，宿鸟漫啁啾。

嗟我与公同淡泊，一生一死又凄凉。
经纶传世止于此，老病著身行自当。
挂壁断弦从别调，拂天野水渡新航。
暮春未有风雩伴，且阅遗编住冢傍。②

可谓满目凄凉，悲情无限。四年之后，叶适再为陈傅良撰成长篇墓志铭，详细记载其生平行事和学术贡献，并将其比为春秋四贤，即鲁之臧文仲、郑之子产、

① 《祭陈君举中书文》，《水心文集》卷二八，《叶适集》第573页。

② 《待制中书舍人陈公之亡以山宅须利既迁殡而未葬也后五月乃克葬焉二首》，《水心文集》卷七，《叶适集》第93页。

齐之晏婴和晋之叔向，慨叹其“开物之易而周身之难，成名之厚而收功之薄”。[①]对这位毕生奉之为师友的前辈，叶适倾注了深沉的情感。

守制期间，叶适还完成一件大事，这就是编次了四十余篇《外稿》，[②]并撰写了跋文。这些年轻时写成的治国方略，“箧藏不出”已经整整二十年，但叶适读来仍感十分亲切。这是他年轻时代全部政治热情和抱负的结晶，也是二十年来时时萦绕心头的不解情结。然而，追昔抚今，时过境迁，年过半百、历经坎坷的叶适不能不感到一种悲凉。他在跋文中写道：

> ……庆元己未，始得异疾，六年不自分死生，笔墨之道废，嘉泰甲子，若稍苏而未愈也。取而读之，恍然不啻如隔世事。嗟乎！余既沉痼且老，不胜先人之丧，惧即殒灭，而此书虽与一世之论绝异，然其上考前世兴坏之变，接乎今日利害之实，未尝特立意见，创为新说也。惜其粗有益于治道，因稍比次而系以二疏于后，他日以授案、宓焉。[③]

显然，衰病未愈的叶适已经清醒地意识到老之将至，想到自己的“殒灭”，并且开始考虑如何将这些“有益于治道”的论著传诸子孙后代了。

编次旧稿之余，叶适在家乡与诗人多有交往，自己也常吟咏篇什，怡养性情。永嘉诗人赵汝回字几道，乃宋太宗八世孙，叶适常与之往来。赵汝回其时有《呈水心先生》诗云：“鹤骨癯癯发未斑，秋风鸥露共翛闲。芙蓉夹径才通马，杨柳沿池不碍山。《外稿》定于何日上？中兴只在十年间。谷城片石无人识，铁马堂堂出汉关。”[④]记录下编次《外稿》之时的水心先生“鹤骨癯癯发未斑”的真实形象。叶适则有《送赵几道邵武司户》诗云：

> 无滩秋水平，有句官曹清。

---

① 《宝谟阁待制中书舍人陈公墓志铭》，《水心文集》卷一六，《叶适集》第298—300页。

② 见本书第三章《撰成〈外稿〉》节。

③ 《水心别集》卷一五，《叶适集》第843—844页。

④ 见（明）嘉靖《温州府志》卷七、《东瓯诗集》卷三。

杨柳欲落尽，菊花愁晚生。
书多前益智，文古后垂名。
功到阔深处，天教勤苦成。[①]

鼓励年轻学子勤苦成才，后赵汝回于嘉定七年（1214）举进士。又有蜀地诗僧居简号北涧，时住持台州般若禅院，叶适有《奉酬般若长老》诗相赠：“简师诗语特惊人，六反掀腾不动身。说与东家小儿女，涂红染绿未禁春。”[②]诗作又有后题云：

新诗尤佳，三复愧叹。然有一说，不敢不告：林下名作，将以垂远，不可使千载之后，集中有上生日诗。此章幸入思虑。何时共语，少慰孤寂。

居简十分看重叶适的称道和提醒，后即将此语锓于诗集之端。[③]永嘉风水宜植柑橘，叶适曾有《橘枝词三首记永嘉风土》诗，[④]此时，叶适又作《西山》《看柑》二诗记其事：

对面吴桥港，西山第一家。
有林皆橘树，无水不荷花。
竹下晴垂钓，松间雨试茶。
更瞻东挂采，空翠杂朝霞。

窈窕随塘曲，酸甜在橘中。
所欣黄一半，相逐树无穷。
习唉成真性，悲歌记土风。

---

① 《水心文集》卷七，《叶适集》第105页。
② 《水心文集》卷八，《叶适集》第127页。
③ 〔元〕白珽：《湛渊静语》卷二，此据周梦江《叶适年谱》“开禧元年”条，第128页。
④ 《水心文集》卷八，《叶适集》第125页。

惭非美人赠，采摘恣村童。[1]

西山朝霞，绚烂明丽；橘中酸甜，回味无穷。只有在诗歌的意境中，叶适才能暂时摆脱现实中的压抑心情，求得片刻心境的安宁。

叶适或许预料不及的是，就在他守制静养之时，朝廷中又在酝酿一场南宋历史上的大事变：北伐。局势将又一次把叶适推向时代的风口浪尖，使他的生命在迈向垂暮之前再一次焕发出灿烂的光辉。

① 《水心文集》卷七，《叶适集》第94页。

第五章　力挽狂澜　开禧建功

力谏用兵

恢复中原，报仇雪耻，这是南宋朝野爱国人士的一致心愿。至于时机是否成熟、条件是否具备，则言人人殊，看法不一。韩侂胄擅权之后，尽管排斥异己、重用小人，但在抗金复国上，由于深受当年孝宗力图恢复思想的影响，始终坚持抗金，准备北伐。宋末周密说："寿皇雄心远虑，无日不在中原，侂胄习闻其说，且值金虏浸微，于是患失之心生，立功之念起矣。"[①]基于此，韩侂胄对坚决主张抗金且确有才干的官员，均加以重用。如一生以收复中原为己任的辛弃疾，长期赋闲在家，此时被任命为知绍兴府兼浙东安抚使，后又除枢密都承旨，可惜未及受命即告去世。又如早已致仕居家的爱国诗人陆游，重新被起用为同修国史、实录院同修撰兼秘书监之职。永嘉学者薛叔似"夙以功业自期"，但"雅慕朱熹，穷道德性命之旨"，[②]被列名"伪学逆党"籍，而韩侂胄仍擢其为兵部尚书、宣抚使，再除端明殿学士兼侍读。其他如叶适、项安世、陈谦等党籍中人的重新被起用，都是在这一背景下实现的。

与此同时，北方的金朝内忧外患日益严重。"时金为北鄙鞑靼等部所扰，无

① 《齐东野语》卷三，第51页。

② 《宋史》卷三九七《薛叔似传》，第12092页。

岁不兴师讨伐，兵连祸结，士卒涂炭，府库空匮，国势日弱，群盗蜂起，民不堪命。”[①]国内农民起义和外族起义的不断发生，统治集团内部权力斗争的日趋尖锐，加上北方蒙古族的崛起及其铁骑的多次南侵，都使金朝陷入深重的危机。

嘉泰四年（1204）春，韩侂胄定议伐金。据《宋史纪事本末》载，当时“有劝韩侂胄立盖世功名以自固者，侂胄然之，恢复之议遂起。聚财募卒，出封桩库黄金万两，以待赏功，命吴曦练兵西蜀。既而安丰守臣厉仲方言：‘淮北流民咸愿归附。’浙东安抚使辛弃疾入见，言：‘金国必亡，愿属大臣备兵，为仓卒应变之计。’侂胄大喜。会邓友龙使金还，言：‘金有赂驿使夜半求见者，具言金国困弱，王师若来，势如拉朽。’侂胄闻之，用师之意益决矣”。[②]紧接着，南宋朝廷启动了北伐的准备工作。在军事上，加紧选拔将帅，加强对各地军队和民兵的训练，在四川、两淮、荆襄等地招兵驻军，打造战船战车；在舆论上，大力表彰抗战派，贬抑投降派，在镇江府为韩世忠立庙，追封岳飞为鄂王，削去秦桧王爵，改其谥号为“谬丑”，以激发抗敌热情，鼓舞士气。开禧元年（1205）七月，韩侂胄平章军国事，“立班丞相上，三日一朝，赴都堂论事”，[③]独揽大权，调兵遣将，准备发动北伐。

南宋的军事动向，早已为金人察觉。他们一方面在外交上向南宋提出抗议，另一方面在军事上积极进行部署。开禧元年（1205）五月，金派平章政事仆散揆为河南宣抚使，驻守开封，调集军队，准备迎战。这样，自“隆兴和议”以来相对平静了四十余年的宋金关系，陡然紧张起来，并大有一触即发之势。

就在这样的关键时刻，叶适三年服阕期满，于开禧二年（1206）初奉诏赶赴临安。对于抗金复国的大业，叶适一向是旗帜鲜明的。他的观点主要包括两方面：首先是“二陵之仇必报，故疆之半必复”，这是他在孝宗末年《上殿札子》中提出的唯一的“大事”，将它看作南宋立国的根本目标；其次是力行改革，兴利除弊，积聚实力，“期年必变，三年必立，五年必成”，这是他从淳熙五年（1178）省试廷对策开始，先后向孝宗、光宗、宁宗所上的多次奏札中一

① 《宋史纪事本末》卷八三，第925页。

② 《宋史纪事本末》卷八三，第925页。

③ 《宋史》卷三八《宁宗二》，第738页。

以贯之的主张，并把它作为达到上述根本目标的必由途径。可惜近三十年过去了，他的一整套治国方略难以实施，朝廷却因为“禅位”和“党禁”消耗了太多的内力，南宋的整体实力并未得到增强。就在这样的背景下，韩侂胄仓促准备北伐，明显未到火候，难以成功。因此，一向以实事实功为指导思想的叶适向韩侂胄表明“是未可易言”的态度，并提出“先为不可胜以待可胜”的策略：

> 请先择濒淮沿汉数十州郡，牢作家计。州以万家为率，国家大捐缗钱二千万，为之立庐舍，具牛种，置器仗，耕织之外，课习战射。计一州有二万人胜兵，三数年间，家计完实，事艺精熟，二十万人，声势联合，心力齐同，敌虽百万，不敢轻挠。如其送死，择长弓劲矢，倚堑以待。当是时，我不渝约，挑彼先动，因其际会，河南可复。既复之后，于已得之地，更作一重。气壮志强，实力足恃，虽无大战，敌自消缩，况谋因力运，虽大战亦无难。此所谓先为不可胜以待可胜者也。①

应该说，这个布防淮汉、兵民结合、培育实力、伺机推进的方案是切合当时实际的。然而，一心想立盖世功名的韩侂胄意气正锐，根本听不进叶适的建议。

三月间，宁宗在延和殿召见叶适。叶适连上三封奏札，全面阐述自己对时局的见解。首先，叶适基于对当时敌我强弱之势的判断，提出“修实政，行实德，变弱为强”，“备成而后动，守定而后战”的方针。奏札说：

> 臣闻甘弱而幸安者衰，改弱以就强者兴。今陛下申命大臣，先虑预算，思报积耻，规恢祖业，盖欲改弱以就强矣。臣宿有志愿，中夜感发，窃谓必先审知今日强弱之势而定其论，论定而后修实政，行实德，如此则弱果可变而为强，非有难也。……今欲改弱以就强，移迫动应久之兵而为问罪骤兴之举，作东南幸安之气而摧女真素锐之锋，此至大至重事也。诚宜深谋，诚宜熟虑，宜百前而不慑，不宜一却而不收。故必备成而后动，守定

① 《宋元学案》卷五四《水心学案上》，第1739页。

而后战。

接着，叶适一一列举“修实政，行实德”的要点：所谓“修实政”，一是固守淮汉，“经营濒淮沿汉诸郡，各做家计，牢实自守”，“然后进取之计可言”；二是掌控军队，“四处御前大兵，国家倚以为命”，“尤宜晓夕用心，事事警策，件件理会”，要“委付得人”，“若其人未当，则利害甚多”；三是锻炼人才，“四方之才，随其小大，宜付一职，使之观事揆策，以身尝试”，在实践中得到锻炼。所谓“行实德”，则是减免赋税，整顿财政，改变“财既多而国愈贫”“赋既加而事愈散”的现状，“使国用司详议审度，何名之赋害民最甚，何等横费裁节宜先，减所入之额，定所出之费”，“小民蒙自活之利，疲俗有宽息之实”。叶适在奏札结尾说：“陛下修实政于上，而又行实德于下，和气融浃，善颂流闻，此其所以能屡战而不屈，必胜而无败者也。改弱以就强，孰大于此！”[①]

叶适奏札的核心，“在修边而不急于开边，整兵而不急于用兵，而其要尤在节用减赋，以宽民力”。[②]这些看法，与他历来的主张是一脉相承的，也是针对当时局势的一种理性思考。但在日益喧嚣的北伐声浪中，叶适的这些切合实际的见解，被视为不合时宜的迂缓之论而无人采用。四月，叶适被任命为权工部侍郎兼国用参计官，这或许同他主张整顿财政有关。

与此同时，韩侂胄仓促组建的三路北伐大军部署已定，就等着宁宗下诏出兵了。韩侂胄想借用叶适的文才名声，起草出师诏书以震动中外，于是不多日就改任叶适为权吏部侍郎兼直学士院。叶适识破了这一意图，便以疾患未愈坚辞兼职，维护自己的原则立场。韩侂胄无奈，只能改命李壁草诏。五月丁亥，宁宗正式发布伐金诏书。诏书略曰：“天道好还，中国有必伸之理；人心效顺，匹夫无不报之仇。”“含垢纳污，在人情而已极；声罪致讨，属胡运之将倾。兵出有名，师直为壮。言乎远，言乎近，孰无忠义之心？为人子，为人臣，当念祖宗之愤！”[③]消息传到金国，金国派平章政事仆散揆兼左副元帅，完颜匡为右

① 《上宁宗皇帝札子（开禧二年）》，《水心文集》卷一，《叶适集》第5—9页。

② 《宋元学案》卷五四《水心学案上》，第1741页。

③ 《宋史纪事本末》卷八三，第927页。

副元帅，并下南征诏书。这样，宋金间的战争正式打响。

临危受命

南宋朝廷北伐的三路大军是这样部署的：东路为两淮战场，由御史中丞邓友龙为两淮宣抚使，以殿前副都指挥使郭倪兼山东、京东路招抚使；中路为京西战场，以兵部尚书薛叔似为湖北京西宣抚使，鄂州都统赵淳兼京西北路招抚使，江陵副都统兼知襄阳府皇甫斌为副使；西路为川陕战场，以程松为四川宣抚使，吴曦为副使，后又兼陕西、河东招抚使。两淮、京西、川陕三路大军准备同时打响，对金朝发动全面进攻，收复北方失地。[①]

开禧二年（1206）四月间，东路和中路小规模的军事行动已经开始，并陆续取得一些胜利。郭倪部将毕再遇（岳飞部将毕进之子）和镇江都统陈孝庆攻下泗州（今江苏盱眙西北）、虹县（今安徽泗县），江苏统制许进收复新息（今河南息县），光州忠义军孙成收复褒信（今河南息县包信镇），皇甫斌也向唐州（今河南唐河）、邓州进军。一时间捷报频传，这些胜利促使宁宗于五月正式发布北伐诏书。

然而，战场上的形势瞬息万变，就在北伐诏书发布不久，宋军却在战场上转入不利的态势。一方面，金朝对南宋的进攻早有察觉和准备，从而采取后发制人的策略；另一方面，南宋军政腐败，将帅乏人，大部分军队战斗力很差，有的甚至不堪一击。很快，进攻蔡州（今河南汝南）的江州都统王大节被打得大败；进攻唐州的皇甫斌、进攻寿州（今安徽寿县）的建康都统李爽也先后失利；而池州副都统郭倬（郭倪之弟）、主管军马行司公事李汝翼和军马都统制田俊迈会兵攻打宿州未果，败退途中，郭倬竟将田俊迈捆绑送往金营，以求自己逃命。

在东路、中路进军屡遭败北的同时，西线传来吴曦叛变的消息。吴曦为抗金名将吴璘之孙、吴挺之子。吴家世代守蜀，吴曦以荫入仕后，累迁为太尉。

① 关于开禧北伐的过程，参考《南宋史稿》《宋史纪事本末》等著作。

为防权重生变，朝廷将吴曦召回临安供职。韩侂胄将启兵端，吴曦乘机要求返回西蜀，独揽兵权，阴谋割据称王。四月，吴曦不仅按兵不动，还暗中向金朝献出关外阶（今甘肃武都东）、成（今甘肃成县）、和（今甘肃西和西）、凤（今陕西凤县东北）四州之地，以求金人封其为蜀王，公开打出叛变的旗帜。

面对东、中路的受挫和西路的叛变，韩侂胄慌了手脚，他于六月罢免邓友龙两淮宣抚使之职，而以丘崈取代之，镇守扬州，又将王大节、李汝翼、皇甫斌、李爽等败将一概坐贬，斩郭倬于镇江。六月下旬，韩侂胄又请出老臣叶适任宝谟阁待制、江东安抚使、知建康府兼行宫留守之职。

叶适在战前未能阻挡开战，战争打响后，他预料到失败的可能性极大，而万一失败，只有长江天险可守，于是他又力主“防江之议”，曾“争论于朝，请昇、润、江、池别募兵急备守，补楼船器甲之坏以虞寇至”，[①]可惜这一亡羊补牢的建议同样未被采纳。战事的演变，果然不出叶适所料，叶适战前的判断和担忧都不幸言中。到此时，建康告急，韩侂胄才不得不起用叶适以作防江之计。临危受命的叶适明白，报效国家的时刻到了。此刻，空谈战略已无济于事，奔赴前线阻挡敌兵才是当务之急。否则，金兵渡江南下的历史又可能重演！于是，叶适顾不上身体衰病，立即赶赴建康任职。他在到任谢表中说：

> 伏以行宫蒙高宗临御之频，建邺为六朝都邑之旧。感时虽远，抚事尚存。义执仇雠，安得不居今而思古；虑先根本，则岂容忘实而徇名。藩墙初锐于扫除，堂奥遽烦于备警。江流回绕，遂将数里而屯；民力空殚，必也计丁而役。募市人至万数，阅水舰且千余。欲以岁年之规，责于旬月之近。自怜忧患，复苦病昏，忽被趣行，罔知攸措。……臣敢不怵惕以预防，拊循而夙具。视身衰谢，已无欲速之心；凭国威灵，愿附不争之胜。[②]

叶适充分认识到建康作为六朝故都、南宋行宫地位的重要，居今思古，历史的

---

① 《叶岭书房记》，《水心文集》卷一，《叶适集》第175页。

② 《除知建康到任谢表》，《水心文集》卷二，《叶适集》第31页。

教训尤须深思。他对建康的江防已有所考虑，虽然疾病缠身，仍决心“凭国威灵”，去争取最终的胜利。

在着手筹划防江事宜时，叶适先调集和仔细研究了历来防江的全部案牍。他发现，所谓防江之策，“无非葺治战舰，布列岸兵，栽埋鹿角，钉设暗桩，开掘沟堑，计步而守，数里而屯”，①这些都是元勋故老早就使用过，又被谋臣策士讲滥了的措施，除此之外就似乎再也找不到什么独到的好办法了。在商讨防江事宜的会议上，有人提出鹿角、暗桩之类措施如同儿戏，但叩问其有何高见，则又面面相觑，束手无策了。叶适认为，虽然“厉人心而坚守，阻大江而自固，则如前数事，亦岂不足以立功?”②但真正要确保江防万无一失，还是得另辟新路。叶适又深入研究了古今历史上防江的全部资料，发现三国时孙吴曾成功地实施了“以江北守江”的策略，而这一策略从南唐以后就被放弃了，建炎年间金兀术正是在建康附近渡江，从而迫使高宗南逃。根据历史的经验教训，叶适向朝廷请求节制江北诸州，朝廷很快在七月中任命他兼任沿江制置使。③

击退金兵

开禧二年（1206）十月，金人集聚兵力开始全面反攻。在东路，仆散揆亲自率主力三万人出颍上（今安徽阜阳）、寿州（今安徽寿县），直扑庐州（今安徽合肥）、和州（今安徽和县）；河南路统军使纥石烈子仁率三万人出涡口（今安徽怀远东北），左监军纥石烈执中以两万人出清河口（今江苏清江西南）。中路由元帅完颜匡率两万五千人出唐州、邓州，而川陕战场的金兵也分四路进军。金朝随后又征集河南壮丁十七万人入淮，十万人入荆襄，补充兵力。战事发展迅速，十一月，东路仆散揆和纥石烈子仁所率金兵，分路渡淮水南下，相继攻占安丰军、濠州、滁州、和州、真州等地，围困庐州，前锋直达长江北岸，江南大震。金兵南下之时，宋军大多望风而逃，不作抵抗，只有毕再遇率领的一

① 《定山瓜步石跋三堡坞状》，《水心文集》卷二，《叶适集》第12页。

② 《定山瓜步石跋三堡坞状》，《水心文集》卷二，《叶适集》第12页。

③ 见《宋史》卷四三四《叶适传》，第12893页。

支宋军，转战楚州（今江苏淮安）、六合（今江苏六合）间，牵制着金兵的进攻。而时任签书枢密院事、督视江淮军马的丘崈，早已丧失北伐的信心，开始与金人秘密议和。

在势如破竹的金兵进攻面前，建康江防的形势陡然紧张起来。仆散揆的大军已与建康隔江对峙，显然想重演建炎年间完颜宗弼（兀术）渡江追击的旧事，而江南已陷入一片混乱。叶适后来追述当时的情景称：

> 至十月之末，边遽告急，淮人渡江以亿万计，江南震动，众情惶惑。一日，有两骑伪效番装，跃马江岸，相传虏人至矣，济渡之舟，斫缆离岸，橹楫失措，渡者攀舟，覆溺数十百人。某始叹息曰："是真不足赖也。"今虽岸步有寨，江流有船，鹿角、暗桩，数重并设，沟堑深阔，不可越逾，其如人心已摇，谁与力拒！万一虏兵果至，彼皆弃之而走尔。①

而建康城中也是人心浮动，惊惶失措：

> 虏大入，淮民避走江南百万家矣。一日，传有胡人三骑抄水滨，两舟溺岸侧，城中闻之皆震动，吏颤余前，不能持纸。喟然而叹，始悟建炎以来，虏轻渡江，敢斗明、越之远者，非真劲悍不可敌也。②

在这种谣言四起、人心惶惶的情势下，叶适深知，当务之急是稳定人心，振奋士气。叶适采用门生滕宬的建议，发挥南方士兵的长处，斫营劫寨，以奇袭制胜。于是悬出重赏，招募勇士，很快募集到市井悍少和帐下壮士二百人组成敢死队，命采石将徐纬率领，天黑后乘小船渡江，埋伏在北岸的芦苇丛中。夜半，遭遇金兵，宋军先隐蔽在芦苇丛中以箭射击，敌兵应弦而倒，箭用完后又挥刀出击敌兵。金人惶恐万状，不敢推进，等到天亮追来时，宋军已上船划

① 《定山瓜步石跋三堡坞状》，《水心文集》卷二，《叶适集》第12—13页。

② 《叶岭书房记》，《水心文集》卷一，《叶适集》第176页。

到江中了。叶适又命石跋、定山的守军也趁夜出动劫营，前后十余次，都取得成功，带着一批俘、馘（割下的敌兵左耳）回来报功。劫寨胜利的消息很快传开，“江南奋气，见者贾勇，而人心始安”。[①]在宋军的连续出击下，金兵开始退却，解除和州之围，退屯瓜步（六合东南）。叶适又派部将石斌贤由宣化渡江，会同夏侯成等分道进击，所向皆捷，金兵从滁州遁去。

在整个军事行动中，叶适始终指挥若定，“羽檄旁午，而适治事如平时。军需皆从官给，民以不扰。淮民渡江有舟，次止有寺，给钱饷末，其来如归”。[②]叶适在谈到协助作战的弟子蔡任（字子重，蔡必胜之子）时也说：“当是时，子重专治军事，昼夜不得休息，而余听讼断狱，从容如平常，不然则建康之人，未见敌先遁，堕建、绍覆辙矣。盖有智者不待素习，然必无惧而后智行焉。”[③]正是叶适从容镇定的大将风度，稳定了人心，激励了士气，保证了战斗的胜利和后方的安定。叶适后来总结这次战斗时说：“世之败者无他，惮敌而己之气势自夺，非能夺气势于彼者也。余顷在江上所闻见，上自公卿诸将，下至走卒，无不如此。”[④]当时斫营劫寨之策，还曾遭到上峰宣司（指丘崈）的怀疑。叶适后来回忆道：

> 顷岁，余守金陵，与虏沿江上下，谋劫其寨以挠之，宣司以为疑。滕宬云：“有子尚劫寨，何况他人。”余叹曰：“如此读书，不枉。”[⑤]

叶适认为“急病先难，古人之义”，肯定了弟子勇于赴难的精神，并称道这才是不枉读了圣贤之书。而“宣司初不敢行，先生（指叶适）为备陈南人唯长于此技，且援北魏太武之言以证之，强而后可。宣司犹深忧以为生事，先生笑曰：

---

① 见《宋史》卷四三四《叶适传》，第12893页。

② 见《宋史》卷四三四《叶适传》，第12893页。

③ 《叶岭书房记》，《水心文集》卷一，《叶适集》第176页。

④ 《习学记言序目》卷三二，第472页。

⑤ 《习学记言序目》卷一一，第160页。有子指孔子弟子有若，曾参与攻击王舍，见《左传·哀公八年》。

‘敌实不能战也，所以胜我，由于此间之自为瓦解耳！’”[①]两军相遇勇者胜，唯具叶适此等胆识，才能临危不惧，指挥若定，从容克敌。

江北出击却敌的胜利，不仅保住长江防线，而且遏制了金兵主力的攻势，作为建康的最高指挥官，叶适力挽狂澜，扭转败局，功勋卓著，其意义可与绍兴末年虞允文大败金主完颜亮的采石大捷相提并论，在南宋的抗金历史上留下浓重的一笔。在叶适力保江防的同时，毕再遇坚守六合，并不断出击，使金兵日夜不宁，终于解除了对楚州的包围，撤出淮南。至开禧二年（1206）底，金兵大部退出两淮，仆散揆退到下蔡（今安徽寿县北），不久患病死于军中。宋金之间的军事态势又逐渐趋于平衡。

筑堡屯田

虽然叶适率领宋军击退了金兵，保住了建康，但宋朝东线指挥丘崈却无心恋战，一味主和，使韩侂胄陷入孤立的境地。为了扭转被动局面，开禧三年（1207）正月，朝廷罢免丘崈，改任知枢密院事张岩督视江、淮军马，转而采用以守为攻的策略。就在同月，西线叛变宋朝的吴曦正式在兴州自称蜀王，准备对金朝割地称臣，还扬言要与金合兵攻打襄阳。但吴曦的叛变不得人心，其部下杨巨源、李好义等共同起事，冲入伪宫，杀死吴曦，割据称王的闹剧前后持续仅四十一天便以彻底失败而告终，军民奔走相告，欢声动地。此后，川蜀地区局势渐趋稳定。

就在南宋由全面进攻转入以守为攻的情势下，开禧三年（1207）二月，朝廷除叶适宝文阁待制，兼江淮制置使，专门措置屯田。这样，叶适获得实施自己“过江守江”战略思想的机会。“过江守江”，是叶适总结历代经验教训而概括出来的有效的防江战略，但在当时却普遍不被理解。他在后来回忆道：

“孙权自十数年以来，大畋江北，敢远其水陆，次平土，中国所愿闻”，

① 《宋元学案》卷五四《水心学案上》，第1743页。

盖权是时不止于守江，而又欲为取淮汉以北之规故也。孙氏及五代，江淮攻守，大略类此。自吴杨氏无争淮北之势，而淮不可守；唐李氏割淮臣周，不敢窥江以北，而江不可守；建炎、绍兴，承用杨、李，以淮守淮，以江守江，而孙氏及五代之故实不复讲。余顷在制司，初亦循近辙，几误；急易之，仅能自完。既将经画江北以及两淮，而上自卿相士大夫，下至偏校走卒，无一人以过江守江、过淮守淮为是者，余亦以病归矣。今因诸书间错见之。此今世大议论也，未有不知守江淮而犹欲论取中原者也。①

可见，“过江守江”的核心是“经画江北以及两淮”。从防御的角度看，这是以江北守江；而从进攻的角度看，则是建立收复中原的桥头堡。这无疑是一种具有战略眼光的远见卓识。为了实现这一战略目标，叶适在江淮制置使任内努力“经画江北以及两淮”，着手筹划和实施了三件大事。

首先是建立堡坞，“用力寡而收功博”。当初斫营劫寨之时，“渡江之兵苦于江北无家，基寨无所驻足，故石斌贤之徒不能成大功”。于是，金兵退去后，叶适就在江北定山（今江苏江阴东）、瓜步（今江苏六合东南）和石跋（今安徽和县东北）三地筹建三大堡坞。“石跋则屏蔽采石，定山则屏蔽靖安，瓜步则屏蔽东阳、下蜀，西护历阳，东连仪真，缓急应援，首尾联络。”②叶适对堡坞功能的设计是：平日无事之时，只以一将率五百人戍守，常加修葺，不使废坏，堡内收聚居民，正常劳作生活，开放交通，形成市井。一旦有战争警报，朝廷要安排各堡立即增募一千人，配备武器给养，操练防守，再从各州禁兵中抽调兵力一千人增援，再加上堡内选拔的民兵二千人，各堡的守卫兵力可达四千五百人；而制司另外重金招募精勇敢死队千人，以备劫寨、焚粮、冲锋搏击之用。

叶适认为，这样筑成的堡坞，在江防上有四方面的好处：敌兵将有所顾忌，不敢轻易窥江，即使来犯，江南守军胆气自生，无所畏惧，这是一利；宋军舟师原先不敢放出北岸，堡坞构成接应之利，舟师或近岸千弩并发，或登岸乘势

---

① 《习学记言序目》卷二七，第375页。

② 《定山瓜步石跋三堡坞状》，《水心文集》卷二，《叶适集》第13页。

追击，充分发挥作用，这是二利；海船张挂风帆，便利捷疾，依托堡坞，既可迅速合击江岸之敌，又可驶入江中与敌决斗，这是三利；舟中甲士，拥戈坐观，是历来的通病，堡坞既成，江舟、海舟能便利行驶，甲士就不会虚设，这是四利。如果敌人要全力拔除堡坞，而三堡坞都近在江津，战舰、海舟与堡坞联合出击，将使敌人腹背受敌，自投死地；如果敌人畏而不前，置而不问，尽力攻打和州、滁州、真州、六合等城，则可用堡坞的兵力协助宋军追袭，必能制胜。叶适总结道："此堡坞之利，所以为用力寡而收功博。"[①]并指出，孙氏、六朝以江北而守江南，之所以能立国于百战之余者，并非靠幸运，而是实施了正确的战略。

其次是措置屯田，安集两淮流民。宋金开战以来，在金兵的铁蹄下，两淮安丰、濠、盱眙、楚、庐、和、扬凡七郡，"其民奔迸渡江求活者几二十万家，而依山傍水相保聚以自固者亦几二十万家"，"其流徙者，死于冻饿疾疫，几殚其半；而保聚之民，亦有为虏驱掠而去者；散为盗贼，则又不在焉"，"度今七郡之民，通计三十万家……终当皇皇无所归宿"。造成两淮百姓大量流徙的根本原因，在于当朝"以和戎为国是，千里之州，百里之邑，混然一区，烟火相望，无有捍蔽，一旦胡尘猝起，星飞云散，无有能自保者"。[②]在这样的背景下，叶适接受"专一措置屯田"的任务，一开始就对今昔屯田的不同有着清醒的认识：

> 今之屯田，与昔不同。夫省运就粮，分兵久驻，磨以岁月，待敌之变，此昔日屯田之常论也。顷自虏寇惊骚，淮人奔迸南渡，生理破坏，田舍荒墟，十郡萧然，无复保聚。今之所急，在于耕其旧业而复其所常安，守其旧庐而忘其所甚畏尔，岂得以昔日之常论冒行之乎！[③]

昔日屯田，是驻兵边疆，边耕边戍，"省运就粮"；今日屯田，则是安集流民，耕其旧业，恢复家园。

---

① 《定山瓜步石跋三堡坞状》，《水心文集》卷二，《叶适集》第14页。

② 《安集两淮申省状》，《水心文集》卷二，《叶适集》第10—11页。

③ 《定山瓜步石跋三堡坞状》，《水心文集》卷二，《叶适集》第12页。

围绕“今之所急”，叶适将建立堡坞同安集流民紧密结合在一起。三大堡坞的修筑，本身便是巨大的工程，既需要财力、物力，更需要大量人力。叶适认为，“若兴此役，流民必多应募，因可以赡给之，不至狼狈失所”，[①]主张“以工代赈”，一举两得，既获得筑堡的人力，又解决流民的出路。而在堡坞建成后，“流民渐归，所宜招徕安集，量加赈贷。今于东西一二百里、南北三四十里之内，其旧有田舍者，依本住坐，元无本业，随便居止。其间有强壮者，稍加劝募，给之弓弩，教以习射，时命程试，利以赏激。度一堡界分内，可得二千家为率，万一虏骑今秋再至，随处入堡，与官兵共守，此今日经营之大略也”。[②]

再者是增设堡坞，凭险结寨，兵民同守。叶适知道，三大堡坞的建成，“收兵民杂守之用，屏蔽江面”，构筑起江防的第一层防线，虽然它“使江北之民，心有所恃，虏虽再来，不复求渡，腾突纷扰，贻乱江南”，然而，两淮广阔的腹地，需要更多的堡坞，“次第入深，因其险要，用其豪杰”，[③]从而构成层层屏障。因此，叶适提出：

> 惟有因民之欲，令其依山阻水，自相保聚，用其豪杰，借其声势，縻以小职，济其急难。春夏散耕，秋冬入保，大将凭城郭，诸使总号令。虏虽大入，而吾之人民安堵如故，扣城则不下，攻壁则不入，然后设伏以诱其进，纵兵以扰其归。使此谋果定，行之有成，又何汲汲于畏虏乎！[④]

为了鼓励凭险结寨，增设堡坞，叶适主张，派人去各州军界内宣谕，并“量立赏格，以示激劝”：“本处土豪有信义为众所推服之人，先与借补官资，差充总首，令各从便选择地利，依山傍水，可充堡坞去处，团结人户，防备虏骑冲突，目即劝诱流民复业，且就便居止，或有急难，则入坞屯聚。如保守无虞，即当差官前去点检，照当司所定则例，具申朝廷，正补官资施行”，并提出按保

① 《条陈堡坞五事》，《水心文集》补遗，《叶适集》第620页。
② 《定山瓜步石跋三堡坞状》，《水心文集》卷二，《叶适集》第12页。
③ 《定山瓜步石跋三堡坞状》，《水心文集》卷二，《叶适集》第14页。
④ 《安集两淮申省状》，《水心文集》卷二，《叶适集》第11页。

聚人口多少授予相应官阶的方案。[1]叶适还认为，这些增设的堡坞，“盖为各自保护一处；及虏或冲突攻围，即互策应，烧劫营寨，出奇立功”，它们所用的军器，应由官司量行给付。两淮地区，包括庐、和、濠、光、扬、楚、真、滁州、安丰、高邮、盱眙，以及黄州、故镇、无为、巢县等处，都应按照上述要求，“次第措置施行”。[2]

三件大事，以建立三大堡坞为核心，同时措置屯田，安集流民，并进而凭险结寨，次第深入，从而在两淮地区构筑起多层次的防御体系，并将其建设成收复中原的巩固的前沿阵地。这就是叶适精心设计的防江与进攻相结合的江淮防务系统。诚如他所言：“故堡坞之作，山水寨之聚，守以精志，行以强力，少而必精，小而必坚，毋徇空言而妨实利，则今日之所行，与汉、唐之屯田，六朝、三国、春秋之垒壁，彼各有以施之，不相谋而相得故也。”[3]按照这一战略构想，叶适抓紧实施，催督工期，只用短短的几个月时间，到开禧三年（1207）夏天，定山、瓜步、石跋三大堡坞已修筑竣工，并确立两淮地区团结山水为寨者四十七处，整个防务体系粗具规模。叶适向朝廷呈上《定山瓜步石跋三堡坞状》，详细报告筑堡经过和经验，并附上三处堡坞图本及四十七处团结山水寨居民户口姓名账册。由于“措置屯田法甚善”，叶适得到朝廷“赐金带”的奖励。[4]

在紧张指挥构筑防务体系之余，作为建康府的地方长官，叶适仍时刻关注民瘼，系心天时农事。开禧三年（1207），江淮恰逢大旱，春天不雨，江河浅狭，田野枯裂。到夏至日，田里秧苗已经长成，但因缺水难以移栽。叶适来到当地祠山庙，虔诚祈祷龙王普降甘霖，救民水火。其《祠山祷雨文》云：

三日为霖，旱气始消；前日虽雨，曾不崇朝。未插之秧，十尚三四；颀然块中，插者行死。湫潭十余，骈迎叠拜；纷纭一春，其力甚惫。凡此

① 《条陈堡坞五事》，《水心文集》补遗，《叶适集》第619页。

② 《条陈堡坞五事》，《水心文集》补遗，《叶适集》第620页。

③ 《安集两淮申省状》，《水心文集》卷二，《叶适集》第11页。

④ 见叶寀《叶文定公墓碑记》。

诸龙，岂无威神！暂雨辄止，莫知其因。位尊责重，惟王是扣；大足大通，非王孰有！田一以盈，苗蔚以青；河满旧痕，船高桨轻。我昔建康，王答如响，今将谁依，顾我匆爽。[①]

或许是叶适的诚心感动了龙王，五月乙酉，普降大雨，解除了旱情，秧苗及时移栽大田。叶适又作《祠山谢雨文》称：

乃五月乙酉，雨昼夜不止，百泉交趋，千壑并至。或耘其前，歌长以谣；或播其后，笑而忘号。担牲挈壶，敬谢明德，伊苗有稚，谁稼之穑。[②]

事后，叶适还吟诗一首，刻于祠山庙廊庑，诗曰：

夏至老秧含寸荑，平田回回不敢犁；
群农无计相聚泣，欲将泪点和干泥。
祠山今古同一敬，签卦分明指休证；
传言杯珓三日期，注绠翻车连晓暝。
神龙波后何惨怆，昔睡今醒喜萧爽！
人云天上行水曹，取此化权如反掌。
浙河以东尽淮壖，哀哉震泽几为原！
愿王顿首玉帝前，请赐此雨周无偏！[③]

意含宽慰，语带诙谐，折射出为民父母官的拳拳之心。

叶适开禧二年（1206）六月临危受命之时，本是长期衰病在身。一年来紧张指挥退敌和筑堡，叶适呕心沥血，身心交瘁。从开禧二年冬天起，由于“忧悸熏心”，叶适又在旧疾外复增背病，半年中“呻吟宛转”，痛苦异常。在堡坞

① 《祠山祷雨文》，《水心文集》卷二六，《叶适集》第537—538页。
② 《祠山谢雨文》，《水心文集》卷二六，《叶适集》第538页。
③ 《祷雨题张王庙》，《水心文集》卷六，《叶适集》第47页。

竣工、防务体系初成的时刻，叶适提出辞职的请求，希望朝廷“选择总练通方老于智谋之士，前来建康”接替他的职务。[①]朝廷考虑到叶适的身体状况，批准他的辞职请求。七月十七日，叶适的同乡好友徐谊前来接任知建康府兼江淮制置使，叶适奉召返回临安。

被劾落职

开禧三年（1207）夏天的宋金战场，由于南下金军兵力的分散和部分宋军的有力抵抗，金军的攻势大为减弱。在西线川陕战场渐趋稳定之后，中线荆湖战场由知襄阳府赵淳率领的军民顽强奋战，粉碎了二十万金兵的围攻，迫使其退兵。东线叶适建设的以三大堡坞为核心的防务体系初步形成，加上毕再遇等宋军的全力进击，金兵主力损失惨重，围攻庐州的金兵也被击退，无力南下。金军三易主帅，平章政事仆散揆、左丞相宗浩相继病死，金兵的反攻已经力不从心，宋金双方又开始进入相持阶段。

然而，朝廷中的形势变化对韩侂胄却越来越不利。太皇太后吴氏和皇后韩氏在庆元年间先后去世，韩侂胄失去后宫的有力支撑；而嘉泰二年（1202）立杨后时，韩侂胄曾竭力反对，杨后怀恨在心，早想伺机报复。此外，韩侂胄毕竟政治经验有限，信用小人掌权，执意用兵却又缺少一股抗金的核心力量，北伐的受挫又为朝廷中的主和派提供了攻击的口实。韩侂胄在朝中已处于极端孤立的地位。

在主和派的压力下，与金朝的谈判从开禧三年（1207）初就开始进行。至八月，金朝提出割让两淮、增岁币五万两、犒军银一千万两、斩韩侂胄并函首以献等五项条件。韩侂胄大怒之下，再次准备用兵，任命辛弃疾为枢密院都承旨，指挥军事，但辛未及上任就去世了。随后，韩侂胄又罢免张岩督视江淮军马之职，以赵淳兼江淮制置使，加强长江沿线的防御。

但与此同时，后宫杨后勾结对韩侂胄一向不满的礼部侍郎史弥远（前宰相

① 《定山瓜步石跋三堡坞状》，《水心文集》卷二，《叶适集》第15页。

史浩之子）、参知政事钱象祖等人，秘密策划谋害韩侂胄。十一月初三日，史弥远等伪造密旨，命令主管殿前司公事夏震统兵三百，截击韩氏。待韩侂胄上朝途中行经太庙前，伏兵将其拦截到玉津园夹墙内槌杀。当史弥远将这一消息上奏宁宗时，宁宗根本不相信，这说明杀害韩侂胄确实是杨后及史弥远等一手策划的。

史弥远是朝廷中主和派的主要代表。韩侂胄被杀后，史弥远与杨后进一步勾结起来，罢免右丞相陈自强，将苏师旦斩于韶州，曾支持过北伐的邓友龙、郭倪、张岩、薛叔似、皇甫斌等人都遭到贬黜，而秦桧却被恢复了王爵和谥号。以史弥远为首的主和派弹冠相庆，并很快控制了朝政。

十二月八日，御史中丞雷孝友上奏，以“阿附权臣，盗名罔上”和“纵吏出兵，附会侂胄”的罪名，弹劾叶适及其弟子厉仲方。朝廷据此将叶适落职，将厉仲方追三官送邵州居住。[①]雷孝友早先趋奉朱熹，以道学家自命；后依附韩侂胄，谄事陈自强；待韩被杀，又转附史弥远，参劾抗战派，是个典型的见风使舵的小人。而小人当道之日，就是君子遭殃之时。叶适的被诬落职，在主和派把持朝政的背景下，成为必然的归宿。

旨在进击中原、收复失地的开禧北伐失败了，它折射出南宋朝政的腐败和国力的衰弱。始而擅权、既而主战、终于被杀的韩侂胄，成为后世众说纷纭的历史人物。历来对他的诟病多于肯定，但近来有的史学家认为，“在要求收复北方失地这一点上，韩侂胄与早先的张浚是一样的，而在对战争的指挥上却没有张浚那样的专横，其造成的后果也没有张浚那么严重……在由理学之徒编纂的《宋史》中，对张浚大加表彰，韩侂胄却与秦桧一起被打入了《奸臣传》，这是很不公正的”。[②]

叶适则是开禧北伐中功勋卓著的抗金英雄。他自开禧二年（1206）春入京后，先是力奏“备成而后动，守定而后战”，并力辞草诏，明确反对贸然出兵；在局势危急之时，他临危受命，从容指挥，力挽狂澜，转败为胜，击退金兵；

---

① 《宋会要辑稿·职官》七三之四。

② 何忠礼、徐吉军：《南宋简史》第六章，杭州大学出版社1999年版，第263页。

随后又筑堡屯田，安集流民，精心构建防务体系。叶适历来主张抗金复国，在开禧北伐中身体力行，建功立业，较之陆游、辛弃疾等抗金志士，他幸运地亲自站到抗敌的最前线，他生命的火花，在短短的两年中迸发出耀眼的光彩。虽然叶适有功于朝廷，最终却受到不公正的待遇。宋末的道学家诋毁他“为侂胄一再出，有可议”，[①]《宋史》本传对他亦有微词，责备他未能“极力谏止”开战而“为之叹息”。[②]然而，历史是公正的，叶适的抗金功勋后人自有公论。明代思想家李贽高度称赞他“此儒者乃无半点头巾气，胜李纲、范纯仁远矣，真用得！真用得！”[③]清初三大思想家之一的黄宗羲更在《宋元学案》中专门为其立传，认为开禧之战“不用先生之言以取败，事急而出先生以救之”，而雷孝友等“反劾先生附会侂胄起兵祸”，“而先生前此封事，具在庙堂，竟莫能明其本末，盖大臣亦藉此以去君子”，[④]将叶适的功绩和小人的卑劣，展示无遗。可以说，叶适开禧间建立的功业，是南宋抗金史上辉煌的一笔，也是他人生历程中最为光彩的一页。

---

① 〔元〕方回：《读篔窗荆溪集跋》，《桐江集》卷二。

② 《宋史》卷四三四《叶适传》，第12894页。

③ 《藏书》卷一四，《李贽文集》第二卷，第286页。

④ 《宋元学案》卷五四《水心学案》上，第1743页。

第六章　老骥伏枥　壮心不已

岁晚时光

嘉定元年（1208）三月，宋、金初步达成和议。史弥远在金人的要挟下，将韩侂胄、苏师旦的头颅割下，函封送往金朝，以换取淮、陕失地。九月，《嘉定和议》正式签订，其主要内容为：依照靖康故事，金、宋为伯侄之国；增岁币银至三十万两，绢三十万匹，另给犒军银三百万两；维持绍兴时疆界，金归还濠州、大散关等侵地。从“开禧北伐”到“嘉定和议”，南宋统治集团再一次吞下失败和屈辱的苦果。嘉定二年末，八十五岁的陆游在垂危之际，写下著名的《示儿》绝笔诗：“死去元知万事空，但悲不见九州同。王师北定中原日，家祭无忘告乃翁。”[①]表达对北伐失败的悲愤和坚持抗金的决心。然而，以《嘉定和议》为标志，南宋王朝开始由“中兴”走向衰落，“王师”实际上再也无力“北定中原”了。

13世纪初，成吉思汗建立的蒙古汗国崛起于北方，并连续南侵金朝，蒙古铁骑横扫中原，给予金朝以致命打击，使其迅速衰落下去。嘉定七年（1214），金朝为扩大疆土，掠夺财富，摆脱危机，最后一次发动对宋朝的南侵。南宋军民进行拼死抵抗，击退了金军的进犯。至嘉定十六年底，金兵南侵最后以失败

① 《剑南诗稿》卷八五，《陆游集》第1967页。

告终，不得不宣布今后“更不南伐”。此后，西夏、金朝以及南宋，开始共同面对日益强盛的蒙古汗国。

在南宋朝廷内部，借谋害韩侂胄上台的史弥远，开始走上擅权之路。嘉定元年（1208）正月，史弥远从知枢密院事兼参知政事拜右丞相；十二月，左丞相钱象祖被罢去相位，史弥远开始独相，前后长达二十五年之久。他勾结杨后，架空宁宗，操纵台谏，独揽朝政，并兼领枢密使，集政权、军权于一身。他大肆贬黜韩侂胄亲信和反道学人士，迫害抗战派，积极为赵汝愚、朱熹及其追随者平反、复职，道学重新得势，妥协投降之风重新弥漫朝廷。嘉定十七年宁宗去世后，他又一次策划“废立”阴谋，废黜皇太子赵竑，扶植赵昀继位，是为理宗。史弥远得以继续控制朝政。

叶适自开禧三年（1207）末被劾落职后，即回到故乡永嘉城郊水心村居住，开始了晚年十六载的人生历程。叶适晚年的仕履情况，先在这里集中作一交代。①叶适落职时的官阶是正六品的朝议大夫，嘉定四年（1211），转为从五品的中奉大夫，同年五月奉祠，提举江州太平兴国宫。嘉定八年，提举隆兴府玉隆万寿宫。嘉定十年，提举西京嵩山崇福宫。嘉定十一年，转为正五品的中大夫。嘉定十二年，除华文阁待制，有辞免状及谢表、谢笺；②该年年届七十，请求致仕，未获准，再请，仍不准。③嘉定十四年，转为从四品的太中大夫，同年七月除宝谟阁直学士，提举凤翔府上清太平宫，有辞免状及谢表。④嘉定十五年，转正四品的通议大夫。嘉定十六年，除敷文阁学士，提举南京鸿庆宫；再次请求致仕，除宝文阁学士，转正议大夫（从三品）。这也成为叶适生前的最终官阶。从叶适晚年的仕履看，自嘉定四年起的十余年间，官阶的迁转颇为迅速，这或许是史弥远政权在控制朝政后作出的一种优待老臣的姿态。但这些空衔虚职的提升对叶适来说已经没有太大的实际意义，晚年的叶适已基本置身于政治

---

① 根据叶适二子所撰《墓志》《墓碑记》。

② 《辞免华文阁待制提举西京嵩山崇福宫状》《谢除华文阁待制提举西京嵩山崇福宫表》《除华文阁待制提举西京嵩山崇福宫谢皇太子笺》，《水心文集》卷二，《叶适集》第16、26、32页。

③ 《申省乞致仕状》《再申省状》，《水心文集》卷二，《叶适集》第33、34页。

④ 《辞免除宝谟阁直学士提举凤翔府上清太平宫状》《谢除宝谟阁直学士提举凤翔府上清太平宫表》，《水心文集》卷二，《叶适集》第16、27页。

风浪之外，总体上过着一种较为平静的生活。

对于晚年生活的状况和心态，叶适自己有如下一些描述：

嗟我老无用，倭山久成翁。结庐会昌侧，势落鱼虾丛。①

苦疾痼，非人事酬答不妄出……余老矣，病而力不给，惰而志不进……②

余病且老，不出户，故友影绝……③

曩玷留都，虽尝假宠；甘退穷巷，固已黜幽。恍岁月之屡迁，何梦寐之敢及！七十既至，一再控陈，但得归休，便为止足。④

臣子年耄而食贫……颓龄暮景，贫病交迫……⑤

羸扶短策，缓驾卑车。追忆悔尤，滥轩裳之非据；自嗟衰耄，指林壑以言归。⑥

今既七十，余景不长。素有气疾，眩晕拘迫；近尤畏寒，涩缩惨懔。咳嗽随声，涕泪交下，倦惫屡月，瘦悴羸残，视荫将息，固无久存之理。⑦

从这些描述中看，老年叶适食贫穷巷，苦于疾痼，闭门不出，自嗟衰耄，

① 《宿石门》，《水心文集》卷六，《叶适集》第46页。
② 《宿觉庵记》，《水心文集》卷九，《叶适集》第158—159页。
③ 《李仲举墓志铭》，《水心文集》卷一八，《叶适集》第357页。
④ 《辞免华文阁待制提举西京嵩山崇福宫状》，《水心文集》卷二，《叶适集》第15页。
⑤ 《辞免除宝谟阁直学士提举凤翔府上清太平宫状》，《水心文集》卷二，《叶适集》第16页。
⑥ 《谢除华文阁待制提举西京嵩山崇福宫表》，《水心文集》卷二，《叶适集》第27页。
⑦ 《申省乞致仕状》，《水心文集》卷二，《叶适集》第34页。

颇为消沉。其中固然有老人嗟老叹卑的普遍心理，但这些自述尤其是在上呈皇帝的表状中，或许也还有夸张的成分在内。叶适晚年的退隐生活，虽有病痛的折磨，总体还较为平静，与故友、乡邻、学者等，仍保持着一些交游。这里摘录出他晚年活动的几个片段：

庆元年间在生姜门外水心村购置的房宅，成为晚年叶适的栖息之地。虽然"柱小檐低"，并非豪宅，但一生奔波，老来总算有一处安定的窠巢，也足够栖身养老了。叶适刚落职的几年，断了俸禄，经济不免拮据，但从嘉定四年（1211）开始，"自后奉祠者凡十三年"，[①]仍有一份稳定的祠禄。宋制，祠官俸禄为原官俸禄的一半，而叶适晚年阶衔的升迁，或许还能使其祠禄有所增加。因此，叶家的生活较前当更为安定优裕。

水心村旁的松台山，"延袤十里，有江月松风之胜，依而寺者十数。余亦在其下"。一日，叶适与朋友登上山去，但时过境迁，"则山已入贵家，（寺）所存二三而已。枯茶败草，仿佛乱石中"。叶适"慨然怜之，为于绝景亭下作小精舍。寺名四字，土人但称净光，故重述旧事，题曰宿觉"，"稍种竹树，有所避隐出没，以为风雨晦明之地"。六百年前，此地有高僧玄觉师，并流传其歌诗数十章，流风遗韵，令人神往。叶适筑小精舍，"时与坊僧巷友游居其间，以招来其徒，冀遇如觉者"。[②]

叶适晚年还参加了永嘉"真率会"的活动。"真率会"典出北宋司马光，他晚年罢政居洛阳，常与故老游集，相约酒不过五行，食不过五味，号"真率会"。永嘉的"真率会"设在薛绍家，绍字承之，为薛季宣从侄，以太常少卿直秘阁致仕，"家有司马文正公真率约，按旧事，率年及六十者行之，余亦预往。公园池不多，而花草疏阔，游止自在；楼甚低小，而江山隐约可识；书画精粗杂，而观者各有取；惟灵璧石旧物也，相与考击为乐。如是岁一遍。不幸客衰残多病，相继死数人，诸老悲痛，自为集，锡麻带绖而哭。吊者避席曰：'真率翁来矣！'余因戏谓：'是率者，率人于死而非以难夫老也。'"[③]叶适在感伤之

---

① 《宋史》卷三四三《叶适传》，第12894页。

② 《宿觉庵记》，《水心文集》卷九，《叶适集》第158页。

③ 《中奉大夫太常少卿直秘阁致仕薛公墓志铭》，《水心文集》卷一九，《叶适集》第365页。

余还表露出一些诙谐和豁达。

嘉定三年（1210），杨简知温州，叶适与这位著名学者也有来往。杨简字敬仲，世称慈湖先生，为陆九渊弟子，对陆氏“心学”多有发挥，著述颇丰。杨简知温州，政绩卓著，他“首罢妓籍，尊敬贤士”，“廉俭自将，奉养菲薄，常曰：‘吾敢以赤子膏血自肥乎！’闾巷雍睦无忿争声，民爱之如父母，咸画像事之”。离任时，“老稚扶拥缘道，倾城哭送”。[①]永嘉之学与“心学”虽不同道，但叶适对这位廉俭勤政的地方官仍十分尊重，他肯定杨公重视对社稷的祭祀，提出“守莫先于社稷”的思想；[②]杨简离温时，叶适致书送别，称赞杨公“执事二年勤治，公私交庆，惠利所及，戴白老人以为前所未有。载于竹帛，形于图绘，云聚山积，欢沸井里”，[③]对这位百姓拥戴的父母官作了充分肯定。

永康吕皓字子阳，隐居不仕，勤力为学。嘉定七年（1214）春，吕皓致书学界老前辈叶适，请教对当年朱熹、陈亮之间有关“王霸、义利之辩”的评价。不久，吕皓又携所著《老子说》来永嘉向叶适求教，叶适为撰《吕子阳老子支离说》，称赞吕氏为“魁俊伟特者”，阐述自己对儒、道关系的见解，称吕氏“虽不解《老子》，亦足以发身成名矣”。[④]不久，吕家来报家乡遭灾，乡人艰食，吕皓闻讯，急急归家，发廪赈之，叶适作长诗相送。诗中称：“收缨古蜜浦，抱袂生姜门。九九书自注，邀余缀篇端。久衰余学废，弥隐子道尊。时维冬雷数，云雪常昼昏。火把起夜色，丁鞋明齿痕。小邦肥羜阙，虾蛤滥充盘；椒橙失滋味，糁絮劳倾吞……”[⑤]火把、丁鞋、粗茶、淡饭，形象地描画出叶适家居生活的场景。

永嘉学者向以善工举业著称。叶适晚年，向其求教场屋技巧的仍络绎不绝。

---

① 《宋史》卷四七《杨简传》，第11290—12291页。

② 《温州社稷记》，《水心文集》卷一一，《叶适集》第187页。

③ 〔宋〕钱时：《慈湖行状》卷二，载《慈湖遗书》卷一八，转引自周梦江《叶适年谱》，第153页。

④ 《吕子阳老子支离说》，《水心文集》卷二九，《叶适集》第602页。

⑤ 《送吕子阳自永康携所解老子访余留未久其家报以细民艰食急归发廪赈之》，《水心文集》卷七，《叶适集》第80页。

但叶适一向对科举颇有微词，对制举、词科抨击尤力，[①]晚岁对科举的认识更为透彻。他感慨许多青年终身以科举为目标，成为科场的牺牲品："林君自言贤良宏词、杂论著凡三千篇，时文亦三千篇。然犹不得与黄策中所谓一冒子者较其工拙，鬓发萧然，奔走未已，可叹也！"[②]他也知道多少俊彦被排斥在科举的门外，难以发挥才华，因而"以科举论天下士，失士甚矣"。[③]其《题周子实所录》云：

> 余久居水心村落，农蓑圃笠，共谈陇亩间。有士人来，多言场屋利害破题工拙而已。周子实数过余，必示以前辈旧闻，每得一二，耳目鲜醒，置于举业丛中，不啻夜光之照敝帚也。古人多识前言往行，谓之畜德。近世以心通性达为学，而见闻几废，为其不能畜德也。然可以畜而犹废之，狭而不充，为德之病矣，当更熟论。[④]

文章叙写晚年家居生活和士风民俗，鄙弃举业为"敝帚"，赞赏"多识前言往行"，批评道学"狭而不充"，体现了一种历经沧桑后的智慧，于平淡从容中闪现出思想的火花，恰是叶适晚年生活的真实写照。

悲凉心境

然而，表面平静的日常生活背后，却隐藏着不平静的感情波澜，尤其是亲朋变故带来的情感激荡，使晚年叶适的心境经常处在悲凉之中。

嘉定四年（1211）十二月，叶适的终身伴侣高氏弃他而去，享年五十二岁。高氏自淳熙四年（1177）冬嫁到叶家以后，与叶适同甘共苦、相携同行已有三十余年。高氏贤惠勤俭，能识大体，在叶适坎坷的仕途生涯中，总是给予他理

---

① 参见其《外稿》中《科举》《制科》《宏词》诸节，《水心别集》卷一三。

② 《题林秀才文集》，《水心文集》卷二九，《叶适集》第604页。

③ 《李仲举墓志铭》，《水心文集》卷一八，《叶适集》第358页。

④ 《题周子实所录》，《水心文集》卷二九，《叶适集》第603页。

解和支持，并默默地撑持着这个并不富裕的家庭。而就在叶适落职回乡不久，高氏就仅享中寿而去，这给晚年的叶适带来刻骨铭心的悲痛。他在为高氏撰写的墓志铭中，概括了这位女性平凡而又充实的一生：

> 蒙城高氏，六岁，父为京山尉，能助其母；思父则涕泣，父归乃已。从知象山县，父思虑所不及，必左右之。为余妻，赁舍甚贫，闭一间，终日不闻声。亲馔粥十余盘，鱼肉鲑菜略具，人或以为难。官视禄上下，月储以奉舅，次伯叔群从，无余。所食者，太湖葱、城东菘芥耳。服饰进止常俨然，见者皆尚其华整，不知其敝故洗刷而然也。晚岁，三子始育，始有宅居，稍垦田，不市籴，然自处一如其初。盖其刚简无欲，余所惮；其静密有智，余所服；其多能而易解，缓急中程，识事本末，大抵余所资以为家也。[①]

“刚简无欲”“静密有智”“多能而易解，缓急中程，识事本末”，勾画出一位足智多能的贤内助形象。在碑志结尾，叶适情不自禁地展示内心的深深痛楚：

> 余观自古特立独行之士，无所复望于世，而旅泊其身以苟免者，固已众矣，是不足悲也。然而岂亦不有夫顺亲和戚之属而为之托焉！今余非敢谓特立而独行也，然既老而休，且病且衰，旦暮且尽，而高氏迫不余待，遂弃余，以是使余无顺亲和戚而为之托也，是亦不足悲乎！[②]

老病衰暮，更需“顺亲和戚”为之依托，而贤妻迫不及待地弃他而去，留下自己形单影只地独立于茫茫天地间，这种孤独和悲凉又有谁人能够理解？“斯命也欤，抑天所弃？”[③]叶适只能无奈而又无助地叩问命运与苍天。

可谓祸不单行，就在贤妻去世不满一年，叶适的三子叶宓又被怪病夺去幼

① 《高令人墓志铭》，《水心文集》卷一八，《叶适集》第354页。
② 《高令人墓志铭》，《水心文集》卷一八，《叶适集》第354页。
③ 《祭内子令人文》，《水心文集》卷二八，《叶适集》第589页。

小的生命。叶适与高氏共生育三子三女。三个女儿早在叶适四十岁之前就已先后夭亡，[①]三个儿子宣、寀、宓之中，叶宓最年幼，时约十余岁，[②]叶适对其寄予厚望。忽然间又遭夭折，叶适于悲恸之际更感觉命运的无常，他在《祭子三郎文》中倾诉：

> 噫嘻！汝其幼成耶？汝幼既能率礼，长必能行义。教以良师，如护珠玉；日望成立，如养苗稼。何物怪病，如追寇仇！我但迷痴，莫敢挽夺。方葬汝母，俄丧汝生；哭泪纵横，同口异说……我欲合之，彼固离之；我欲成之，彼固败之。我身无坚，变□则宜；念汝何罪，今也并罹！我汝绝同，振手于兹。哀哉！[③]

其实，叶适的家族史中，多有得“异疾”的记载。叶母杜氏“始得疾甚异，上满下虚，每作，惊眩辄死”；[④]叶适幼女“始生能谁认，俄病痫不省忆，四年而夭”；[⑤]叶适自己所得“异疾”的症状也是“四肢百体皆失度，如土木偶”，“不能伏枕席，常狂行竟日”；[⑥]现三郎又怪病而夭，可见叶适母系似有一种精神性的遗传疾患。叶适后期要克服“异疾”带来的巨大病痛，这需要多么坚强的毅力！而贤妻爱子的先后弃世，更给叶适的晚年生活蒙上难以忘却的凄恻悲凉的色调。

使叶适晚年常处于伤感之中的还有故交挚友的相继凋零，叶适的笔端不断流泻出哀辞、祭文、墓志铭……伴随着的往往是老泪纵横。

嘉定元年（1208）七月，老友知隆兴府徐谊卒于任所。这位与叶适共历患难的同乡，接替叶适守建康仅数月，就被主和派调离，移知隆兴府不到一年就去世了。叶适肯定其一生大节，感慨其得祸之酷，为撰挽词云：

---

① 见《媛女瘗铭》，《水心文集》卷一三，《叶适集》第237页。

② 叶适于嘉泰四年（1204）所作《外稿自跋》称“他日以授寀、宓焉”，则宓其时已出生。

③ 《祭子三郎文》，《水心文集》卷二八，《叶适集》第589页。

④ 《母杜氏墓志》，《水心文集》卷二五，《叶适集》第510页。

⑤ 《媛女瘗铭》，《水心文集》卷一三，《叶适集》第237页。

⑥ 《高永州墓志铭》，《水心文集》卷一五，《叶适集》第293页。

饮冰那得不醒然，北看成南丑又妍。
建策须为万世虑，孤忠亦有一身全。
星文忍向生前坠，梦事方从死日传。
莫指鸣山归路熟，青林黄叶度年年。①

永嘉学者戴溪、王楠，均年长于叶适，是叶适终身的挚友，而于嘉定八年（1215）、十年先后辞世。叶适回想幼时所受教益及一生友情，以诗句传达了无限的悲怆之情：

老失平生友，悲寻路转迷。
水肥应返钓，田瘦合归犁。
草与地萧瑟，云垂天惨凄。
无因再商略，短日送寒鸡。②

美人昔来芙蓉傍，山为发灵水吐芒；
美人今归在何处？箫哀鼓悲葬前冈。
我欲从之似云出，友风子雨游四方。
梦魂无凭不可挽，坐揽衰涕终摧藏。③

其他如永嘉和瑞安的老友陈烨、陈谦、蔡幼学、薛叔似等，也都在七八年间纷纷谢世，叶适一一为这些老友送行，不禁发出“耆老都尽，寂寥谁主！我但孤存，有陨如雨”④的悲叹。

除了这些年长或同辈的师友，尤使叶适痛心疾首的是自己培育的不少弟子

① 《安抚待制侍郎徐公挽词二首》，此录其二，《水心文集》卷八，《叶适集》第115页。
② 《戴肖望挽词二首》，此录其二，《水心文集》卷七，《叶适集》第99页。
③ 《王木叔秘监挽词》，《水心文集》卷六，《叶适集》第62页。
④ 《祭薛端明文》，《水心文集》卷二八，《叶适集》第586页。

也在自己之前过早地离去。

周南是叶适最为赏识的弟子，叶适初仕平江时就已追随左右。他终身苦学，但才高命蹇，“自赐第授文林郎，终身不进官，两为馆职，数月止。既绝意屏坐，衣食弊恶。鸡鸣挟书，尽夜分，皆忆念上口，数千载未了事皆欲正定，名章伟著皆欲铨品，异闻逸传皆欲论述，曰：‘此所以遣吾老，俟吾死也。’”[①]嘉定六年（1213），五十五岁的周南去世，叶适在祭文中痛悼：“谓坎凛以长在，奚死亡而遽及！岁惨淡以将莫，沪泛澜而横集。畴昔之会，有言未卒；岂隔江之莫写？遂重泉而永毕。”[②]抒写了无比痛惜和怀念之情。

开禧间协助叶适守卫建康的弟子厉仲方出身武举，曾造弩治车，出谋划策，荐将破敌，颇立战功。韩侂胄死后，厉仲方却被主和派指责为“开隙生事”，降秩编管邵州，嘉定五年（1212）卒于贬所，年仅五十四岁。[③]建康退敌时积极主张劫寨、勇于赴难的弟子滕宬，阁试六论四通，却“为考官排沮”，怀才不遇，终身不仕，叶适曾为其奏授“廉靖处士”的称号。[④]对于这样“独智颖脱”的奇才，“固宜在左右，备顾问，不幸氛雾闭隔，失国之良宝”，于嘉定十一年辞世。[⑤]这些怀抱文韬武略的弟子未能尽其才华，叶适尤感痛惜。他在嘉定十四年（1221）为弟子宋驹所作墓志铭哀叹：“盖余友如君比不过数人尔，数年间相继死，悲夫！无以寄余老矣！”[⑥]

亲人溘然长逝，故友凋零略尽，弟子赍志以殁，据《水心文集》统计，叶适晚年所撰写的碑志约有百篇，挽词、祭文也各有二三十首。这一叠叠的挽词、祭文，一块块的墓碣、碑志，时时沉重地压在叶适心头，使这位饱经沧桑的老人的晚年，笼罩在凄迷悲凉的氛围之中。然而，这位坚强的老人在衰飒中挺立，在悲凉中奋发，因为他还有割舍不断的事业：治学，著文，授徒……

---

① 《文林郎前秘书省正字周君南仲墓志铭》，《水心文集》卷二，《叶适集》第383页。

② 《祭周南仲文》，《水心文集》卷二八，《叶适集》第577页。

③ 《厉领卫墓志铭》，《水心文集》卷二二，《叶适集》第421—422页。

④ 见《奏荐滕贤良》，《水心文集》卷二七，《叶适集》第556页。

⑤ 《滕季度墓志铭》，《水心文集》卷二四，《叶适集》第469页。

⑥ 《宋厩父墓志铭》，《水心文集》卷二五，《叶适集》第490页。

潜心治学

叶适早在少年问学时期，就通过广泛求教，承继了永嘉学派“通世务，见事功”的学说精髓，为后来思想的发展打下坚实的基础。入仕之后，他的思想演变历程主要沿着三个方向进行。其一，他通过大量地方官和京朝官的任职经历，实践着永嘉之学“实事实功”的核心思想。这在参议江陵、试郡蕲州、绍熙内禅、总领淮东尤其是开禧用兵中都有鲜明的体现。其二，他将丰富的政治实践，上升为治国方略的设计和阐发，以《进卷》《外稿》及向孝宗、光宗、宁宗的历次上书为代表作，构成他一以贯之的政治思想。其三，在道学、心学、婺学、永康之学、永嘉之学等诸家学派的相互争论辩难之中，在与各派代表人物的交往以至交锋之中，他对永嘉之学的学理基础和实际运用，有了更多的思考、体认、反思直至融会贯通。实际上，叶适的思想处于不断的发展之中。然而，由于政务的繁忙和政治斗争的严酷，他没有时间也没有条件对自己的学术思想进行全面的总结和深入的阐发。薛季宣、陈傅良等永嘉前辈的相继谢世，使叶适认识到，将永嘉学术总其大成的任务，已经历史地落到自己的肩上。因此，当得以脱离政治风波而回归海边宁静的水心村时，叶适就将潜心治学作为晚年最重要的一项使命和事业。

对永嘉之学的发展历程作一全面的总结，这是叶适治学的起点。在作于嘉定八年（1215）的《温州新修学记》中，叶适借留茂良之语，通过对永嘉学术传承的历史考察，揭举出周行己、郑伯熊、薛季宣、陈傅良四位“邦之哲民”，对他们的治学特点和地位，作出“必兢省以御物欲者，周作于前而郑承于后”“必弥纶以通世变者，薛经其始而陈纬其终”的经典论断。[①]这就为永嘉学术的传承发展理出一条清晰的脉络，而这也是叶适集大成思想的根基。当然，叶适晚年治学的重点则是基于全面考察儒家文献典籍之上的对永嘉学术的学理阐发，它集中体现于作为其晚年全部心血结晶的皇皇五十卷的巨著《习学记言序目》

① 《温州新修学记》，《水心文集》卷一，《叶适集》第178页。参见本书第二章《承继学统》节。

之中。

叶适弟子孙之弘在为这部巨著撰写的序文中这样说明其成书经过：

> 《习学记言序目》者，龙泉叶先生所述也。初，先生辑录经史百氏条目，名《习学记言》，未有论述。自金陵归，间研玩群书，更十六寒暑，乃成《序目》五十卷。子宲既以先志编次，谂今越帅新安汪公锓木郡斋，又嘱之弘揭其大指于书首。[①]

这清楚地表明，叶适撰写此书，分为两个阶段：第一阶段是“辑录经史百氏条目”，但“未有论述”，称为《习学记言》。这一阶段可能经历了相当长的时间，序文中只用一个“初”字带过。第二阶段始于“自金陵归”，“更十六寒暑”，贯穿整个晚年时期，通过“研玩群书”，对原先辑录的材料加以论述，“乃成《序目》五十卷”。然后是叶适次子“以先志编次”，新安汪公“锓木郡斋”，弟子孙之弘作序。序文作于嘉定十六年（1223）十月，可见编次刊印的过程是在叶适逝世后立即着手进行的。另据刊刻者新安汪纲癸未年（即嘉定十六年）所作跋文称：

> 余曩得林德叟所传水心《习学记言》前后两帙，一自《书》《诗》《春秋》三经、历代史记迄《五代史》，大抵备史法之醇疵，集时政之得失，所关于世道者甚大；一自《易》《礼》《论》《孟》五经、诸子迄吕氏《文鉴》，大抵究物理之显微，著文理之盛衰，所关于世教者尤切。今孙伟夫携至一本，乃用诸经史子前后排比次第，聚为一书，总五十卷，发以序文，谂余锓板郡斋。工未竟，赵振文来，具道水心著述前后，与余所得于德叟者同。余尝反复䌷绎其故，此分彼合，要皆不为无意，读者幸有考焉。[②]

---

① 《习学记言序目》孙之弘序，第759页。

② 《习学记言序目》汪纲原跋，第762页。

跋文中林德叟名居安，瑞安人；孙伟夫名之弘，余姚人；赵振文名汝铎，居乐清：三人均为叶适弟子。从跋文可知，当时《习学记言序目》的文本有两种：林氏所持的分为两帙，一帙包括部分经典和历代史书，一帙包括部分经典和诸子著述及文集；孙氏所持的则“聚为一书”，依经、史、子的顺序排列，“总五十卷”。两本的编次有所不同，“此分彼合，要皆不为无意”，但今已难考，流传后世的则是五十卷的孙之弘本。

对于《习学记言序目》全书的主旨，孙之弘序文中有如下一段概括：

> 窃闻学必待习而成，因所习而记焉，稽合乎孔氏之本统者也。夫去圣绵邈，百家竞起，孰不曰“道术有在于此”？独先生之书能稽合乎孔氏之本统者，何也？盖学失其统久矣，汉唐诸儒推宗孟轲氏，谓其能嗣孔子，至本朝关、洛骤兴，始称子思得之曾子，孟轲本之子思，是为孔门之要传。近世张、吕、朱氏二三巨公，益加探讨，名人秀士鲜不从风而靡。先生后出，异识超旷，不假梯级，谓洙泗所讲，前世帝王之典籍赖以存，开物成务之伦纪赖以著；《易》《彖》《象》，仲尼亲笔也，《十翼》则讹矣；《诗》《书》，义理所聚也，《中庸》《大学》则后矣；曾子不在四科之目，曰“参也鲁”；以孟轲能嗣孔子，未为过也，舍孔子而宗孟轲，则于本统离矣。故根柢六经，折衷诸子，剖析秦汉，迄于五季，以吕氏《文鉴》终焉。其致道成德之要，如渴饮饥食之切于日用也；指治摘乱之几，如刺腧中肓之速于起疾也；推迹世道之升降，品目人材之短长，皆若绳准而铢称之，前圣之绪业可续，后儒之浮论尽废。其切理会心，冰销日朗，无异亲造孔室之闳深，继有宗庙百官之富美，故曰稽合乎孔氏之本统者也。①

这段概括的主题词是“孔氏之本统”，亦即儒学的根本精神，因此全书就是叶适通过对六经、诸子、史籍、文集等文献的全面剖析，阐明“致道成德之要”，“指治摘乱之几”，“推迹世道之升降”，“品目人材之短长”，从而对自己所确认

① 《习学记言序目》孙之弘序，第759—760页。

的儒学根本精神进行系统的论证。“本统”的概念，实为叶适提出，他在作于嘉定十四年（1221）的《宋厩父墓志铭》中说：“时诸儒以观心空寂名学，徒默视危拱，不能有论诘，猥曰‘道已存矣’。君（指弟子宋驹）固未信，质于余。余为言学之本统，古今伦贯，物变始终，所当究极。”[①]这说明，探索“古今伦贯、物变始终”的“学之本统”，正是叶适晚年全力“究极”的学问，也正是《习学记言序目》全力阐述的理论。

这一“学之本统”，叶适在《习学记言序目》中又有“总述讲学大指”一节予以集中阐发。它因《皇朝文鉴》中所收范育的《正蒙序》而引发，而叶适实际上是借此正面阐述对于儒家道体的认识。一方面，叶适通过否定曾子、孟子、《中庸》、《周易》在道统中的地位，从而在思想源流上否定朱熹以身心整治为重心的“修身诚意”的内圣道统的权威性；另一方面，通过对从尧、舜到孔子的古代圣人的考察，阐明以制度建设为重心的开物成务的外王道统，并认定这才是“学之本统”。[②]

叶适对“学之本统”的认证，建立在对于传统文化典籍的全面考察和剖析之上。《习学记言序目》五十卷，包括论经籍十四卷（计《周易》四卷，《尚书》一卷，《毛诗》一卷，《周礼》《仪礼》一卷，《礼记》一卷，《春秋》一卷，《左传》二卷，《国语》一卷，《论语》一卷，《孟子》一卷），论诸子七卷（计《老子》一卷，《子华子》一卷，《孔子家语》《孔丛子》一卷，《战国策》一卷，《荀子》《太玄》《法言》一卷，《管子》一卷，《孙子》《吴子》等兵书一卷），[③]论史籍二十五卷（计《史记》二卷，《汉书》三卷，《后汉书》三卷，《三国志》二卷，《晋书》二卷，《宋书》《南齐书》《梁书》《陈书》共三卷，《魏书》《北齐书》《周书》共二卷，《隋书》二卷，《唐书》《五代史》共六卷），论文集（以《皇朝文鉴》为代表）四卷。可见书中论述的范围涵盖了经、史、子、集四部的

① 《宋厩父墓志铭》，《水心文集》卷二五，《叶适集》第490页。

② 参考何俊《南宋儒学建构》第四章，上海人民出版社2004年版，第260—282页。

③ 叶适曾在《答孙之弘书》中说：“《庄》《列》《文中子》，向本欲先下手，为其当条理处太多，不胜笔墨，颇若烦碎，合为一论，则又贯穿未易，至今不果。”（《习学记言序目》卷四六末孙之弘附记）可见，叶适原亦欲论《庄子》《列子》《文中子》，可惜未果。

大部分重要文献，所谓“自孔子之外，古今百家，随其浅深，咸有遗论，无得免者”，[①]充分体现了叶适有关中国文化的深厚根基和弘通识见。

《习学记言序目》虽然用学术札记的形式撰成，显得颇为琐碎，但全书的“本统”意识十分明确，并有一些鲜明的特点：

一是批判道学，锋芒毕露。叶适在书中彻底否定程朱的“道统”，旗帜鲜明地批判了朱熹的一些基本观点，不随流俗，锋芒毕露，无怪乎引起道学人士的一致攻击。道学家真德秀“得先生《习学记言》观之，谓：‘此非记言，乃放言也。岂有激欤？’”[②]将“记言”看作偏激的“放言”，道学家的立场昭然若揭。陈振孙《直斋书录解题》也称：“大抵务为新奇，无所蹈袭，其文刻削精工，而义理未得为纯明正大也。”[③]倒是《四库提要》一方面指出全书“所论喜为新奇，不屑摭拾陈语”的特点，一方面又解释说：“特当宋之末世，方恪守洛、闽之言，而适独不免于同异，故振孙等不满之耳。”[④]

二是考史特精，陈古刺今。精于考证史事，是永嘉学派的传统，叶适也继承了此道。全书中论史籍占到一半篇幅，并常在史事的辨析中联系现实，抨击时弊。黄体芳序称：“是书史学二十五卷，往往得水心经济所在，而其论唐史诸条，陈古刺今，尤有殷鉴夏后之意。”[⑤]《四库提要》亦云：“至于论唐史诸条，往往为宋事而发，于治乱通变之原，言之最悉，其识尤未易及。”[⑥]前引叶适对开禧之战的总结，不少都是通过《习学记言序目》对相关历史事件的阐发而作出的。[⑦]

精心结撰十六年、荟萃晚年治学心血的《习学记言序目》一书，将永嘉之学提升到学理层面进行了全面阐述，成为永嘉学术集大成的标志性著作，并因此奠定了叶适在宋代乃至中国学术史上的地位。“乾、淳诸老既殁，学术之会，

① 《直斋书录解题》卷一，第313页。
② 〔宋〕叶绍翁：《四朝闻见录》甲集，中华书局1989年点校本，第35页。
③ 《直斋书录解题》卷一，第313页。
④ 《四库全书总目》卷一一七，第1012页。
⑤ 《习学记言序目》黄体芳序，第762页。
⑥ 《四库全书总目》卷一一七，第1012页。
⑦ 参考本书第五章《击退金兵》《筑堡屯田》节。

总为朱、陆二派，而水心断断其间，遂称鼎足。”[1]

著文授徒

在潜心治学之余，晚年叶适的另两项重要事业是执着著文和辛勤授徒。

叶适向以“为文藻思英发”[2]著称，其散文创作大致可分为两个阶段。自淳熙末年至开禧末年为第一阶段。这是叶适历仕三朝、积极从政的时期，他在发挥其经世济民才干的同时，又驰骋议论，言事论政，写下大量的策论、奏议之文，从《进卷》《外稿》，向孝宗、光宗、宁宗的历次上书，直至开禧间守建康时的奏状，无不论事剀切，宏肆辩博。从嘉定初年开始的晚年时期，是叶适散文创作的第二阶段。元人陈栎《勤有堂随录》载：“水心自建康帅阃病归不复出，大肆力于碑铭记文，四方甚重之。”[3]可知叶适晚年将写作重点转向碑铭、序记类文体，用力更深，受到广泛的重视。据《水心文集》统计，叶适著有记文三卷，共五十三篇，晚年之作近四十篇；墓志铭十三卷，共一百五十篇，晚年之作有约一百篇；祭文一卷、杂著一卷各五十余篇，晚年所作均近四十篇；其余序文、书启等类难以作编年统计。因此，在叶适文集总共约四百篇文章中，晚年十六年的作品将近二百五十篇，约占全部作品的三分之二；其中写作最多的文体依次是墓志铭、记文、祭文、杂文、序文等。

叶适门人赵汝谠所作《水心文集序》交代编集主旨说：“集起淳熙壬寅，更三朝四十余年中，期运通塞，人物散聚，政化隆替，策虑安危，往往发之于文，读之者可以感慨矣！故一用编年，庶有考也。昔欧阳公独擅碑铭，其于世道消长进退，与其当时贤卿大夫功行，以及闾巷山岩朴儒幽士隐晦未光者，皆述焉，辅史而行，其意深矣。此先生之志也。”[4]从中可知，叶适的志向是继承欧阳修的传统，以碑志记叙同时代的各种人物，并编年排比，以达到“辅史而行”的

---

① 《宋元学案》卷五四《水心学案上》，第1738页。

② 《宋史》卷四三四《叶适传》，第12889页。

③ 〔元〕陈栎：《勤有堂随录》，《四库全书》本。

④ 《水心文集序》，《叶适集》第1—2页。

目标。而从叶适尤其是其晚年的写作实绩看，这百余篇碑志，确实为后人留下了四十年间丰富多彩的历史人物长廊。据统计，其中为永嘉人士所撰达五十余篇。因此，这些碑志也成为永嘉重要的地方文献之一。叶适晚年所撰墓志铭的碑主，达官贵人极少，绝大多数是中下层官吏和民众，其中以亲人、老友、弟子等生活圈子里的人物数量最多，也有受人请托而撰写的社会各界人物，如文人、奇士、医师、妇孺等均有。对其中不少最亲近的碑主，叶适同时还撰有祭文乃至挽诗，以碑志记其生平行事，以祭文、挽诗抒己哀思，有的还进一步为其文集、诗集作有序跋。将这些围绕同一人物的不同体裁文章合读，可以更清楚地了解人物的全貌，也可以更鲜明地体味出作者“辅史而行”的创作意图，它们可视为一类特殊形式的人物传记。

记序杂文的创作，也是叶适晚年十分注重并倾注大量心血的。叶适杂记文的题材，多有考述源流、鼓励兴学的“学记”和纪念前贤、弘扬美德的“祠堂记”，还有记述乡土建设、守宰政绩的社稷记、修桥记、开河记、置寨记、藏书记以及记写风物、阐发义理的厅堂楼观记等。它们都以记述为主，又常杂以议论，其中多有文情并茂、辞采斐然的名篇。篇幅短小、表达灵活的序文题跋，以评骘艺文、发挥文论为主，但常常也有刻画人物、透视社会的功能。叶适晚年这类作品也写得颇多，且时有精彩篇章面世。此外，《水心文集》所收古、近体诗共三卷三百八十余首，其中以赠别诗和挽诗两类最多，也有不少写景抒情的佳作。虽然除少量外难以考定创作时间，但根据诗题估计，作于叶适晚年的约占三分之二。关于叶适的文学创作成就，后面有专章评述，这里仅就晚年著文情况作一概略介绍。

著名的学者往往兼教育家，这是中国文化史上的普遍现象，也是古代学术传承的主要途径。南宋儒学各派莫不以讲学授徒的方式传播本派学说。作为永嘉学派的集大成者，叶适的教学活动，更是从十六岁起，一直延续到晚年，前后将近六十年。可以说，叶适是一位毕生从事教学活动的教育家。

叶适最初的教学活动，始于乾道元年（1165）在乐清白石村塾任教，其后十余年间，曾先后在金华、义乌一带游学，还曾在永嘉近郊南湖茶院寺学塾执教，[①]淳熙三年（1176）又回到乐清雁山寺院授徒，直至次年参加漕试中式。这一时期，叶适的思想尚在形成之中，他的教学活动主要对象是学童，这既是为了解决生计问题，同时也使他积累起教学经验，为后来的讲学打下了基础。

从淳熙九年到十二年（1182—1185），叶适在平江任浙西提刑司干办公事。此时他已颇有文名，业余又多闲暇，便在当地授徒讲学。赵希道《超然堂记》载："水心叶先生，负天下重名，淳熙十年宾浙右题点刑狱，幕士争宗之"，"来学者众"。[②]叶适在其后二十余年的仕宦生涯中，无论在地方官任上，还是在朝中就职，无论丁忧回到永嘉，还是在建康抗金前线，都有学生追随左右，向其问学求教。叶适入仕后的讲学，一直在公余进行，他与门生弟子之间，主要是一种基于志同道合的亦师亦友、相互切磋、教学相长的师徒关系。

晚年叶适在治学之余，仍诲人不倦，谆谆教导前来求道问学的青年学子。南宋学者刘宰将其与吕祖谦、朱熹、杨简等教育家并列，称"叶水心在永嘉，户外之履常满，盖其师友相从，尽有乐地，故虽多去乡辞家，关山敻隔，岁时恨别，花鸟惊心，亦徘徊而不能去"。[③]叶适晚年授徒的人数更多，并有学、文并传的特点，即不但传授自己总结的永嘉之学的精髓，同时也传授自己诗文创作的经验，这就促使了"四灵"诗派和永嘉文派的形成和发展。

《宋元学案》之《水心学案》中所列叶适门人有三十五人，另据周梦江先生《叶适的门人考略》中补列的又有二十人，因此叶适弟子可考的总共在五六十人。现将这些弟子的情况集中作一概述。

叶适早期弟子可考的不多，仅有丁希亮、薛仲庚、王仲德、徐玑、邵持正、张垓等数人。

黄岩丁希亮（1145—1192）字少詹，叶适最初约在淳熙元年（1174）遇之于钱塘。两年后，叶适在乐清雁山僧舍授徒，丁希亮始来从学。他长叶适四岁，"自悔少学不力，竭昼夜读书为文"。[④]后来又从陈亮、吕祖谦、陈傅良求学，

① （明）嘉靖《温州府志》卷一："南湖塾，陈傅良设教后，蔡幼学、叶适、陈埴继之。"

② （清）同治《苏州府志》卷一三三引。

③ 〔宋〕刘宰：《送黄竹涧序》，《漫塘集》卷一九，《四库全书》本。

④ 《丁君墓志铭》，《水心文集》卷一四，《叶适集》第262页。

“尽师硕儒，尽友良士，尽闻名言，尽求别义，常服补褐而食疏薄，夜诵逮晨，手抄满屋，纵笔所就，词雄意确，论事深眇，皆有方幅”。[①]丁希亮少负奇气，“慕为豪杰非常之行”，“多为惊世骇俗绝高之语”，叶适曾致书对其进行规劝，[②]又在其去世后为作文集序。[③]

薛仲庚字子长，原居永嘉，后迁瑞安。叶适称，“初，薛子长从余于贡院崇德，爱其静而敏，文过于辈流而已，未巨怪也。来姑苏葑门，出《老翁赋》《续通鉴论》，始骇然异之。……至钱塘仙林，复出《士风论》，则疑愈甚。自尔子长岁必一再过余，间或见他文，必为之殷勤叹息”，[④]则叶适早期与之来往颇密。薛氏得叶适史学之传，“有俊才，至老不第”。[⑤]叶适曾作《送薛子长》诗和《赠薛子长》文，对其多有勖勉，寄予厚望。[⑥]

永康王仲德为陈亮同乡，“少有俊才，不自满足，翻然往从叶正则学问，尽交永嘉之俊造而犹未以为足，又将从正则于吴门以毕其业”，[⑦]则王仲德曾先后两次从学于叶适。

徐玑（1162—1214）字致中，号灵渊，永嘉人，后为“永嘉四灵”诗派成员。徐玑以父致仕恩，历任建安主簿、武当县令等职。叶适称“君与余游最早”，[⑧]“念子少时，独负奇意”，[⑨]则徐玑少时即已师事叶适，而此时叶适尚未入仕。徐玑工于诗，精于书，叶适多有赠送诗文。

邵持正字子文，平阳人，“水心初讲学，先生即在学舍中，其后所至皆从之。神暇语简，不轻变声色。工于歌诗骈体，沉沦下吏，不永其年，水心深痛惜之”。[⑩]

---

① 《丁少詹墓志铭》，《水心文集》卷一四，《叶适集》第268页。

② 《答少詹书》，《水心文集》卷二七，《叶适集》第550页。

③ 《丁少詹文集序》，《水心文集》卷一二，《叶适集》第209页。

④ 《覆瓿集序》，《水心文集》卷一二，《叶适集》第213页。

⑤ 《荆溪林下偶谈》卷四，《四库全书》本。

⑥ 分别见《水心文集》卷六、二九，《叶适集》第61、607页。

⑦ 《送王仲德序》，《陈亮集》卷一五，第179页。

⑧ 《徐文渊墓志铭》，《水心文集》卷二，《叶适集》第410页。

⑨ 《祭徐灵渊文》，《水心文集》卷二八，《叶适集》第580页。

⑩ 《宋元学案》卷五五《水心学案下》，第1814页。

张垓字伯广，金华人，叶适在金华游学时曾寄居其家并教之，张家“所以资给之者甚至”。后来“水心帅建康，辟为司属”。[①]

叶适在平江的弟子数量较多，如孟猷、孟导兄弟及周南、厉详（亦名仲详，仲方）、滕宬等，前已述及。[②]此外尚有孔元忠、王大受等。略述如下：

孔元忠字复君，苏州人，“水心先生官吴门，见先生所著《论语说》而奇之，遂从受业，其见赏亚于周南仲”。[③]后官至知处州，有政绩。叶适晚年闻孔氏修藏书楼，曾有诗相赠：“老夫一编未得妙，颇以书多为世笑；旧友从余不复疑，楼藏万卷犹嫌少……”[④]

王大受字仲可，号拙斋，饶州人，少年时随父居吴，受学叶适。其父王克明为当时名医，叶适为其撰《翰林医痊王君墓志铭》。王大受为人豪迈，颇以经济自负，但屡试不第，布衣终身，常出入权贵之门，热心助人，后卷入政争，被编管福建邵武。他“诗特工”，晚年“格愈老，字愈嫩，语益近，趣益远”，叶适为作《题拙斋诗稿》，慨叹：“余既七十，谢世待死，无复会期矣。”[⑤]

叶适遭党禁定居水心村时，前宰相王淮之侄王植（字立之）前往求学，后则经常造访。[⑥]王植之妻庄夫人“归立之二十余年，一切以劳自当，而奉夫子于学，故立之不为訾省而家事自治”，叶适称道其为“贤妇人”。开禧二年（1206）庄夫人亡故后，王植赴建康向叶适求铭，叶适为作《庄夫人墓志铭》。[⑦]

水心村西邻吴民表之子陈埴，亦曾从叶适问学，后中嘉定七年（1214）进士，历官丰城主簿、湖口县丞。但陈埴后来转习朱子之学，绍定间主讲明道书院，从学数百人，人称潜室先生，成为永嘉最早传播道学的学者之一。

晚年叶适的弟子人数更多，地域更广，亦略作考述。

陈耆卿（1180—1236）字寿老，号筼窗，台州临海人。嘉定七年（1214）

---

① 《宋元学案》卷五五《水心学案下》，第1820页。

② 见本书第三章《任职平江》节、本章《岁晚时光》节。

③ 《宋元学案》卷五五《水心学案下》，第1818页。

④ 《孔复君架楼贮书疏池累石花药环列》，《水心文集》卷七，《叶适集》第75页。

⑤ 《题拙斋诗稿》，《水心文集》卷二九，《叶适集》第606页。

⑥ 见本书第四章《退居水心》节。

⑦ 《庄夫人墓志铭》，《水心文集》卷一六，《叶适集》第297页。

进士，曾任青田县主簿、庆元府学教授，官至国子博士。“自周南仲死，文字之传未有所属，晚得篔窗陈寿老，即倾倒付嘱之。”①可见陈耆卿传承了叶适的文学衣钵，叶适为其撰有《送陈寿老》《题陈寿老论孟记蒙》《题陈寿老文集后》等诗文。

吴子良（1197—1256）②字明辅，号荆溪，临海人，是陈耆卿的表弟。宝庆二年（1226）进士，官至湖南运使、太府少卿。吴子良幼从陈氏学，后又受学叶适，叶适有《答吴明辅书》为其剖析道学流弊。吴氏所著《荆溪林下偶谈》对叶适及永嘉学派记述甚详，对叶适尤其推崇备至，成为永嘉文派的重要传人。

王象祖（1163—1239）字德甫，人称大田先生，临海人。学于水心，一生不仕，是一位嵚崎磊落、超脱名利的高士。“以见达官为耻，以对俗子为无味，以入城市为不得已，以非义之获为泥为滓。”③“尝以文见水心，水心所谓尘垢拭杯案者也。其文简古老健，虽篔窗亦畏之。”④

戴栩字文子，号浣川，永嘉人，是叶适好友戴溪的族侄。嘉定元年（1208）进士，累官太学博士、秘书郎、湖南安抚司参议官。其《题吴明辅文集后》云：“颇忆从水心游，每遇佳题，即令同赋。”⑤则戴栩曾与吴子良同学于叶适。著有《浣川集》，孙诒让称：“浣川于水心文法，亲得其指授，故此集所存文，奇警恣肆，杂之《水心集》中，几不可辨。”⑥

王汶字希道，号东谷，黄岩人。尝师事王绰、叶适。“购古今载籍，枕藉读之，已而豁然有悟，援笔为文，日数千百言，伯仲陈耆卿、吴子良之间。所著

① 《荆溪林下偶谈》卷二，《四库全书》本。

② 吴子良生卒年考述如下：吴氏于嘉定十三年（1220）致书叶适，求教道学名实真伪之说，叶适有《答吴明辅书》为之解惑。方回《读篔窗荆溪集跋》略云：“荆溪年二十四，时以书通水心，为道学名实之说。”（《桐江集》卷二）则吴子良生年当在庆元三年（1197）。吴子良弟子舒岳祥戊寅年（1278）八月所作《刘士元诗序》中称：“先生（指吴子良）下世十年而君以属予，今有十二年矣，君与予皆老矣。”（《阆风集》卷十）则吴子良卒年当在戊寅之前二十二年，即1256年。

③ 〔宋〕吴子良：《大田先生墓志铭》，《赤城集》卷一六，《四库全书》本。

④ 〔宋〕车若水：《脚气集》，《四库全书》本。

⑤ 〔宋〕戴栩：《浣川集》卷二，《四库全书》本。

⑥ 《温州经籍志》卷二二。

有《东谷集》。”[①]丁木字子植，号松山，黄岩人。从水心、王绰游。嘉定四年（1211）进士，官至澧州通判。著有《东屿稿》。据明万历《黄岩县志》，叶适曾为其父母铭墓，并有《送丁子植》诗。此外，黄岩来永嘉受学叶适的还有戴许、蔡仍、戴木、葛绍体、葛应龙、柯大春、郑柬之、二陈秀才等多人。

赵汝谠字蹈中，大梁人。少俶傥，有智略。“龙泉叶适尝过其家，汝谠年少，衣短后衣，不得避。适劝曰：‘名门子安可不学？’汝谠惭”，[②]自是折节读书，与兄汝谈齐名。叶适曾为其祖与其母作行状、墓志。登嘉定元年（1208）进士，后知温州，为《水心文集》作序。

陈韡字子华，福建侯官人。“登开禧元年进士第，从叶适学。”[③]官至参知政事、知枢密院事，是南宋后期有名望的大臣，《宋史》有传。

除此之外，列名“庆元六君子”之首、为赵汝愚叫屈的永嘉人周端朝，撰有著名笔记《四朝闻见录》的龙泉人叶绍翁，传承水心《易说》的建安人袁聘儒，参与整理并传承《习学记言序目》的余姚孙之弘、瑞安林居安、乐清赵汝铎，也均是叶适晚年弟子。可见叶适于古稀之年继续为授徒育人付出了大量心血，是位名副其实的诲人不倦的教育家。经他的教诲提携，于嘉定年间陆续登进士第的门人先后有赵汝谠、戴栩、周端朝、丁木、孙之弘、赵汝回、陈耆卿、陈埴等多人。清人全祖望曾说：“水心之门，有为性命之学者，有为经制之学者，有为文字之学者，先生（指王大受）欲以事功见其门庭，盖又别为一家。”[④]则叶适门下弟子的发展道路各不相同，足见叶适教育思想的涵容和通达，晚年弟子则以向文学方面发展的居多。

病逝水心

嘉定十六年（1223）的新年，叶适跨入人生旅途的第七十四个年头；而从

---

① 《宋元学案》卷五五《水心学案下》，第1807页。

② 《宋史》卷四一三《赵汝谠传》，第12397页。

③ 《宋史》卷四一九《陈韡传》，第12560页。

④ 《宋元学案》卷五五《水心学案下》，第1816页。

开禧三年（1207）末落职算起，叶适归家居于水心村已经整整度过了十五年。

这十五年，随着年龄的增高，叶适旧疾未愈的身体日趋衰弱，常常经受病痛的折磨。古稀之年，他在请求致仕的上表中写道：

> 今既七十，余景不长。素有气疾，眩晕拘迫；近尤畏寒，涩缩惨懔。咳嗽随声，涕泪交下，倦惫屡月，瘦悴羸残，视荫将息，固无久存之理。伏乞矜怜，特赐敷奏，许令致仕。傥或垂逝之年，犹保可全之节，冀以歌咏太平之乐，仰酬君父难报之恩。不胜感激俟命之至！[①]

虽然请求最终未获批准，但表中所述，当为实情，毕竟自然的规律难以抗拒。

然而，这十五年，又是叶适在多项事业中孜孜不倦、奋力拼搏并作出辉煌业绩的时光：他潜心治学，勤奋著述，撰就皇皇五十卷四十余万字的巨著《习学记言序目》，完成了传承发展永嘉学派的大总结；他执着诗文，藻思英发，写下包括百篇墓志铭在内的各体文章约二百五十篇，以及二百余首各体诗篇；他精心授徒，谆谆教诲，晚年门人可考的就有二十余人，不但传其学，而且传其文，并深深影响着“四灵诗派”和“永嘉文派”……老骥伏枥，志在千里，烈士暮年，壮心不已，叶适生命的火花在暮年再一次焕发出夺目的光彩。

叶适毕竟老了，也实在累了。正月，朝廷除叶适敷文阁学士，提举南京鸿庆宫，叶适再次请求致仕，而朝廷再除其为宝文阁学士，转正议大夫。不幸的是，叶适长期所患“气疾”骤然发作，终于于正月二十日逝世，享年七十四岁。家属呈上遗表，朝廷追赠叶适为从二品的光禄大夫，并赐谥号曰“文定”。[②]

当年四月二十五日，叶适之子叶宣、叶寀等奉叶适灵柩安葬于永嘉开元观之原，门人赵汝铎为墓碑填讳，门人山阴孙之弘等赶来参加会葬。叶适墓今在温州市鹿城区慈山（海坛山支阜）麓。1980年浙江省文管会拨款重修，列为省级文物保护单位；1992年又拨款整修墓道。此外，永嘉城南松台山宿觉庵边，

---

① 《申省乞致仕状》，《水心文集》卷二，《叶适集》第34页。

② 《宋史》原误作“忠定”，今中华书局标点本已据1960年出土的《叶适墓碣》改正。

原建有叶适祠堂，[①]后迁入永嘉城内金凿石巷（今温州市鹿城区信河街金锁匙巷），今已不存。

叶适去世后，学者程珌、魏了翁、刘宰、刘克庄，弟子陈耆卿、吴子良、吕皓、王汶等都撰有祭文、哀辞或挽诗，表达景仰和哀悼之情。以下选录三家。

魏了翁《哭阁学叶侍郎适文》：

呜呼！合散消息，阴阳之分；奚独于公，感深涕贯。匪伤吾私，我忧孔殷；舟流莫届，行迈靡臻。匪学弗济，匪才弗义；苟尚有存，毋间中外。如珠在渊，如玉在山；木石何知，枯润所关。公居海滨，奚与人事？海内同气，视为荣悴。门墙孤峻，基宇邃深；批剥传注，融贯古今。东南诸老，收声戢影；轩裳所忻，公力未慭。前年为诗，寄我鹤山；去年贻书，喜我东还。精神风采，英晤踔轶；言论风旨，间见层出。迨我造朝，公诗未赓，公书未报，公体不平。然犹私谓，人畸天耦，天如有意，则俾单厚。胡然藐藐，不吊我师？三朝旧人，所存几谁？年开八秩，不为夭蹙；天丧斯文，宁有绝续！独嗟人物，如千秋松；封殖培养，匪一旦功。日零月替，世道攸系；公知不知，我未有届。[②]

刘宰《挽叶水心侍郎》：

北学源流远，南来岁月迁。群心知未昧，诸老屹相连。百岁同归尽，斯文要有传。宵长残月堕，遗恨渺山川。

嘉会欣千岁，偏安隘一方。言言本周孔，草草笑隋唐。禁路无停辙，江流有巨防。空余遗稿在，万古日争光。

忆袖袮衡刺，尝登元礼门。相忘如旧识，一笑等春温。东望山川远，

①〔宋〕戴栩：《走笔代书答西士》："近闻乡里一奇事，宿觉庵边祠水心。"《浣川集》卷二，《四库全书》本。

②〔宋〕魏了翁：《鹤山先生大全集》卷九一，《四部丛刊》本。

西归岁月奔。遥怜人筑室，烟锁暮江昏。[1]

刘克庄《挽水心先生》：

一梦孝皇初，凄然四纪余。国人莫知我，天下孰宗予？散地虽无柄，名山尽有书。乌乎传万世，犹足矫元虚。

所学如山海，吁嗟不一施。未闻访箕子，但见诔宣尼。空郡来陪哭，无人敢撰碑。纷纷门弟子，若个解称师？[2]

当年十月，由次子叶寀“以先志编次”的《习学记言序目》五十卷，嘱门人孙之弘作序，新安汪纲“锓木郡斋”刊行。而根据“先生之志”编年辑撰的《水心文集》二十八卷，由门人赵汝谠作序并刻之，也随即行世。[3]约编成于叶适逝世二十余年后的《直斋书录解题》则著录：

《水心集》二十八卷，《拾遗》一卷，《别集》十六卷

吏部侍郎永嘉叶适正则撰。淮东本无《拾遗》，编次亦不同。《外集》者，前九卷为制科进卷，后六卷号《外稿》，皆论时事，末卷号《后总》，专论买田赡兵。[4]

可见《水心文集》（郡斋本外又有淮东本）、《水心别集》（即《外集》）当时都已流传。另据水心门人叶绍翁《四朝闻见录》载：“先生《外稿》盖草于淳熙自姑苏入都之时，是书流传则盛于嘉定间。”[5]则叶适的主要著述，在去世后不久，都已刊印传世。这足以告慰这位毕生致力于学术文章的大师了。

---

① 《漫塘集》卷三六。

② 《后村先生大全集》卷七。

③ 刊于1249年的赵希弁《郡斋读书附志》卷下著录：“《水心先生文集》二十八卷，右叶适字正则之文也，门人赵汝谠序而刻之。”《郡斋读书志校证》附，上海古籍出版社1990年版，第1195页。

④ 《直斋书录解题》卷一八，第547页。

⑤ 《四朝闻见录》甲集，第35页。

是的，这位出身于“贫匮三世”的寒士之家的普通学子，凭借着自己超人的努力，把握住人生的重大机遇，终于既立德，又立功，再立言，实现人生的最大价值。叶适的个性沉稳庄重，不事张扬，“平生静重寡言，有雅量，喜愠不形于色，然能断大事”。[①]他精心设计的治国方略虽然未得实施，他晚年的遭际不免冷寂凄凉，然而所幸的是，凝聚着他毕生精力和思想精华的主要著述，都得以传世。“散地虽无柄，名山尽有书。乌乎传万世，犹足矫元虚。”[②]世世代代的后人将从这份博大的思想遗产中汲取无尽的启迪。

纵观叶适一生七十四年的历程，除出生到童年时代的十三年外，大体可划分为三个阶段：

自迁居永嘉（1163）始，历经问学乡贤、讲习游学，再到漕试发解（1177），大约十五年，这是叶适刻苦求学、努力历练的时期。乾、淳年间诸家争鸣的学术氛围和永嘉前辈学者的言传身教，滋养着叶适，使他树立了扎实的根基，承继了优良的学统。

从淳熙五年（1178）高中榜眼，到开禧三年（1207）落职回乡，共计三十年，这是叶适历仕三朝，积极从政，三起三落，宦海沉浮的时期。他历任地方官、京朝官多种职务，参与“绍熙内禅”的策划，遭受“庆元党禁”的打击，直至在开禧北伐中力挽狂澜，建功立业，焕发出生命的夺目光彩。

从嘉定元年（1208）退居水心村直至逝世（1223）的十六年，是叶适潜心学术文学，全力治学、授徒、创作诗文的时期。他呕心沥血，著述丰富，以衰病之身，实现生命的再一次辉煌。

总结叶适的整个人生，他无疑是南宋时期一位杰出的政治家、思想家、教育家和文学家。在三十年的仕宦经历中，叶适在平江、江陵、蕲州、淮东、湖南、泉州，直至建康等地方官任上的时间总计十二年，而在临安任京朝官职的时间总共不满五年，其余则多在家乡丁忧守制或遭贬隐居。仕宦生涯中，叶适从未停止过治学授徒，晚年更集中精力著述撰文。弘治《温州府志》载：“适生

---

① 《荆溪林下偶谈》卷三。

② 《后村先生大全集》卷七。

平喜读书，不以世务萦怀，考论古今，品藻人物，自成一家言，名重当世，四方学者仰之如山斗，咸称水心先生，远而高句丽捐金币购求其文。”[①]可见，叶适在当时的名声已远播海外。因此，叶适作为政治家的功绩，在宋代历史上自然应有相当的评价和地位，但他在思想学术领域的贡献和文学领域的成就，更值得大书特书。以下分别进行评述。

① （明）弘治《温州府志》卷一《人物》。

第七章　学问大家　思想巨擘

作为杰出的思想家，叶适继承了永嘉学派，尤其是从薛季宣到陈傅良一脉“弥纶以通世变”的学统，将事功之学进一步理论化、系统化，从而集其大成。清人黄百家称：“季宣既得道洁（袁溉）之传，加以考订千载，凡夫礼乐兵农莫不该通委曲，真可施之实用。又得陈傅良继之，其徒益盛。此亦一时灿然学问之区也，然为考亭（朱熹）之徒所不喜，目之为功利之学。”[①]薛、陈两人通过“治史”建立起“功利之学”，叶适进而“治经”，在阐发儒家经典的理论基础上将“功利之学”推向更高的层次。与此同时，在与以朱熹为代表的道学学派和陆九渊为代表的心学学派的交锋对立中，叶适高举批判的旗帜，彻底清算道学的理论基础，确立了与朱、陆两派鼎足而立的独立思想体系。本章拟对叶适以事功为核心的独特思想体系进行梳理，并主要从哲学、政治、经济、军事、教育诸方面对其展开阐释，以见永嘉学派思想集成于叶适所达到的理论高度，以及其对后世的深远影响。[②]

哲学思想

“道”是中国哲学的根本范畴，也是儒学各学派理论阐释的核心概念。永嘉

---

① 《宋元学案》卷五二《艮斋学案》，第1691页。

② 本章主要参考蒋伟胜《叶适的习学之道》、张义德《叶适评传》相关部分。

之学被视为功利之学，似乎一向不重视对“道”的探究。作为永嘉之学的集大成者，叶适晚年撰写《习学记言序目》的根本意图，即在通过对传统经典的梳理解读，彰明永嘉之学所体认之“道”，回答“道为何物”“何以明道”等哲学追问。当然，这种体认与同时代的“道学”“心学”对“道”的理解有很大不同，从而体现出永嘉学派哲学思想的基本特点。

道在物中

道学家认为：“天下莫尊于理”，①“理也者，形而上之道也，生物之本也”，②将“理”作为独立于天地之外的一种绝对精神；他们又认为，“性即理也”，“性便是心之所有之理”，③因此，道学家论“道”，秉承“道不离理”“道不离性”的原则。心学派认为，“宇宙便是吾心，吾心即是宇宙”，④心是宇宙万物的本体，心外无物，心外无理，“心即理也”，因此，心学派论“道”，可谓“道不离心”。与道学家、心学派不同的是，永嘉学派则将“道”与“物”紧密相联。

对于“道”与“物”的关系，永嘉前辈已有“（道）则常存于形器之内”（薛季宣语）、“器便有道，不是两样”（陈傅良语）的唯物主义解释，叶适则从“道”的本义入手，认为“出必由户，既知户矣；行不由道，未知道也。道者，所当行之路也”。⑤“道”的本义就是人走的路，引申为人的生活方式，它们一样都是具体而可感的。依此类推，在叶适看来，凡与“道”类似的概念，如“德”“理”“义理”“仁”“皇极”等，都是与具体可感的形式紧密相联的。以此为前提，叶适进一步提出：

按古诗作者，无不以一物立义。物之所在，道则在焉，物有止，道无止也。非知道者不能该物，非知物者不能至道。道虽广大，理备事足，而

---

① 《朱子语类》卷四，第63页。

② 〔宋〕朱熹：《答黄道夫》，《晦庵先生朱文公文集》卷五八，《朱子全书》本，第23册，2755页。

③ 《朱子语类》卷五，第82、88页。

④ 〔宋〕陆九渊：《年谱》，《陆九渊集》卷三六，第483页。

⑤ 《习学记言序目》卷十三，第182页。

终归之于物，不使散流，此圣贤经世之业，非习为文词者所能知也。[①]

"物在"导致"道在"，"物"是不依赖于"道"的客观存在，"道""理"只是天地万物的客观规律，"道虽广大，理备事足，而终归之于物"。因此，没有独立存在的纯粹抽象意义上的"道"，"道"的存在总是与具体的"物"相联系的。具体的"物"是有限的，但"道"是无限的。对有限的"物"的认识要从无限的"道"的高度来观照，所谓"非知道者不能该物"；对无限的"道"的把握要从具体的"物"出发才能实现，所谓"非知物者不能至道"。无论是对"道"还是"物"的认识，其基本前提就是"道虽广大，理备事足，而终归之于物"，可谓"道在物中"。叶适反对抽象地论"道"，主张把对"道"的论述与具体的"物"结合起来。其所谓"物"，既指有形的可感的礼乐制度，也指无迹之事，也就是现实和历史中的名物度数、典章制度以及政治、伦理事件，亦即整个人文世界。

习学成德

如果说，"道在物中"表述的是叶适对"道为何物"的本体论认识，那么，叶适对"何以明道"的成圣路径的回答则是"习学成德"。

心学派立足于"心即理"的根本原则，其所指示的成圣道路直接指向人的内心世界，所谓"先立乎其大者"，[②]即树立道德的主体意识，发挥心的主宰作用；然后"格物明心"，在道德的践履中把握本心。道学家则提出"格物致知"的命题，"格物"即是"穷尽事物之理"，[③]这里的"事物之理"包括在物之理（物性）和在己之理（人性）；通过"格物"进而实现"致知"，即提高自身的认识能力，从而达到体认天理的终极目的。则朱熹主张在积极探求在物之理和认真反省在己之理的共同努力中把握天理，实现成圣理想。

叶适则根本否认先验的道德本体的存在，他指示的成德路径是彻底的向外求索的道路，即习学之道。他的著作《习学记言序目》即取名于《论语》首句

① 《习学记言序目》卷四七，第702页。

② 《与邵叔谊》，《陆九渊集》卷十，第138页。

③ 《朱子语类》卷十五，第283页。

"学而时习之"，其弟子孙之弘序说明其含义为"学必待习而成，因所习而记焉，稽合乎孔氏之本统者也"。对于习学的对象，叶适认为首先是《诗》《书》等传统经典，所谓"兴于《诗》，立于《礼》，成于《乐》"；[①]此外，他还要求在实践中"多识前言往行，以蓄其德"。[②]对于习学的方法，叶适主张"学"与"思"不可偏废，"思学兼进者为圣"。[③]他提出："耳目之官不思而为聪明，自外入以成其内也；思则睿，自内出以成其外也"，"古人未有不内外交相成而至于圣贤"，[④]即通过感性认识与理性思维的"内外交相成"而致道成圣。要之，叶适的"习学之道"，就习学活动而言，是要在政治、经济等事功活动和道德践履中，获得有助于自身成就理想人格的知识和能力；就习学对象而言，叶适要求习学传统经典以及历史和现实事例所包含的道德价值内容。因此，叶适的"习学之道"其实是成德之道，这是联结他的事功思想和作为儒者内圣理想的关键环节。

外王内圣

儒家从孔子开始，就秉承"内圣外王"为一体的道德和政治理想。作为儒学派别之一，永嘉学派并未脱离这一根本宗旨。由于不满于道学的空谈性命而不通古今事物之变，从薛季宣开始，永嘉之学反其道行之，"教人就事上理会，步步著实，言之必使可行，足以开物成务"，[⑤]形成自己的鲜明特色，因而被道学家指为"功利之学"。叶适继承薛季宣、陈傅良等永嘉学派前辈的思想，又在他们的基础上将永嘉之学向前推进。他一方面深入地清算永嘉前辈所师承的二程道学思想，另一方面又将薛、陈二氏倡导的事功之学系统化，从而集其大成。诚如清人全祖望所称："水心较止斋又稍晚出，其学始同而终异。永嘉功利之说，至水心始一洗之……乾、淳诸老既没，学术之会，总为朱、陆二派，而水心龂龂其间，遂称鼎足。"[⑥]叶适之所以能与朱、陆二派鼎足而立，很重要的原

① 《习学记言序目》卷十三，第189页。
② 《习学记言序目》卷十三，第187页。
③ 《习学记言序目》卷十三，第186页。
④ 《习学记言序目》卷十四，第207页。
⑤ 《宋元学案》卷五二，第1691页。
⑥ 《宋元学案》卷五四，第1738页。

因就在于他将永嘉之学的“开物成务”与儒学传统的“致道成圣”又联结起来，并开辟出一条独特的路径。

叶适是一位具有强烈的现实关怀意识的出色的事功学者，同时又是一位充满理想主义色彩、追求成德成圣信念的儒家信徒。他一方面将“道”尽量作外向化的推展，使之与典章礼仪、名物器度联系在一起，另一方面又特别就《论语》发明“习学”思想和“内外交相成”之道，即将“道”重新拉回到自身，从而实现外王之道与内圣之道的统一。与思孟学派先追求内圣后实现外王的路径不同，叶适主张立足于现实经济事功的外王实践，通过习学的方式实现内圣，即先外王后内圣，但绝不是朱熹所说的“只是事功”。思孟学派的内圣外王逻辑是先作格物致知诚意正心的内圣工夫，然后自然展开为修身齐家治国平天下的外王事功，其侧重点在内圣，外王是内圣完成后的自然结果。叶适的习学之道则要求先外王后内圣，在现实的政治经济事功中实现圣功，其侧重点在外王，而习学就是外王通向内圣的桥梁。叶适的这一外王内圣的思想，体现了现实主义和理想主义的平衡，也是他哲学思想中最具有特色的地方。

政治思想

在民族矛盾占主要地位的南宋，叶适的政治思想紧紧围绕解决宋金关系展开。作为坚定的爱国者，叶适高举爱国主义的旗帜，自始至终地主张报仇雪耻，抗金复国。为了实现改弱为强、收复故土，叶适对南宋社会的积弊进行了深入剖析，并抓住“纪纲”“法度”两大核心问题，提出一系列的政治改革主张。

爱国主义

叶适始终认为，存亡问题是南宋朝政面临的首要问题，其关键“在外不在内”。他说：“至如近日事势，亦只当先论存亡。今日存亡之势，在外而不在内；而今日堤防之策，乃在内而不在外。一朝陵突，举国拱手，堤防者尽坏而相随以亡，哀哉！”[①]作为坚定的抗战派，叶适早在淳熙五年（1178）的殿试中就提

① 《习学记言序目》卷四三，第634页。

出："复仇，天下之大义也；还故境土，天下之尊名也。"[①]到淳熙十四年的轮对中，他再一次慷慨陈词："臣窃以今日人臣之义所当为陛下建明者，一大事而已：二陵之仇未报，故疆之半未复。此一大事者，天下之公愤，臣子之深责也。"[②]可以说，爱国主义是叶适全部政治思想的出发点和最终归宿。

但叶适的爱国主义又有其鲜明的特点。叶适总结历史，指出"秦汉以来待夷狄者，不和亲则征伐"，而当时投降派的首领，就主张"借夷狄之名以抚之"。能不能用传统的"夷夏之别"思想来处理宋金间的关系呢？叶适鲜明地提出："北虏乃吾仇也，非复可以夷狄畜"，即不能将金人作为一般的夷狄来对待，金统治者侵占国土，虏去二帝，残杀人民，是宋朝的仇敌，不能用对待夷狄的方法"抚之"。他义正词严地反问："夫子弟不能报父兄之耻，反惧仇人怀不释憾之疑，遂欲与之结欢以自安，可乎？""夫惟以复仇为正义，而明和亲之决不可为"，[③]才能确立对待仇敌的根本立场。叶适以"仇敌"立论，突破"夷夏之别"的传统思想，揭示了宋金对立的实质。

针对南宋朝廷中妥协投降和苟且偷安的各种论调，叶适都旗帜鲜明地予以批判。他抨击秦桧鼓吹的"南自南北自北"的谬论，是"视宗庙君父之仇如疥痒之在身，忍而不搔无害也；明示祸福以劫胁衣冠，举俯首而奉虏"；[④]他愤怒斥责投降派"以和亲为性命义理之实，而言复仇雪耻者，更为无恶大憝，灭天常，绝人理"[⑤]的颠倒黑白的现象；他批驳士大夫中"过于誉虏而甘为伏弱"的心理，揭露"誉虏以胁国人，而因为偷安窃禄之计"是"风俗不忠之大"；[⑥]他将朝臣中的"待时"论称为"今世之虚论"，揭示"待时之说转而为乘机"的实质是"群臣之款大事而误陛下以自宽"。[⑦]这些都体现出叶适鲜明的爱国主义立场。

---

① 《廷对》，《水心别集》卷九，《叶适集》第754页。
② 《上殿札子》，《水心别集》卷一五，《叶适集》第830页。
③ 《外论二》，《水心别集》卷四，《叶适集》第687—688页。
④ 《始议二》，《水心别集》卷一〇，《叶适集》第760页。
⑤ 《习学记言序目》卷四三，第641页。
⑥ 《终论三》，《水心别集》卷一五，《叶适集》第823页。
⑦ 《息虚论二》，《水心别集》卷一〇，《叶适集》第766页。

南宋朝廷长期在“用兵”和“通和”之间摇摆不定，结果是始终难以实现收复故土的目标。叶适总结其中的经验教训说：

为复仇之论者有矣，不过欲斗胜负于兵革而已，自用兵以来无他画也。为固本之论者有矣，不过欲久和好以无事而已，自通和之外无长虑也。为国之道，必有次第；天下大事，不容苟简，岂可不出于用兵则出于通和哉？①

叶适认为，首先应改变这种思想上简单化、片面化的“苟简”之法，换一种救国图强的思路。他针对孝宗答应收复失地之后尽捐天下之赋的承诺，指出：“夫能捐横赋而后可以复版图，俟版图之复而后捐之者，无是道也；能裕民力而后可以议进取，待进取之定而后裕之者，无是道也。陛下徒因今之法而少宽之，此不足以裕民；果裕民也，更为之法可也。”②“少宽”不足以“裕民”，“更法”才能复版图、议进取，这就提出了一条有别于“用兵”或“通和”的以改革（更法）求恢复的新路。叶适批评绍兴间和隆兴初主战派的代表人物赵鼎和张浚只是书生谈兵，缺少真才实学，以致“不成而败事”，其后继者“纷然继踵，而恢复之说，遂于举子习程文以媒课试者无异，而国事真无所考据矣”。③叶适认为，要从他们的失败中汲取教训，寻找出真正的求胜之道：

胜之之道，尽去吾之弊政，用必死之帅、必死之将、必死之士，决坏二百年糜烂不可通之说，真以必死敌之，则胜矣。若今世之言兵，出某策，张某阵，用某人，以奇立功者，岂可赖邪？在以实胜虚，以志胜气，以力胜口而已矣。④

① 《廷对》，《水心别集》卷九，《叶适集》第754页。
② 《廷对》，《水心别集》卷九，《叶适集》第753页。
③ 《终论五》，《水心别集》卷一五，《叶适集》第827页。
④ 《终论四》，《水心别集》卷一五，《叶适集》第825页。

尽去弊政，以实胜虚，以改革求恢复，这就是叶适指明的救国图强之路。

改革纪纲

对于北宋以来，尤其是南宋的积贫积弱的国势，叶适从政治、经济、军事等各方面进行深入的剖析，列举了大量的积弊，他将其深层次的政治体制上的症结，归纳为“纪纲”和“法度”问题。二者实际上又是统一的，“纪纲、法度，一事也。法度其细也，纪纲其大也”。[①]只有解决政治体制上的病根，才能真正实现改弱为强。

叶适认为，宋代政治体制上的问题，集中表现为“纪纲以专为患而至于国威不立”，“法度以密为累而治道不举”。[②]这就触及了宋代高度集权的君主专制体制。叶适说：“昔之立国者，知威柄之不能独专也，故必有所分；控持之不可尽用也，故必有所纵”，而宋代则是“能专而不能分，能密而不能疏，知控持而不知纵舍”。[③]这样的结果就造成“无所分画则无所寄任，天下泛泛焉而已矣；百年之忧，一朝之患，皆上所独当，而群臣不与也。夫万里之远，皆上所制命，则上诚利矣；百年之忧，一朝之患，皆上所独当，而其害如之何！”[④]国家的所有权力都集中于君主一身，天下的所有责任也都由君主一人承担，这就是君主集权的病根。

在考察历代治乱存亡的基础上，叶适提出治理天下的“纪纲”有其“常道”：

> 譬如一家，藩篱垣墉，所以为固也；堂奥寝处，所以为安也。固外者宜坚，安内者宜柔；使外亦如内之柔，不可为也。唐失其道，化内地为藩镇，内外皆坚，而人至不能自安；本朝反其弊，使内外皆柔，虽能自安，而有大不可安者。[⑤]

---

① 《纪纲一》，《水心别集》卷一四，《叶适集》第811页。
② 《实谋》，《水心别集》卷一〇，《叶适集》第768页。
③ 《应诏条奏六事》，《水心别集》卷一五，《叶适集》第842页。
④ 《实谋》，《水心别集》卷一〇，《叶适集》第768页。
⑤ 《纪纲二》，《水心别集》卷一四，《叶适集》第813页。

唐代的教训在于内外皆坚，宋代的教训在于内外皆柔，都背离了外坚内柔的常道，而高度集权的君主专制正是形成内外皆柔之势的根本原因。

基于此，叶适提出的改革政治体制的思路是“正其纪纲，明其内外，分画委任而责成功”。[①]他具体阐释道：

> 为天下者，不按九州之图籍，略其四旁，规其中央，左顾右望，以尽天下之大形；坚外柔内，分画委任，群臣合力，功罪有归，以正天下之常势；第因其所有，揜绝前后，而欲以人主之一力守之，岂可得哉！此天下之大患所以二百年而常在，论今天下之事所以穷数百万言而不能决也。[②]

而实现这一思路的途径，就是“纪纲以专为累，则莫若分之”，“法度以密为累，则莫若疏之”。[③]对于分权，叶适设计了一系列君主下放权力的方法，将兵、民、财赋之权分给将帅和地方官，使之能够支配和专任，改变原先纪纲专闭、法度繁密的弊端，达到外坚内柔的态势；而这种分权的前提是朝廷保持用人权和控制权，不能完全放纵，从而达到有所纵又有所控的局面。

改革法度

对于宋代的各项法度，叶适认为“皆以惩创五季而矫唐末之失策为言，细者愈细，密者愈密，摇手举足，辄有法禁。而又文之以儒术，辅之以正论，人心日柔，士气日惰，人才日弱，举为懦弛之行而相与奉繁密之法”。这些一成不变的繁密法度，在实践中逐步走向其反面：“举一事，本以求利于事也，而卒以害是事；立一法，本以求利于法也，而卒以害是法。”[④]叶适提出，“今朝廷之法

---

① 《纪纲三》，《水心别集》卷一四，《叶适集》第815页。

② 《纪纲三》，《水心别集》卷一四，《叶适集》第816页。

③ 《实谋》，《水心别集》卷一〇，《叶适集》第768页。

④ 《法度总论二》，《水心别集》卷一二，《叶适集》第789页。

度，其经久常行不可变改者，十数条而已，而皆为法度之害。”[①]这十数条法度，构成国家的基本制度，而现在都成了“法度之害”，叶适一一剖析其害，并提出改革的主张。

在用人制度方面，宋代有资格、铨选、荐举、任子诸项制度。叶适主张依“资格用人未可遽废”，但又要“人能尽其才，不拘挛于常格”，“以终成资格之利而不受资格之害”；他认为，铨选制度“消靡其贤才以俱入于不肖”，“为害最深”，要彻底改革；他强调官员的升迁要“多其考，累其任”，根据表现“循次而进”，而“拔于常调”的荐举也不可全废；他认为官员之子荫补之制为害极大，提出“举公卿大夫之子弟而养之于学校，择天下之明师良友以成就之，使其才器卓然，可以为国家用”。[②]

在选举制度方面，宋代有科举、学校、制科、宏词诸项制度。叶适认为“士者人才之本源，立国之命系焉”，但科举用程文选拔人才，制科考试也以记诵为主，它们都无法选到有用之才，“其可称者又莫之获，而人之所轻者乃反得之”；他主张“今宜暂息天下之多言，进士无亲策，制举无记诵，无论著，稍稍忘其故步”，作为改革的第一步；至于宏词以四六文为贵，“然其文最为陋而无用”，叶适主张“宏词则直罢之而已矣”；对于各地勃兴的学校，因为“无所考察而徒以聚食，而士之俊秀者无愿于学”，叶适主张“稍重太学”，“择当世之大儒，久于其职，而相与为师友讲习之道”，“人由知学，而科举之陋稍可洗去”。[③]

此外，对于役法、新书（指法令格式）、胥吏、监司诸项制度，叶适也都提出改革意见。可见，叶适对用人、选举、司法等制度研究颇深，对它们的弊害和改革方案，都有自己独到的见解。这些也都是叶适政治改革思想的重要组成部分。

---

① 《法度总论三》，《水心别集》卷一二，《叶适集》第790页。

② 见《资格》《铨选》《荐举》《任子》，《水心别集》卷一二、一三，《叶适集》第791—798页。

③ 见《科举》《学校》《制科》《宏词》，《水心别集》卷一三，《叶适集》第798—803页。

经济思想

经济是社会的基础，作为功利主义思想家，叶适自然十分关注社会的经济问题，财政、赋税、人口、货币等问题都进入叶适的考察视野，他在一一揭示它们的弊端后，提出了相应的改革措施。而叶适考察经济问题的重要前提，则是其“义利统一”的伦理观。在宋代，叶适是阐发经济思想最为充分的思想家之一，而且有不少独特的见解。

义利统一

宋代道学家为哲学抹上浓重的伦理色彩，企图以此来证明其倡导的伦理道德的永恒性。伦理思想也是叶适思想的核心。但是，叶适的伦理思想同空谈义理、以义理排斥功利的观点相对立。他主张的功利主义以唯物论为基础，将功利和义理统一起来，也可称之为“义利统一”。这也成为其经济伦理思想的基础。

叶适肯定人性出自天然，认为人“有欲于物者，势也”。[①]基于此，他论礼与欲、伪与情的关系说：“民伪者天之属，民情者地之属”，“伪者，动作、文为、辞让、度数之辨也；情者，耳目、口鼻、四肢之节也”，[②]即认同“情”与“欲”是人的自然本性，而“圣人知天下之所欲，而顺道节文之使至于治”，[③]“礼”与“伪”（包括社会秩序、道德规范等）正是为了调节“情”与“欲”，使之合于“理”。他不同意《礼记·乐记》中将“天理”和“人欲”对立的观点，反对“尊性而贱欲”，[④]批评道学家“以天理人欲为圣狂之分，其择义未精也”，[⑤]还指出：“教人抑情以徇伪，礼不能中，乐不能和，则性枉而身病矣。”[⑥]因此，叶适主张的是“理”与“欲”的统一。

---

① 《习学记言序目》卷一五，第211页。

② 《习学记言序目》卷七，第87页。

③ 《习学记言序目》卷一五，第211页。

④ 《习学记言序目》卷八，第103页。

⑤ 《习学记言序目》卷二，第24页。

⑥ 《习学记言序目》卷七，第88页。

与理、欲的统一密切相关的是义、利的统一。义利之辨由来已久，传统的观念是重义轻利。叶适认为，“利”既与“义”相对，又与“害”相对，讲“义利”就要先讲“利害”。他说：“人心，众人之同心也，所以就利远害能成养生送死之事也”，[①]肯定了“就利远害”为人心所固有，是人的自然本性。他又特别强调天下的利害，主张去害求利，“必尽知天下之害，而后能尽知天下之利”。[②]但叶适又不主张单纯求利，他提出“崇义以养利，隆礼以致力”，[③]又说“古人以利和义，不以义抑利”，[④]主张把“义”和“利”结合起来。叶适认为，“利”和“义”的关系，在古代是统一的，后世则被人为地分割开来：

> 古人之称曰：“利，义之和”；其次曰：“义，利之本”；其后曰：“何必曰利?”然则虽和义犹不害其为纯义也，虽废利犹不害其为专利也，此古今之分也。[⑤]

将“利”与“义”分割开又有两种情况，即不言利而只言义的空言和只言利不顾义的病民，这都是叶适所反对的。

在义、利关系问题上，叶适又着重批判了从董仲舒到道学家所谓“不谋利”“不计功”的虚伪论调：

> “仁人正谊不谋利，明道不计功”，此语初看极好，细看全疏阔。古人以利与人而不自居其功，故道义光明。后世儒者行仲舒之论，既无功利，则道义者乃无用之虚语尔。然举者不能胜，行者不能至，而反以为诟于天下矣。[⑥]

---

① 《习学记言序目》卷五，第52页。
② 《纪纲四》，《水心别集》卷一四，《叶适集》第817页。
③ 《士学上》，《水心别集》卷三，《叶适集》第674页。
④ 《习学记言序目》卷二七，第386页。
⑤ 《习学记言序目》卷一一，第155页。
⑥ 《习学记言序目》卷二三，第324页。

这将道学家空谈义理、轻视功利、将功利和义理相对立的谬论，解剖得入木三分。叶适向往的理想境界是："《诗》《书》所谓稽古先民者，皆恭俭敬畏，力行不息，去民之疾，成其利，致其义。"①

以利和义，崇义养利，成利致义，义利统一，这就形成了叶适伦理思想的核心。这种功利主义思想，既肯定人的私利，更强调"利天下"的公利，它反对见利忘义，主张成利致义，从而为社会的政治、经济改革提供强有力的思想武器。

理财思想

"财用，今日大事也，必尽究其本末而后可以措于政事。"②叶适在充分重视财用的基础上探讨理财问题。历来的偏见都认为"取诸民而供上用，故谓之理财"，理财就是聚敛，就是言利，因而"君子避理财之名，而小人执理财之权"。叶适指出，实际上历代的圣君贤臣都善于理财，"以天下之财与天下共理之者，大禹、周公是也。古之人未有不善理财而为圣君贤臣者也"。③这就首先为理财正了名，并明确理财在国家治理中的重要地位。

针对当时社会"财以多为累以至于竭"的矛盾状况，叶适鲜明地提出要将理财和聚敛区分开来，"理财与聚敛异，今之言理财者，聚敛而已矣"。④苛捐杂税繁多是南宋财政上的最大问题，叶适列举"今日财之四患：一曰经总制钱之患，二曰折帛之患，三曰和买之患，四曰茶盐之患"，这些都是赋税"常科"之外的"横赋"。其中"经总制钱"是南宋政府综合各种杂税一揽子收取的税种，"其名尤繁，其籍尤杂"，其数量一县"多者至万余缗，少者犹不下数千缗"。⑤这种竭泽而渔的聚敛，造成人才日衰，生民日困，国用日乏。因此，叶适主张坚决废除经总制钱。对于赋税改革，叶适提出的指导思想是"尽捐天下之赋在于常科之外者"，他提议先减去经总制钱的一半，"稍稍苏息天下"，然后逐步罢

---

① 《习学记言序目》卷二三，第322页。
② 《财总论一》，《水心别集》卷一一，《叶适集》第770页。
③ 《财计上》，《水心别集》卷二，《叶适集》第658页。
④ 《财计上》，《水心别集》卷二，《叶适集》第657页。
⑤ 《经总制钱二》，《水心别集》卷一一，《叶适集》第776页。

去各种杂税；同时，在两年内通过裁减冗兵、冗官、冗吏来减少政府开支的十之五六，不足的由皇室出钱补助。叶适认为，在减轻赋税和减少开支的基础上，“乘此以革去朝廷百年之宿弊，无不可者”。[①]这一君子理财的新思路，被后人赞为“中兴百年，非无圣君贤相，未闻有议及此者”。[②]

重视工商

封建社会长期奉行“崇本抑末”的方针，在士、农、工、商四民中，以农为本，以工商为末。在宋代东南沿海商品经济发展的背景下，叶适提出了新的看法。他认为：“夫四民交致其用，而后治化兴，抑末厚本，非正论也。使其果出于厚本而抑末，虽偏，尚有义；若后世但夺之以自利，则何名为抑？”[③]“厚本抑末”是“偏论”，“四民交致其用”才是“正论”，夺工商之利以自利，就根本达不到厚本的目的。这一思想的基础是对商品流通的认识。叶适表述产品、商品和货币的关系说：“百物皆所以为货，而钱并制其权”，即钱是权衡商品价值的尺度；他进而说，“钱之所以上下尊之，其权尽重于百物者，为其能通百物之用也，积而不发，则无异于一物”，货币是“通百物之用”的流通手段，“积而不发”则不起作用。因此，他批评囤积钱币的行为非“智者之所为”，要求货币加速流通以“通百物之用”。[④]基于此，叶适提出“通工惠商”，“以国家之力扶持商贾，流通货币”[⑤]的主张。这种重视工商的思想，是当时工商之民要求进一步发展愿望的反映。

不仅如此，叶适还提出应提高工商之民的社会地位。他对传统的“四民勿使杂处”的观念提出不同意见：

> 处士于闲燕，谓学校也；不言学校而言闲燕，是不知学制尔。工必于官府，是使余民艰于器用也。商之市井，农之田野，固不待上之教令矣。

---

① 《终论一》，《水心别集》卷一五，《叶适集》第818页。

② 〔宋〕罗大经：《鹤林玉露》乙编卷一，第127页。

③ 《习学记言序目》卷一九，第273页。

④ 《财计中》，《水心别集》卷二，《叶适集》第660—661页。

⑤ 《习学记言序目》卷一九，第273页。

> 其要欲使四民世为之，其理固当然，而四民古今未有不以世。至于烝进髦士，则古人盖曰无类，虽工商不敢绝也。[①]

孔子主张“有教无类”，叶适则认为工商之民也有接受教育的权利，并通过科举进入士阶层。这与唐代“工商之家不得预于士”的规定相比，显然是代表了历史的进步，也体现了工商之民提升社会地位的要求。

富民思想

“藏富于民”是儒家传统的主张，叶适发展了这一主张，强调许民求富、保民之富，反对政府抑制，甚至为富人辩护。他反对“抑兼并”和行井田制，说：“俗吏见近事，儒者好远谋，故小者欲抑夺兼并之家以宽细民，而大者则欲复古井田之制，使其民皆得其利……夫二说者，其为论虽可通，而皆非有益于当世，为治之道终不在此。”他认为“今俗吏欲抑兼并，破富人以扶贫弱者，意则善矣”，但不应实行，因为“小民之无田者，假田于富人；得田而无以为耕，借资于富人；岁时有急，求于富人；其甚者，庸作奴婢，归于富人；游手末作，俳优伎艺，传食于富人；而又上当官输，杂出无数，吏常有非时之责无以应上命，常取具于富人。然则富人者，州县之本，上下之所赖也。富人为天子养小民，又供上用，虽厚取赢以自封殖，计其勤劳亦略相当矣”。对于豪强恶霸则应当“教戒”或“随时而治之，使之自改则止矣”。叶适认为，作为国家的根基，富人应当受到保护，不容抑制损伤。他主张“儒者复井田之学可罢，而俗吏抑兼并富人之意可损。因时施智，观世立法。诚使制度定于上，十年之后，无甚富甚贫之民，兼并不抑而自已，使天下速得生养之利，此天子与其群臣当汲汲为之”。[②]他反对剥夺富人，“今天下之民不齐久矣，开阖、敛散、轻重之权不一出于上，而富人大贾分而有之，不知其几千百年也，而遽夺之可乎？夺之可也，嫉其自利而欲为国利可乎？”[③]叶适为富人辩护的思想，包括地主、农民和工商业者的整个民众在内，他把富民作为富国的基础，他强调的是国家的整体利益，

---

① 《习学记言序目》卷一二，第167页。

② 《民事下》，《水心别集》卷二，《叶适集》第657页。

③ 《财计上》，《水心别集》卷二，《叶适集》第659页。

“能裕民力，而后可以议进取”。[①]叶适的主张体现了古代富民思想的特征，对传统儒家思想是一个突破。

军事思想

虽然叶适反对“自用兵以外无他画”的单纯用兵观点，但是并不根本反对用兵，因为他清楚，报仇雪耻、恢复故土的大业，必须通过用兵来实现。因而他对军事问题的研究极为深入，并提出了切合实际的兵制改革方案和十分精彩的抗金战略思想。

分兵变法

对于南宋“冗兵”的弊端，叶适评论说：“养兵以自困，多兵以自祸，不用兵以自败，未有甚于本朝者也。”[②]又说：“虽有百万之兵，而不免自贬为至弱之国。”[③]对此深感痛心疾首的叶适进而揭露道：“朝廷以四大兵为命而困民财，四都副统制因之而侵刻兵食，内臣贵幸因之而握制将权，蠹蔽相承，无甚于此。而况不战既久，老成消耗，新补惰偷，堪战之兵十无四五，气势懦弱。”[④]因此，叶适坚决主张改革兵制，建议孝宗“审虑定计，以分四者之兵而变今之法”。[⑤]

所谓“四者之兵”是指边兵、宿卫兵、屯驻兵和州郡兵四种，当时都由国家招募并供应给养。叶适的分兵变法提出改变单纯的募兵制和国家包养制，对四种兵采取不同的募兵和供给制度，即边兵可用屯田和训练边郡民兵来解决，宿卫兵用募兵和训练民兵相结合的办法，作为主力部队的屯驻兵仍实行募兵制并由国家供给，州郡兵也都由民兵替代，这就能大大减轻国家的财政负担，“法行制定，财不足以为大忧而兵可用矣”。[⑥]

除了“分兵”之外，叶适还主张“精兵”，即精简各种兵的数量，实现“兵

① 《廷对》，《水心别集》卷九，《叶适集》第753页。
② 《兵总论二》，《水心别集》卷一一，《叶适集》第782页。
③ 《厢禁军弓手士兵》，《水心别集》卷一二，《叶适集》第785页。
④ 《四屯驻大兵》，《水心别集》卷一二，《叶适集》第784页。
⑤ 《兵总论一》，《水心别集》卷一一，《叶适集》第780页。
⑥ 《兵总论一》，《水心别集》卷一一，《叶适集》第780页。

以少而后强”。他说：“不减宿卫、屯驻之兵，则国力不宽；不减厢禁、弓手、土兵，则州郡之力不宽。”[①]他提出宿卫、屯驻之兵要“一人得一人之用”，“用之必死，谁敢敌者”，厢禁、弓手、土兵等都以民兵代替，“秋冬而教，春夏则否，有警呼召，不用常法”，两方面的冗兵都加以裁减，才能达到“上宽朝廷，下宽州县”的目的。[②]

由募还农

永嘉学者有研究兵制的传统，陈傅良就撰有《历代兵制》专著，主张实行“民有常兵而无常征之劳，国有常备而无聚食之费”[③]的“寓兵于农”的制度。叶适论兵制，从历史上兵、农关系及其影响兵制变化的考察入手，说明古代兵、农未尝分离，北魏实行府兵制后，兵、农开始“判而为二”；至盛唐募兵，兵、农就彻底分离，沿袭至南宋，积弊日深。叶适提出的改革方案是：“今自守其州县者，兵须地着，给田力耕；千里之内，番上宿卫，已有诸御前兵，不可轻改，因其地分募乐耕者以渐归本；边关捍御，尽须耕作，人自为战：三说参用，由募还农，大费既省，守可以固，战可以克。”[④]这一“由募还农”的方案，既将兵农结合，减轻了国家的负担，又保留了一部分招募的主力部队，是切实可行的。

为实现“由募还农”，叶适提出屯田和训练民兵的具体措施，主张将两淮、沿汉等边郡流离失所的百姓集合起来，由政府资助其垦荒屯田，并与建立堡坞为中心的防御体系相结合，使屯田之民“春夏耕种，秋冬入保”，达到兵民共守的目的。他还拟定了训练民兵的计划，并准备将其从边郡推广到内地州郡。叶适在开禧三年（1207）江淮制置使任内就实践了这些措施，充分体现了他的寓兵于农的思想。

此外，叶适还主张用以田养兵来代替以税养兵，“亩四十至百而养一”，这样，“若行之数年，民不耕之田尽取而自耕，可种之山尽取而自种，则天下之赋

---

① 《厢禁军弓手士兵》，《水心别集》卷一二，《叶适集》第786页。

② 《终论二》，《水心别集》卷一五，《叶适集》第820页。

③ 〔宋〕陈傅良：《历代兵制》卷二，《四库全书》本。

④ 《习学记言序目》卷三九，第586页。

皆可减矣。兵养至百万而不饥，税减至三十取一而藏其余，以待凶年及国之移用，如此，则天下始有苏息之望矣”。[①]叶适晚年还具体设计了在温州实现“买田赡军”的方案，[②]虽然它实际上难以实施，但同样体现了叶适宽民力以省养兵之费的主旨。

抗金战略

在金兵大军压境的形势下，叶适逐步形成一套自成特色的抗金战略思想。他认为“谋边规敌，策贵因时”，战略的制订要有“径切的实者用之即验”。[③]他总结历史经验教训，研究现实态势，提出以江北守江，经营两淮沿汉，先守后取，逐步推进，最终收复故土的战略方针。

叶适从孙吴、南朝“以江北守江”的经验和南唐至南宋“以淮守淮，以江守江”而江淮难保的教训中，得出的结论是：“此今世大议论也，未有不知守江淮而犹欲论取中原者也”。[④]这一“今世大议论”具有防御和进攻的双重意义：从防御上看，是以江北守江；从进攻上看，是建立进取中原的桥头堡。因此，作为战略问题，它构成了叶适军事战略思想的核心。

叶适在开禧北伐之初就提出坚守淮汉的建议，可惜未被采纳；建康退敌、制置江淮时，叶适坚持经营江北、两淮的战略，并付诸实践；在嘉定议和后，叶适仍主张“今虏虽已复和，尤当用此策”。此后，蒙古与金连年战争，退居水心村的叶适仍时时关注着宋、金、蒙古之间军事态势的消长，并再次提出：“议和不可，独有守淮。淮非边也，今为边耳……行一守百固之策，自淮为始，画地而守，今岁行之，来岁必收其效。”[⑤]但是腐败的南宋朝廷最终未能实施这一战略。

对于宋金对峙的军力部署，叶适也依据攻防结合的原则进行了精心策划，他提出：“我之当进而置兵者四：兴元一也，襄阳一也，合肥一也，沿海制置司

---

① 《习学记言序目》卷十七，第244页。

② 见《后总》，《水心别集》卷一六。

③ 《习学记言序目》卷三一，第452页。

④ 《习学记言序目》卷二七，第375页。

⑤ 《后总》，《水心别集》卷一六，《叶适集》第846页。

一也。我之当守而置兵者二：建康一也，鄂州一也。当进二置兵，其必进者二：兴元也，襄阳也；其不必进者，则合肥也，沿海制置司也。”[①]这一部署，有后方和前线之分，前线又有必进和不必进之分；进攻的战略方向集中在襄阳、兴元两路：由襄阳出宛、洛，可占据中原；由兴元出秦、凤，可控制西部；掌握了关、洛，可取得“四方响答”的效果。叶适的这番策划，展现了作为军事战略家的宏阔视野。

教育思想

作为杰出的教育家，叶适一生有着丰富的教育实践。他从执教学馆家塾，到出任太学正、太学博士、国子司业等最高学府官员，长期授徒讲学直至晚年；与此同时，他对教育目的、教育内容、教育方法等都有深入的思考和卓越的见解，形成其丰富的教育思想。

造士俊秀

教育的根本目的在于培养人才。处于南宋内忧外患国势下的叶适，特别强调“造士使之俊秀”，[②]“求天下豪杰特起之士，所以恢圣业而共治功”。[③]面对优秀人才的大量缺乏，叶适对当时的人才培养和选拔制度进行了全面而猛烈的抨击。他认为，“古时将欲取士而用之，则必先养之”，但现实却是“取而不养”，“养而不取”。“科举之患极矣”，天下之士，“传写诵习，坐论圣贤，其高者夸天人，语性命”，“人文乖谬，大义不明，无甚于此”；另一方面，“今之学校”则“法度不立，而学为无用”，成为“弃才之地”。[④]叶适主张，改革以经义策论选官的制度，重视太学和州县之学培养人才的作用：

今宜稍重太学，变其故习，无以利诱；择当世之大儒，久于其职，而

① 《终论六》，《水心别集》卷一五，《叶适集》第827页。

② 《学校》，《水心别集》卷一三，《叶适集》第800页。

③ 《制科》，《水心别集》卷一三，《叶适集》第801页。

④ 《士学下》，《水心别集》卷三，《叶适集》第675页。

相与为师友讲习之道，使源流有所自出；其卓然成德者，朝廷官使之为无难矣。而州县之学，宜使考察，上于监司，闻于礼部，达于天子；其卓然成德者，或进于太学，或遂官之。人知由学，而科举之陋稍可洗去；学有本统，而古人文宪庶不坠失。[①]

"人知由学"，"学有本统"，各级学校培养的俊秀之才才能不断涌现。

对于这些俊秀之才，叶适首先提出道义方面的要求，"秉义明道，以此律己，以此化人"。[②]叶适认为，士有自己特殊的社会职能："士在天地间，无他职业，一徇于道，一由于学而已。道有伸有屈，生死之也；学无仕无已，始终之也。集义而行，道之序也；致命而止，学之成也。"[③]行道和为学就是士的全部职责，而教育就要"使天下有羡于为士而无羡于入官"，"盖羡于为士则知义，知义则不待爵而贵，不待禄而富，穷人情之所欲慕者而不足以动其所守之勇"。[④]坚守道德、品格、思想、学问的精神家园，不为爵禄等"人情所欲慕者"所动，这就是俊秀之才的基本要求，也是教育的根本功能。

在给学生的题词中，叶适又对人才提出另一方面的要求："读书不知接统绪，虽多无益也；为文不能关教事，虽工无益也；笃行而不合于大义，虽高无益也；立志而不存于忧世，虽仁无益也。"[⑤]即要求道义要见诸事功，要匡时济世，学问文章、道义践履都要与现实相联系。这与道学家将读书看作上通天理、专力于内省治心的教育思想绝然不同。具体地说，叶适又强调从经史文献中掌握有关治道的知识，要求士子学会兵刑钱谷、簿书法令之类从政的具体技能，并主张能文能武，文武兼资。总之，明道义，有实学，德才兼备，文武双全，大体就是叶适对于培养俊秀之士所提出的要求。

---

① 《学校》，《水心别集》卷一三，《叶适集》第801页。
② 《学校》，《水心别集》卷一三，《叶适集》第800页。
③ 《台州州学三老先生祠堂记》，《水心文集》卷一一，《叶适集》第193页。
④ 《科举》，《水心别集》卷一三，《叶适集》第799页。
⑤ 《赠薛子长》，《水心文集》卷二九，《叶适集》第607页。

明经通史

同道学家的教育以“性命之学”为核心、以《四书》为范本不同，永嘉学派以“经世致用”为核心，其教育内容则经史兼通，并兼及百家艺文。叶适对此有广泛的阐述。

对于儒家经典，叶适自然十分重视，晚年更以治经为主。但他并不将六经看作万古不变的传道典籍，而是将其当作古代文献，具有史的性质。他说：“盖经者所以载治，而非所以为治也。”又说：“盖自伏羲至于孔子而道始存于经，自孔子至于今而其经始明，有能施之于治，殆庶几乎！”[①]这说明经书主要是记载治道的，治国者能参考经书而施治，就已经达到目的了。他还说：“孔子之时，前世之图籍具在，诸侯史官世遵其职，其记载之际博矣，仲尼无不尽观而备考之，故《书》起唐、虞，《诗》止于周，《春秋》著于衰周之后，史体杂出而其义各有属，尧、舜以来，变故悉矣。”[②]即认为《书》《诗》等都可看作史书，只是“史体杂出”，体裁不同而已。这实际上是“六经皆史”说的最早提出。将经典视为历史文献，指出其对于治道的参考作用，而非神圣不可侵犯的教条，这就是叶适经学教育的主要思想。

考订历史，考求历代兴亡成败之理，是永嘉之学的传统，叶适继承发扬了这一传统，并将其作为教育的重要内容。据记载，叶适曾撰有《叶学士唐史钞》《名臣事纂》等史学专著，而《习学记言序目》中论史的篇幅占到一半以上，《水心文集》编年而成，以求“辅史而行”，《水心别集》中亦多论史的内容。可见，史学在叶适著述中占据特别重要的地位。叶适治史，重视历史的古为今用。他说：“不深于古，无以见后；不监于后，无以明前；古今并策，道可复兴，圣人之志也。”[③]又说：“考古虽若无益，而不能知古，则不能知今。”[④]他在著述讲学中就贯彻了这一原则，时时将古代历史同现实的政治、经济、军事等联系起来。知古鉴今，古为今用，成为叶适史学教育的基本原则。叶适又主张经史

① 《总义》，《水心别集》卷五，《叶适集》第694页。

② 《史记》，《水心别集》卷六，《叶适集》第720页。

③ 《习学记言序目》卷一九，第269页。

④ 《财总论一》，《水心别集》卷一一，《叶适集》第770页。

相通，他认为："经，理也；史，事也。《春秋》名经而实史也，专于经则理虚而无证，专于史则事碍而不通。"[①]他反对治经而不治史，也反对离经而专于史，他主张经史兼修，明经通史，这成为叶适教育思想的重要内容。

事功学派崇尚博洽，百家九流均在学习范围之内。叶适强调学重根基，他说："将深于学，必测之古，证之今，上该千世，旁括百家，异流殊方，如出一贯，则枝叶为轻而本根重矣。"[②]他反对道学家废耳目之实而讲道义，说："古人多识前言往行，谓之畜德。近世以心通性达为学，而见闻几废，为其不能畜德也。然可以畜而犹废之，狭而不充，为德之病。"[③]除了见闻广博之外，永嘉学派一向重视文章，叶适更以一代文宗的身份，将讲学与习文结合在一起，在传学的同时又传文。这方面的教育思想和实践下章将有详述。

学以致用

南宋各学派普遍授徒讲学，形成各自不同的教育方法。道学教育以涵养心性为主要的修养方法，提倡静坐，明心见性，朱熹曾主张半日静坐，半日读书，如此一二年，必有进步；心学一派受禅宗影响尤大，教育上力主一个"悟"字，主张不必潜心读书，重在悉心体会，摸索悟处。叶适旗帜鲜明地反对这些唯心主义的教育方式，他说："近世尤偏堕太甚，谓独自内出，不由外入，往往以为一念之功，圣贤可招而致，不知此心之良莠，未可遽以嘉禾自名也。"[④]

针对养性重悟的"偏堕"，叶适特别注重于学。他发挥《论语》"学如不及，犹恐失之"之语说："傅说'始终典于学'，《颂》'学有缉熙于光明'，言学之功用大矣，然未有如此其急；如此其急自孔子始也。时习，节也；如不及，节之峻疾者也；非如不及不足以得之也。"[⑤]强调学习的急切。更重要的是，他从功利主义的根本目标出发，主张学以致用，所谓"无功利则道义者乃无用之虚语耳"。他强调教育要培养俊秀之士，在方法上就要有的放矢，学以致用，要求积

① 《徐德操春秋解序》，《水心文集》卷一二，《叶适集》第221页。

② 《宜黄县修学记》，《水心文集》卷一一，《叶适集》第195页。

③ 《题周子实所录》，《水心文集》卷二九，《叶适集》第603页。

④ 《习学记言序目》卷四四，第645页。

⑤ 《习学记言序目》卷一三，第189页。

实学，讲实用，重耳目之实，尚事物之验，考订典章制度，研究兴亡得失，广兴民生日用之利，光大历代文献之传，乃至文章政事，一艺一能都要学习，而且要灵活运用，毕生实践。这些就是叶适主张和实践的教育方法。此外，在具体的教学中，叶适还注重因材施教，针对不同的学生提出不同的要求；鼓励创新，要求拿出“自家物色”；倡导师友切磋，教学相长。这些也都是叶适教育方法中足资借鉴的内容。

薪火相传

在南宋学者如林的背景下，叶适以其独特的功利主义思想体系，在学林独树一帜，取得与朱熹、陆九渊鼎足而立的地位。在中国思想史上，“义利之辨”从先秦就已开始，但以功利主义为主要特征并形成学派，那只有到南宋才出现。经过几代永嘉学者的努力，叶适集其大成，并构建起较为完整的体系。它以“道在物中”“习学成德”为哲学基础，以义利统一为伦理核心，以批判精神为思想动力，并在政治、经济、军事、教育等诸多领域迸射出夺目的思想火花。这是中国思想史发展中的一个重要信息。著名哲学家冯友兰先生说：“在南宋时期，沿海一带对外贸易很活跃，商人的地位提高了，陈亮、叶适等功利派也发出了重商的言论……这是中国封建社会开始发生动摇的信息。”[①]这一论断提示我们，要从动摇封建社会的高度理解叶适的功利主义思想体系诞生的意义。

由于永嘉学者在庆元党禁中遭受重大打击，由于叶适参与的开禧北伐最终归于失败，因此，当隐居于水心村精心构建其思想体系的叶适大功告成之时，永嘉之学也就暂停了继续发展的脚步。当朱熹的众多弟子终于将理学思想推上统治思想的宝座，叶适的功利主义学派却似乎偃旗息鼓了。“水心之学，至阆风（舒岳祥）师弟后，无复存矣。”[②]另一方面，由于“水心工文，故弟子多流于辞章。”[③]功利学派到南宋末渐趋式微。明初学者王袆慨叹永嘉之学在明初的命运

① 冯友兰：《中国哲学史新编》下卷第六册《绪论》，人民出版社1999年版，第338页。

② 《宋元学案》卷五五《水心学案下》，第1826页。

③ 《宋元学案》卷五四《水心学案上》，第1738页。

道："论者（指理学家）顾谓其说，不皆本于性命，以故近时学者，一切党同伐异，惟徇世取宠之为务，其学遂废而不讲。而不知穿凿性命，穷高极远，徒骛于空言，其将何以涉事耦变，以适世用哉？呜呼！永嘉之学可弗讲乎？"①

薪尽火传。永嘉学派的功利主义思想，到明末清初和晚清时期又两度被重新熊熊点燃，叶适留下的宝贵精神遗产，在中国封建社会后期，一再得以发扬光大。

明清之际

从明代后期至清代初期的明清之际，是中国社会"天崩地解"的大动荡时代，是社会、经济、政治、文化都处于转折之中的关键时期。这一历史的大变革使经世思潮应运而生，而永嘉学派的功利主义思想，无疑是这股经世思潮的重要源头之一，它在浙东学派和顾炎武的思想中表现得尤为突出。

浙东学派主张："经术所以经世"，谈史"足以应务"。这种经世致用的学风，明显是叶适功利主义思想的延续和发展。浙东学派的创始人是明末清初思想家黄宗羲，主要代表人物还有万斯同、全祖望、章学诚等。虽然黄宗羲是明代王守仁心学的传人，但他在新的时代条件下修正了心学，一定程度上复活了南宋事功之学的思想，并将其推向前进。浙东学派的基本特点有三：一是鲜明的反封建专制的启蒙思想，二是兼通经史的学术特色，三是明义利、重工商的经济观念。在这些特点中，都可以明显地看到叶适功利主义思想的影响。

对封建专制主义的批判，是黄宗羲思想的一个鲜明特色，他猛烈抨击封建君主"以为天下利害之权皆出于我，我以天下之利尽归于己，以天下之害尽归于人，亦无不可。使天下之人不敢自私，不敢自利，而我以大私为天下之大公"，"屠毒天下之肝脑，离散天下之子女，以博我一人之产业"，②而这与叶适当年批判君主集权制，揭露封建君主"皆为己富贵，何尝有志于民，以人之命相乘除而我收其利"③的本质如出一辙。当然，叶适还不曾根本否定君主专制，而黄宗羲则尖锐地揭示"为天下之大害者，君而已矣"，并提出"以天下为主，

① 〔明〕王祎：《送顾仲明序》，《王忠文公集》卷三，《四库全书》本。

② 〔清〕黄宗羲：《明夷待访录 · 原君》，《黄宗羲全集》本，浙江古籍出版社1985年版，第2页。

③ 《习学记言序目》卷三八，第563页。

君为客，凡君之毕世而经营者，为天下也”[①]的要求，这已是带有民主主义色彩的启蒙思想了。

浙东学派的学者不但是著名的思想家，而且是杰出的史学家，明经通史是他们的共同特点。黄宗羲提出，学者“必先穷经”，“必兼读史”；全祖望认为，“学必原本于经术而后不为蹈虚，必证明于史籍而后足以应务”；章学诚更明确地揭示出“六经皆史”的命题。这些都与叶适及永嘉学派的学术思想和主张一脉相承。黄宗羲还亲自编撰成第一部大型学术史专著《宋元学案》，全祖望又进而补修，其中对以叶适为首的永嘉学派代表学者一一详列学案，记载其主要观点和学术传承，并给予高度评价，从中也足以见出二者之间的渊源关系。

在经济思想方面，黄宗羲认为，“有生之初，人各自私也，人各自利也”，[②]因而反对事功与仁义分途，主张义利统一；他明确提出“工商皆本”，认为“工固圣王之所欲来，商又使其愿出于途者，盖皆本也”。[③]他认定“商贾”与“力田”一样都是致富的正途，只有民富才能国富，反对国家打着抑兼并的旗号来压制、侵夺富民的财产。在浙东学派的这些经济主张中，也分明可以见到叶适相关经济思想的影子。

明清之际另一位倡导“经世致用”学风的大思想家是顾炎武。这位以提出“天下兴亡，匹夫有责”而著称的思想家，主张“引古筹今，亦吾儒经世之用”。[④]他尖锐批评空谈心性的理学，“昔之清谈谈老庄，今之清谈谈孔孟，未得其精而已遗其粗，未究其本而先辞其末，不习六艺之文，不考百王之典，不综当世之务”，反对“明心见性之空言”，倡导“修己治人之实学”。[⑤]他指出历代政治体制“郡县之失，其专在上”，“今之君人者，尽四海之内为我郡县犹不足也，人人而疑之，事事而制之，科条文簿日多于一日，……而无肯为其民兴一日之利”，[⑥]这与叶适揭露宋代“纪纲以专为患”可谓一脉相承。他肯定叶适批

① 《明夷待访录·原君》，第2页。
② 《明夷待访录·原君》，第2页。
③ 《明夷待访录·财计三》，第41页。
④ 〔清〕顾炎武：《与人书》八，《顾亭林诗文集》，中华书局1959年版，第93页。
⑤ 〔清〕顾炎武：《日知录集释》卷七，上海古籍出版社1985年影印本。
⑥ 《郡县论一》，《顾亭林诗文集》第12页。

评“今天下之官无封建而吏有封建”的观点，进而指出“州县之弊，吏胥窟穴其中，父以是传之子，兄以是传之弟”，“吏胥之害”相当于“养百万虎狼于民间”。[①]他赞同叶适“先宽民力而后可以议进取”的思想和废除经总制钱的主张，谴责兴杂税以害民的罪行。[②]他论兵制也主张寓兵于农，批评明代“判兵与农而二之”和“判军与兵而二之”的弊病；[③]论形势也提出“守淮者不于淮，于徐泗；守江者不于江，于两淮”的战略思想，[④]这更是直接承袭叶适的经验和主张。从以上的对照可以看出，顾炎武的经世致用思想，不少都是在叶适思想的影响下发展而成的。

此外，在同时期的学者中，王夫之对富民观念的大声疾呼，颜元对义利统一的深入阐述，唐甄对君主专制的猛烈抨击，乃至陈子龙等选编的洋洋四百万字阐述各类经世事务的《皇明经世文编》，都可以见到叶适的功利主义思想及其《进卷》《外稿》等名著的直接影响。明清之际经世学者对叶适功利主义思想的竞相推崇，说明叶适的思想遗产，已成为当时经世思潮的一个主要思想来源。

晚清时期

随着康乾盛世的终结，清朝统治由盛转衰，社会矛盾日益尖锐，专制统治日趋腐败，西方列强虎视眈眈，而“由声音文字以求训诂，由训诂以求义理”的“乾嘉汉学”也开始走向衰落和蜕变。从晚清道光、咸丰年间起，经世实学在中国封建社会末期再次蓬勃兴起。

晚清经世实学的复兴，以魏源编著《圣武记》《皇朝经世文编》《海国图志》为标志。他会同林则徐、包世臣、龚自珍等“相与指天画地，规天下大计”，[⑤]并鲜明地提出“师夷长技以制夷”的口号；随后以曾国藩、左宗棠、李鸿章、张之洞为代表的洋务派，掀起了一场以“求强”“求富”为目标的经世运动；接着冯桂芬、郭嵩焘、王韬、薛福成等早期维新派，进而提出学习西方的经济、

① 《郡县论八》，《顾亭林诗文集》第16页。

② 《读宋史陈遘》，《顾亭林诗文集》第112页。

③ 《军制论》，《顾亭林诗文集》第122页。

④ 《形势论》，《顾亭林诗文集》第125页。

⑤ 梁启超：《清代学术概论》，上海古籍出版社2005年版，第64页。

文化和政治制度，深入进行社会变革；而康有为、梁启超领导的维新变法运动，更创立了“不中不西即中即西”的“新学”体系，使传统的经世实学向近代新学转变。[①]晚清的经世实学思潮，都在“经世致用”观念的影响下，注重经世实务的考订和历史经验的汲取，主张改革和变法，都可看作功利主义思想传统在近代特定历史条件下的继承和发扬。维新变法派的主将之一谭嗣同曾明确地表白自己认识的转变过程：

> 来书盛称永嘉，以为可资经世，善哉言乎！往者嗣同请业蔚庐，勉以尽性知天之学，而于永嘉则讥其浅中弱植，用是遂束阁焉。后以遭逢世患，深知揖让不可以退萑苻，空言不可以弭祸乱，则于师训窃有疑焉。夫浙东诸儒，伤社稷阽危，蒸民涂炭，乃蹶然而起，不顾瞀儒曲士之訾短，极言空谈道德性命无补于事，而以崇功利为天下倡。揆其意，盖欲外御胡虏，内除秕政耳。使其道行，则偏安之宋，庶有豸乎？今之时势，不变法则必步宋之后尘，故嗣同于来书之盛称永嘉，深为叹服，亦见足下与我同心也。[②]

永嘉学者“崇功利而为天下倡”的主张，成为清末变法运动的思想渊源，再一次证明了叶适和永嘉之学的深远影响。

晚清温州学者高举永嘉学派的旗帜，发扬叶适功利主义思想，重振务实创新、“以适世变”的精神，成为晚清经世实学的重要组成部分。合称“三孙”的孙氏兄弟、父子，是近代弘扬永嘉之学的功臣。孙衣言（1814—1894）毕生研治永嘉之学，编纂《永嘉丛书》，兴办学塾，建造玉海楼。其弟孙锵鸣（1817—1901）倡导永嘉实学，主张经世改革，大力整理永嘉文献。孙衣言之子孙诒让（1848—1908）继承父志，发扬叶适的创新精神，精研《周礼》《墨子》，开创甲骨文研究，编纂《温州经籍志》，梁启超称其“殿有清一代，光芒万丈”，章太

---

① 参考冯天瑜等《晚清经世实学》结语，上海社会科学院出版社2002年版。

② 〔清〕谭嗣同：《致唐才常》，《谭嗣同全集》（增订本），中华书局1981年版，第529页。

炎则誉其为“三百年绝等双”；晚年，他声援戊戌变法，支持反清革命，广办学堂，提倡新学，兴办实业、商会，以求救国图强。被称为“东南三杰”的陈虬、陈黻宸、宋恕，都是近代著名的改良派思想家。陈虬（1851—1904）著有《治平通议》（包括《治平礼仪》《经世博议》和《救世要义》），最早主张采用西方议会制，并主张改革科举，奖励工商，发展经济；还积极参加“公车上书”活动，创办最早的中医学堂“利济医学堂”。陈黻宸（1859—1917）倡导永嘉经世致用之学，著有《经术大同说》，教导学生“学无中西，惟求是用”。宋恕（1862—1910）早年接受永嘉经世之学，后又受清代实学思想影响，著有《卑议》，主张维新变法。其余如黄绍箕、刘绍宽、黄群、冒广生、林损等学者，也都致力于编纂地方文献，弘扬永嘉学派。要之，叶适代表的永嘉之学，在晚清经世实学盛行的背景下，在其故乡温州不断地得以发扬光大。

从以上简述可以看出，叶适的功利主义思想，确实成为明清之际和晚清时期两次经世实学思潮的重要源头，成为传统的“经世之学”向近代“新学”转变的思想动力。当代学者李泽厚指出：“主要不是宋明理学而是‘经世致用’，给中国近代改革者以思想的传统力量。”[①]从这样的角度出发，就更能准确地理解叶适思想在中国思想史上的地位和影响。因此，当20世纪80年代走在改革开放潮流前列的温州人民，再一次从叶适和永嘉学派的思想遗产中寻求历史传统的力量，也就完全是顺理成章的了。

---

① 李泽厚：《中国古代思想史论》，人民出版社1985年版，第6页。

第八章　诗坛领军　一代文宗

除了在思想学术领域的贡献之外，叶适在南宋中后期文坛上也具有重要影响，他的文学成就一直被思想学术成就所掩盖。叶适为“永嘉四灵”的宗师，他标举“四灵诗派”，引领江湖诗风，是南宋后期诗坛潮流的领军人物。他自己的诗歌创作虽难称大家，但也有自己的独特追求和特色。叶适在散文创作上的成就尤为突出，继承了北宋欧、苏诸大家的优良传统，并有所开拓创新，集乾道、淳熙宋文中兴之大成，在当时就被公认为“一代文宗”。他集永嘉“学宗”和“文宗”于一身，在传学的同时传文，开启了传承有序的“永嘉文派”。

“四灵”宗师

在宋代诗歌史上，叶适的名字是和“永嘉四灵”紧紧联结在一起的。《宋诗史》称：“四灵皆师事永嘉学派巨子叶适，四灵诗在诗坛的地位和影响的提升，也是‘水心广纳后辈，颇加称奖’的直接后果。”[①]但也有学者认为，“四灵”并非都是叶适的弟子，“叶适在文章中只提到徐玑是自己的学生，对其余三人均未言及是自己门人”。[②]叶适和“永嘉四灵”的关系究竟如何？“四灵”究竟是否叶适的弟子？这是首先必须考述清楚的。

---

① 许总：《宋诗史》第六编第一章，重庆出版社1997年版，第788页。

② 周梦江：《叶适与永嘉学派》第十八章《叶适门人考略》，第272页。

“四灵”是指南宋中后期永嘉地区四位志同道合的诗友，由于其字号中都有一个“灵”字，遂被合称为“永嘉四灵”。他们是：徐照（？—1211）字道晖，又字灵晖，著有《芳兰轩集》；徐玑（1162—1214）字文渊，又字致中，号灵渊，著有《二薇亭集》；赵师秀（1170—1220）字紫芝，号灵秀，著有《清苑斋诗集》；翁卷（生卒年待考，“四灵”中最后卒）字续古，又字灵舒，著有《西岩集》。他们是叶适的同时代人，年岁略小于叶适，但徐照、徐玑、赵师秀均逝于叶适之前。其中徐照和翁卷终身布衣，徐玑和赵师秀虽然入仕，但均官职卑微。

嘉定四年（1211），“四灵”中的徐照最早去世，叶适为作《徐道晖墓志铭》，首次将四人并列“同为唐诗者”，称道徐照：“有诗数百，斫思尤奇，皆横绝欻起，冰悬雪跨，使读者变踔憀栗，肯首吟叹不自已；然无异语，皆人所知也，人不能道耳。”并称其“发今人未悟之机，回百年已废之学，使后复言唐诗自君始，不亦词人墨卿之一快也！”[①]对徐照在复兴唐诗中的作用，作了很高的评价。此前，叶适还曾有《徐师广行家集定价三百》诗云：“徐照名齐贾浪仙，未多诗卷少人看。惜钱嫌贵不催买，忽到鸡林要倍难。”又有《薛景石兄弟问诗于徐道晖请使行质以子钱畀之》诗称：“弹丸旧是吟边物，珠走钱流义自通。认得徐家生活句，新来栏典讳诗穷。”[②]揭示了徐照与晚唐贾岛齐名的创作特色。

徐玑是“四灵”中叶适为之作文最多的一位。《水心文集》中有《赠徐灵渊》诗和《送徐致中序》，都是论其书法之作；又有《菊花开送徐灵渊》，为送别之诗。[③]嘉定七年（1214），徐玑去世，叶适为作《徐灵渊挽词》和《祭徐灵渊文》，[④]次年又作《徐文渊墓志铭》，称：“初，唐诗废久，君与其友徐照、翁卷、赵师秀议曰：‘昔人以浮声切响、单字只句计巧拙，盖风骚之至精也。近世乃连篇累牍，汗漫而无禁，岂能名家哉！’四人之语遂极其工，而唐诗由此复行矣。”这里再次并举“四灵”，并肯定“唐诗由此复行”。文章还说：“君与余游

① 《徐道晖墓志铭》，《水心文集》卷一七，《叶适集》第321—322页。

② 二诗见《水心文集》卷八，《叶适集》第135页。

③ 分别见《水心文集》卷七、补遗、卷八，《叶适集》第99、621、115页。

④ 分别见《水心文集》卷七、卷二八，《叶适集》第100、579页。

最早，余衰甚，朋曹益落。君将请于朝，弃长泰终从余，未及而死。”[①]可见徐玑早从叶适学，晚年又拟辞县令之职从侍叶适，直至逝世。

叶适与赵师秀之间也有交往的记录。赵著《清苑斋诗集》中有《叶侍郎送红芍药》诗云：“雕栏迎夏发奇葩，不拟分来野客家。自洗铜瓶插欹侧，暂令书卷识奢华。旧游尚忆扬州梦，丽句难同谢朓夸。应被花嗔少风味，午窗相对一杯茶。”[②]叶、赵二人间送花吟诗，忆旧品句，颇具情趣，但叶适似未专门论及赵师秀。在赵去世后，叶适作《题刘潜夫南岳诗稿》称：“往岁徐道晖诸人，摆落近世诗律，敛情约性，因狭出奇，合于唐人，夸所未有，皆自号四灵云……今四灵丧其三矣，冢巨沦没，纷唱迭吟，无复第叙。”[③]这也是叶适明确揭示其“自号四灵”的记载。

关于翁卷，叶适曾为其《西岩集》作序称：“适时就甥馆，往来棠阴柳市间，知声韵之学，翁氏世业也，以故人人能诗，而灵舒、常子两先生特著。……若灵舒则自吐性情，靡所依傍，伸纸疾书，意尽而止。乃读者或疑其易近率、淡近浅，不知诗道之坏，每坏于伪，坏于险。伪则遁之而窃焉，险则幽之而鬼焉。故救伪以真，救险以简，理也，亦势也。能愈率则愈真，能愈浅则愈简，意在笔先，味在句外，斯以上下三百篇为无疚尔。”[④]则叶适对翁氏家世颇为熟悉，也十分欣赏翁卷“自吐性情”的创作特色。

叶适在分别称扬“四灵”创作特色的基础上，还编选了一部《四灵诗选》，将四人的代表作汇于一帙。可惜这部《四灵诗选》早已佚失，而在江湖诗人许棐的《融春小编》中，载有其所作的《跋四灵诗选》：

蓝田种种玉，檐林片片香。然玉不择则不纯，香不简则不妙，水心所以选四灵诗也。选非不多，文伯犹以为略，复有加焉。呜呼！斯五百篇出

① 《徐文渊墓志铭》，《水心文集》卷二一，《叶适集》第410页。徐玑晚年曾被授长泰县令。

② 〔宋〕赵师秀：《清苑斋诗集》，《四库全书》本。

③ 《题刘潜夫南岳诗稿》，《水心文集》卷二九，《叶适集》第611页。

④ 〔宋〕翁卷：《西岩集》卷首，《四库全书》本。此序为《水心文集》所失载。又宋末学者黄震所著《黄氏日抄》卷《读水心文集》中，还载有《翁灵舒诗集序》的节文，与此文全不同，见《水心文集》补遗，《叶适集》第622页，待考。

自天成，归于神识，多而不滥，玉之纯、香之妙者欤？芸居不私宝，刊遗天下后世，学者爱之重之。[①]

从中可知，《四灵诗选》共选诗五百首，叶适择纯简妙，书商陈起（芸居）“刊遗天下”，是为了将这些“出自天成，归于神识”的精品作为典范，以广流传。

综合上述材料，说“四灵”均为水心弟子，确实不够准确，因为除徐玑外，另外三位诗人与叶适并无明确的师生关系。但叶适确是“四灵”诗歌创作最早的关注者，确是“四灵”诗作晚唐特色的揭示者，确是“四灵”合称的标举者，也确是“四灵”诗集的编选者。因此，作为“四灵”的师长辈，说叶适为整个“四灵诗派”的宗师或许更为确切。

除此之外，在“四灵”前后的另两位永嘉诗人潘柽和薛师石，也颇受叶适的关注。

潘柽（生卒不详）字德久，号转庵，在南宋诗坛上颇有影响，与陆游、姜夔等为友。潘柽与叶适交好，叶适曾为其《转庵诗集》作序称：“德久年十五六，诗律已就，永嘉言诗，皆本德久。读书评文，得古人深处。”[②]潘柽诗已显示出晚唐风习，叶适对其评价极高，在《周会卿诗序》中又载：“德久漫浪江湖，吟号不择地，故所至有声。”[③]《水心文集》中还有《送潘德久》诗。潘柽去世后，叶适为作《诗悼路钤舍人德久潘公》七绝三首。诗云：“诗人冥漠去何许，花鸟相宽不作愁。耆旧只今新语少，九原唤起韦苏州。”“风骚阃域自难亲，随世声名未必真。更远更疏应不在，山谣水语记精神。”“忆昔论诗不自镌，上规《雅》《颂》复谁先。此弦合为何人绝，重抚遗编一慨然。”[④]表达了对这位永嘉诗人的深切怀念。

薛师石（1178—1228）字景石，号瓜庐翁，终身隐居不仕，萧闲散淡，筑

---

①〔宋〕许棐：《融春小编》，《江湖小集》卷七六，《四库全书》本。

② 此为《水心文集》佚文，见韦居安《梅涧诗话》卷中引，《历代诗话续编》，中华书局1983年点校本，第552页。

③《周会卿诗序》，《水心文集》卷一二，《叶适集》第212页。

④ 分别见《水心文集》卷八，《叶适集》第113、125页。

室会昌湖西，题曰“瓜庐”，人称“晋宋人也”。他曾与兄师旦刻薛季宣《浪语集》传世。叶适曾为其曾祖薛弼铭墓，还应邀访问瓜庐，薛氏有《水心先生惠顾瓜庐》诗记其事。诗云：“未成三径已荒芜，劳动先生枉棹过。数朵葵榴发深愧，一池鸥鹭避前呵。路通矮屋惟添草，桥压扁舟半没河。再见缁帷访渔父，却无渔父听清歌。”[①]状写瓜庐生活，极为传神。薛氏与“四灵”来往密切，“四灵”均有《留题奉赠薛景石瓜庐》诗。后叶适门人赵汝回为薛氏《瓜庐集》作序称：“永嘉徐照、翁卷、徐玑、赵师秀乃始以开元、元和作者自命，治择平练，字字玉响，杂之姚、贾中，人不能辨也。水心先生既啧啧叹赏之，于是‘四灵’之名，天下莫不闻。而瓜庐翁薛景石每与聚吟，独主古淡，融狭为广，夷缕为素，神悟意到，自然清空，如秋天迥洁，风过而成声，云出而成文。间谓：‘四灵君为姚、贾，吾于陶、谢、韦、杜何如也？’”[②]文中一则点明“四灵”依靠叶适“叹赏”闻名于世，一则也揭示了薛氏不同于“四灵”的创作主张和风貌。曹豳《薛瓜庐诗跋》云：“瓜庐诗，则清而又清，淡而益淡，自成一家，不入四灵队也……此水心先生之所称赏而诸灵之所推逊，而待以别席也。”[③]

叶适与“四灵”及永嘉诗人的交往说明，他一向关注着诗坛风会的演变，敏锐地揭举出“四灵”这一以晚唐贾岛为旗帜的创作流派，并予以积极的鼓励和称扬。诚如宋末元初诗人方回所云：“水心以文知名，拔四灵为再兴唐诗者。”[④]他作为“四灵诗派”和永嘉诗坛的宗师，是名副其实的。

诗坛领军

由叶适与“四灵”关系的考辨，我们再深入一步，更全面地考察叶适的诗论观点，它主要包括以下三个方面：

---

① 〔宋〕薛师石：《瓜庐集》，《四库全书》本。

② 《瓜庐集序》，《瓜庐集》卷首。

③ 《薛瓜庐诗跋》，《瓜庐集》卷末。

④ 〔元〕方回：《瀛奎律髓》卷二三叶适《西山》诗评，上海古籍出版社1986年点校本，第985页。

其一是主张“尊古而不陋今”。叶适在《习学记言序目》中总结古诗之后的诗歌发展称：

> 后世诗，《文选》集诗通为一家，陶潜、杜甫、李白、韦应物、韩愈、欧阳修、王安石、苏轼各自为家，唐诗通为一家，黄庭坚及江西诗通为一家。人或自谓知古诗，而不能知后世诗，或自谓知后世诗，而不能知古诗，及其皆知，而辞之所至皆不类，则皆非也。①

其中除陶潜等八位大家“各自为家”外，叶适将六朝诗、唐诗、江西诗三个阶段分别“通为一家”，肯定其各不相同的风貌。他还批评韩愈“魏晋以来无善鸣者”的观点“则尊古而陋今太过”，又批评韩愈称赞的孟郊诗“寒苦孤特，自鸣其私，刻深刺骨，何足以继古人之统？”②而叶适崇尚的“古人之统”，仍是儒家“诗教”之统。他在《黄文叔诗说序》中说：

> 自文字以来，《诗》最先立教，而文、武、周公用之尤详。以其治考之，人和之感，至于与天同德者，盖已教之《诗》，性情益明，而既明之性，诗歌不异故也。及教衰性蔽，而《雅》《颂》已先息，又甚则《风》《谣》亦尽矣。……公于《诗》，尊叙伦纪，致忠达敬，笃信古文，旁录众善，博厚惨怛而无迂重之累，缉绪悠久而有新美之益，仁政举而应事肤锐，王制定而随时张弛，然则性情不蔽而《诗》之教可以复明，公其有志于是欤！③

可见，“复明”诗教仍是叶适论诗的立足点，但他同时又充分肯定历代诗歌发展中特色鲜明的变革。所谓“各自为家”和“通为一家”，这两者的结合，便成为叶适诗论的基本出发点。

---

① 《习学记言序目》卷四七，第701页。
② 《习学记言序目》卷四七，第701页。
③ 《黄文叔诗说序》，《水心文集》卷一二，《叶适集》第215—216页。

其二是斥宋宗唐，标举晚唐以纠江西之弊。叶适生当江西诗派流弊泛滥的南宋中后期，他考察了这一流派的发展趋向，在《徐斯远文集序》中提出：

庆历、嘉祐以来，天下以杜甫为师，始黜唐人之学，而江西宗派章焉。然而格有高下，技有工拙，趣有浅深，材有大小，以夫汗漫广莫，徒枵然从之而不足充其所求，曾不如脰鸣吻决，出豪芒之奇，可以运转而无极也。故近岁学者，已复稍趋于唐而有获焉。曷若斯远淹玩众作，凌暴偃蹇，情瘦而意润，貌枯而神泽，既能下陋唐人，方于宗派，斯又过之。①

他注意到江西诗派中格、技、趣、材的区别和由此造成的末流弊端，并敏锐地觉察到“近岁”诗坛“复稍趋于唐”的趋势。叶适还由排斥江西诗派而及于其远祖杜甫和北宋大家，其《习学记言序目》论五七言律诗称：“杜甫强作近体，以功力气势掩夺众作，然当时为律诗者不服，甚或绝口不道。至本朝初年，律诗大坏，王安石、黄庭坚欲兼用二体擅其所长，然终不能庶几唐人；苏氏但谓七言之伟丽者，则失之尤甚，盖不考源流所自来，姑因其已成者貌似求之耳。”②另一方面，叶适又在杨万里倡导“晚唐异味”③的基础上，更加鲜明地标举晚唐诗风。他揭举这种唐诗的特色称：

夫束字十余，五色彰施，而律吕相命，岂易工哉！故善为是者，取成于心，寄妍于物，融会一法，涵受万象，狶苓、桔梗，时而为帝，无不按节赴之，君尊臣卑，宾顺主穆，如丸投区，矢破的，此唐人之精也。然厌之者，谓其纤碎而害道，淫肆而乱雅，至于廷设九奏，广袖大舞，而反以浮响疑宫商，布缕缪组绣，则失其所以为诗矣。然则发今人未悟之机，回

① 《徐斯远文集序》，《水心文集》卷一二，《叶适集》第214页。

② 《习学记言序目》卷四七，第705页。

③〔宋〕杨万里：《读笠泽丛书》：“笠泽诗名千载香，一回一读断人肠。晚唐异味谁同赏，近日诗人轻晚唐。”《诚斋集》卷二七，《四部丛刊》本。

百年已废之学，使后复言唐诗自君始，不亦词人墨卿之一快也！[①]

这里的唐诗，实质就是指晚唐诗。叶适认为，晚唐诗风的复归，正可以纠正和超越江西诗的流弊。他又在《王木叔诗序》中说：

木叔不喜唐诗，谓其格卑而气弱，近岁唐诗方盛行，闻者皆以为疑。夫争妍斗巧，极外物之变态，唐人所长也；反求于内，不足以定其志之所止，唐人所短也。木叔之评，其可忽诸！[②]

这里则明确揭示了晚唐诗和宋诗的区别，并指明“唐诗方盛行”的诗坛趋向。

其三是主张进而超越晚唐，指出向上一路。叶适称扬“四灵”，标举晚唐，其实他还有更高的追求和目标。早在《徐道晖墓志铭》一文中充分肯定其复兴唐诗的功绩后，他又惋惜地说：“惜其不尚以年，不及臻乎开元、元和之盛。”[③]表明了以“开元、元和之盛”为最高目标的取向。他后来又在《题刘潜夫南岳诗稿》中说：

昔谢显道谓“陶冶尘思，模写物态，曾不如颜、谢、徐、庾留连光景之诗”。此论既行，而诗因以废矣。悲夫！潜夫以谢公所薄者自鉴，而进于古人不已，参《雅》《颂》，轶《风》《骚》可也，何必四灵哉！[④]

这更是明显鼓励后学超越“四灵”、超越晚唐，攀上诗歌创作更高的境界。叶适弟子吴子良说：“此跋既出，为唐律者颇怨，而后人不知，反以为水心崇尚晚唐者，误也！”[⑤]这就更指明了叶适对于晚唐诗风既标举称扬，又要求超越的根本

① 《徐道晖墓志铭》，《水心文集》卷一七，《叶适集》第321—322页。

② 《王木叔诗序》，《水心文集》卷一二，《叶适集》第221页。

③ 《徐道晖墓志铭》，《水心文集》卷一七，《叶适集》第322页。

④ 《题刘潜夫南岳诗稿》，《水心文集》卷二九，《叶适集》第611页。

⑤ 《荆溪林下偶谈》卷四。

宗旨，这与他“尊古而不陋今”的诗论出发点也正是相一致的。

从叶适对“四灵诗派”的推奖和他的全部诗论着眼，在宋诗演进过程中，叶适是南宋诗风转折时期的一位关键人物，而要认识叶适在宋诗发展中的地位，则要从宋诗的整个演变过程进行考察。

受到唐诗辉煌成就的影响，北宋初期六十年间的诗坛，仍延续着唐代诗风尤其是晚唐诗风。这期间，出现了以王禹偁、徐铉为代表的效法白居易的“白体”，以杨亿、刘筠、钱惟演为代表的师承李商隐的“西昆体”和林逋、魏野、寇准等宗法贾岛的“晚唐体”。这些流派的形成和发展，都蕴蓄着宋诗趋变的因素。

具有独特风貌的“宋调”，产生于以欧阳修、梅尧臣、苏舜钦为代表的北宋诗歌复古运动之中。儒家政教诗学的复苏和士大夫政治意识的强化，再加上诗歌议论化、理性化的日趋成熟，使宋诗从价值取向到艺术风格发生根本性的转变，“宋调”取代“唐音”成为诗坛主流。

北宋后期，宋诗发展进入第一次高峰，大家辈出，个性鲜明，“王介甫以工，苏子瞻以新，黄鲁直以奇”，[①]苏轼尤以高扬的主体心灵和独特的艺术个性，攀上宋诗艺术的最高峰。成员众多的“苏门”诗人群，产生出杰出的代表黄庭坚和陈师道，他们都从苏轼的主体精神出发，或侧重于诗律的规范，或着意于内心的体验，形成各自的特色。

南渡前后，众多中小诗人追步黄、陈诗歌的规范法式，凝聚成阵容庞大的江西诗派，主宰诗坛六十年，影响深远。江西诗派以创作规范的细密和完善并趋于模式化，显示出宋诗的典型特征，但其末流则日趋固定和僵化，诗人眼界狭小，创作个性消释。江西诗派的后期代表吕本中、曾幾、陈与义，关注时代精神，倡导“活法”，促使诗风清新活泼，预示着诗坛的再次变革。

南宋中期诗坛的中兴，以陆游、范成大、杨万里为标志。三家均出自江西诗派，但又都努力突破其藩篱，走向现实，走向自然。陆游慷慨激昂的爱国情怀的强烈抒发，范成大对现实的多方观照和对田园境界的开拓，杨万里对自然

---

① 〔宋〕陈师道：《后山诗话》，《历代诗话》，中华书局1981年点校本，第306页。

景物的心仪神会和对晚唐诗风的提倡，都使宋诗艺术登上又一个高峰。

随着南宋后期国势日衰，中兴大家的诗风难以维系，“永嘉四灵”开始登上诗坛。“四灵”诗与江西诗完全对立：江西诗宗法杜甫，诋毁晚唐，“四灵”则抛弃杜甫，崇尚贾岛、姚合；江西诗主张“资书以为诗”，“四灵”则主张“捐书以为诗”；江西诗要求“无一字无来处”，“四灵”则要求“诗句多于马上成”；江西诗着意生硬拗折，“四灵”则讲究浮声切响。“四灵”对江西诗风的彻底反拨，竭力复归晚唐，成为宋诗发展中的一次重要变革，而引领这一变革的，正是大力推举“四灵”的叶适。[①]

“四灵”之后，沿袭晚唐诗风的诗人大量涌现，王绰《薛瓜庐墓志铭》称：“永嘉之作唐诗者，首四灵，继灵之后则有刘咏道、戴文子、张直翁、潘幼明、赵几道、刘成道、卢次夔、赵叔鲁、赵端行、陈叔方者作，继诸家之后，又有徐太古、陈居端、胡象德、高竹友之徒，风流相沿，用意益笃，永嘉视昔之江西，几似矣，岂不盛哉！”[②]“四灵诗派”俨然成为诗坛的主流。

不仅如此，“四灵诗派”还直接衍生出其后的“江湖诗派”。以《江湖小集》的刊印为标志的江湖诗派，主要由遁迹江湖的平民诗人组成，并主要沿袭了晚唐诗风。清人全祖望云：“嘉定以后，《江湖小集》盛行，多四灵之徒也。”[③]严羽则称：“江湖诗人多效其体，一时自谓之唐宗。”[④]江湖诗派阵容强大，成员庞杂，风格也趋于多样。值得注意的是，其中创作最多、名声最大的诗人刘克庄（1187—1269），其前期创作，曾直接受到叶适的鼓励和指点。叶适曾说：“克庄始创为诗，字一偶，对一联，必警切深稳，人人咏重。”[⑤]他又有《题刘潜夫南岳诗稿》云：

往岁徐道晖诸人，摆落近世诗律，敛情约性，因狭出奇，合于唐人，

---

① 参考许总《宋诗史》。

② 《薛瓜庐墓志铭》，《瓜庐集》卷末。

③ 〔清〕全祖望：《宋诗纪事序》，《宋诗纪事》卷首，上海古籍出版社1983年版。

④ 〔宋〕严羽著，郭绍虞校释：《沧浪诗话·诗辨》，《沧浪诗话校释》，人民文学出版社1983年点校本，第27页。

⑤ 《跋刘克逊诗》，《水心文集》卷二九，《叶适集》第613页。

> 夸所未有，皆自号四灵云。于时刘潜夫年甚少，刻琢精丽，语特惊俗，不甘为雁行比也。今四灵丧其三矣，冢巨沦没，纷唱迭吟，无复第叙。而潜夫思益新，句愈工，涉历老练，布置阔远，建大将旗鼓，非子孰当！[①]

这段论述将三十余岁的刘克庄与“四灵”并论，精要概括了“四灵”的特点，更指出“四灵”之后刘氏将超越“四灵”“建大将旗鼓”的发展势头。叶适同时又有《题刘潜夫诗什并以将行》诗云：“寄来南岳第三稿，穿尽遗珠簇尽花。几度惊教祝融泣，一齐传与尉佗夸。龙鸣自满空中韵，凤味都无巧后哇。庾信不留何逊往，评君应得当行家。”[②]同样是热情的称道和鼓励。因而刘克庄后来成为江湖诗派的支柱，与叶适早年的称扬有着密切的关系。

由上述对宋诗演变过程的考察来看，南宋后期诗坛上，无论是对“四灵诗派”的标举和称奖，还是对“江湖”大家刘克庄的发现和鼓励；无论是对江西诗风的反拨和超越，还是对江湖诗风的影响和引领，作为文坛前辈的叶适，都起着不可替代的作用，将其称为引领南宋后期诗歌潮流的诗坛领军人物，应是恰如其分的。从这个意义上说，在宋诗发展进程中，叶适无疑应占有重要一席。

诗作平议

领军南宋后期诗坛的叶适，不仅是位诗论家，同时也是位诗人。然而，叶适的诗歌创作，在宋诗中一直评价不甚高，钱锺书先生所撰《宋诗选注》，在选注“四灵”的同时，却未选叶适的诗作，并阐释道：

> 他号称宋儒里对诗文最讲究的人，可是他的诗竭力练字琢句，而语气不贯，意思不达，不及“四灵”还有那么一点点灵秀的意致。所以，他尽管是位“大儒”，却并不能跟小诗人排列在一起；这仿佛麻雀虽然是个小鸟

---

① 《题刘潜夫南岳诗稿》，《水心文集》卷二九，《叶适集》第611页。

② 《题刘潜夫诗什并以将行》，《水心文集》卷八，《叶适集》第121页。

儿，飞得既不高又不远，终不失为飞禽，而那庞然昂然的鸵鸟，力气很大，也生了一对翅膀，可是绝不会腾空离地，只好让它跟善走的动物赛跑去吧。①

钱先生选注宋诗，高屋建瓴，别具只眼，洵为大家，但他对“大儒”似十分鄙视，所论不免尖刻，“鸵鸟”之喻则尤显刻薄。其实，今人对叶适全部诗作的研究尚不充分，结论亦有片面之处。

叶适晚年曾在《题周简之文集》中回忆早年学诗经历说：

颇记十五六，长老诘何业，以近作献，则笑曰：“此外学也。吾怜汝穷不自活，几稍进于时文尔。夫外学，乃致穷之道也。”余愧，诗即弃去，然时文亦不能精也。故自余辈行累数十百人，皆得大名，登显仕，而终不以文称。②

叶适少时弃去作为“外学”的诗歌，而以时文“得大名，登显仕”，其主要精力用于入仕和讲学，故早期未曾潜心诗艺，所作不多，亦不精，“终不以文称”。他的自述颇见自知之明，也是符合实情的。但自退居水心村后，叶适在勉力治学撰文的同时，关注诗坛风会，奖拔后辈诗人，同时实践自己的论诗主张，所作数量增多，也颇有可观之处。

《水心文集》存诗三卷共三百八十余首，计古诗一百五十余首，五律九十余首，七律近五十首，七绝九十首，其中晚年之作约占三分之二。全部诗作中，送别诗和挽诗的数量几近一半，说明“人事”仍是叶适关注的重点，这与他作文追求“辅史而行”的出发点是相通的。因此，叶适诗中纯粹写景抒情、吟风弄月的作品相对较少，而关涉友朋故人、劝勉忆旧的内容则较多。

叶适早年任职平江的一组诗作，包括《超然堂》《灵岩》《葑门》《齐天楼》

① 钱锺书：《宋诗选注》，人民文学出版社1982年版，第248页。

② 《题周简之文集》，《水心文集》卷二九，《叶适集》第611—612页。

《虎丘》《北斋二首》《题椿桂堂》等约十首，均为五言、七言古体诗。这些作品记录了初入仕途的叶适在平江的生活和感受，留下这一段生活的痕迹，颇有史料价值，但它们确有“练字琢句，而语气不贯，意思不达”的弊病。如《葑门》诗前半段云：“遗墨固藏神，希圣非立我；断后则无前，实右即虚左。品定赋纤洪，义明分勇懦；端木语卫文，洙、泗皆卿佐。孔子叙夷、齐，后进尚嵬琐；从来一大事，几作鸿毛荷。知非言所及，结网鱼受课……”[①]读来佶屈聱牙，晦涩难明，多发议论，多用典故，难觅诗意，确实算不上成功的作品。

怀着对永嘉故土的深厚感情，描绘永嘉风土人情的诗篇在叶适诗作中有相当数量，如《永嘉端午行》《鹿鸣宴诗》《端午思远楼小集》《会昌观小集呈坐上诸文友》《端午行》《西山》《看柑》《水心即事六首》《橘枝词三首记永嘉风土》《题学海楼》《建会昌桥》《元夕立春喜晴于是郡人久不出矣》等。它们或记风土民俗，或记地理物产，或发登临之感，或抒会友之情，饱含乡土色彩，充满真情实感，是叶适作品中值得玩味的珍品。

“四灵诗派”追随晚唐贾岛、姚合，作诗以五言律诗为主要体裁。叶适虽也有不少五律之作，但赠送和哀挽题材占到绝大部分，能体现晚唐诗风的作品实在不多。方回《瀛奎律髓》选叶适诗仅《西山》一首：

> 对面吴桥港，西山第一家。
> 有林皆橘树，无水不荷花。
> 竹下晴垂钓，松间雨试茶。
> 更瞻东挂彩，空翠杂朝霞。

方回评曰：“水心以文知名，拔四灵为再兴唐诗者。而其所自为诗，恐未尝深加意，五言律如此者少。”[②]叶适其他五律可观的尚有如《宿觉庵》《赠卢次夔》：

---

① 《葑门》，《水心文集》卷六，《叶适集》第39页。

② 《瀛奎律髓汇评》卷二三，第985页。

宿觉名未谢，残山今尚存。
暂开云外宅，不闭雨中门。
麦熟僧常饿，茶枯客谩吞。
荒凉自有趣，衰病遣谁言？

家住东郊深，能诗人共寻。
冰梭间道锦，玉轸断文琴。
城漏宵添滴，窗花昼减阴。
新凉白头句，清甚费悲吟。①

二诗虽略有荒寂苦吟的风味，但缺少灵动巧妙的诗思。因而，方回所论虽不免苛严，但大体还是符合实际的。

其实，叶适七言近体中倒颇有可观之作。如《无相寺道中》：

傍水人家柳十余，靠山亭子菊千株。
竹鸡露啄堪幽伴，芦菔风干待岁除。
与仆抱樵趋绝涧，随僧寻磬礼精庐。
不知身外谁为主，更觉求名计转疏。②

虽用语稍显雕琢，却颇具意境和哲思。而前引《水心即事六首》和《橘枝词三首记永嘉风土》两组七绝，也写得生机盎然，诗句也畅达流动。

叶适诗作最值得注意的其实不在近体，而是他的古体，尤其是晚年的百余首古体诗作。叶适弟子吴子良《荆溪林下偶谈》中有一节专论“水心诗”云：

---

① 两诗分见《水心文集》卷七，《叶适集》第96、105页。
② 《无相寺道中》，《水心文集》卷八，《叶适集》第113页。

> 水心诗早已精严，晚尤高远，古调好为七言八句，语不多而味甚长。其间与少陵争衡者非一，而义理尤过之，难以全篇概举，姑举其近体成联者："花传春色枝枝到，雨递秋声点点分"，此分量不同，周匝无际也；"江当阔处水新涨，春到极头花倍添"，此地位已到，功力倍进也；"万卉有情风暖后，一筇无伴月明边"，此惠和夷清气象也；"包容花竹春留巻，谢遣蒲荷雪满涯"，此阳舒阴惨规模也；"隔垣孤响度，别井暗泉通"，此感通处无限断也；"举世声中动，浮生胥带来"，此真实处非安排也；"峙岩桥畔船辞柁，冷水观边花发枝"，此往而复来也；"有儿有女后应好，同穴同时令奈何"，此哀而不伤也；"此日深探应彻底，他时直上自摩空"，此高下本一体，特有等级也；"蓍祭羲前识，萧韶舜后音"，此古今同一机，初无起止也：所谓关于义理者如此，虽少陵未必能追攀。至于"因上岧峣览吴越，遂从开辟数羲皇"，此等境界，此等襟度，想象无穷极，则惟子美能之。他如"驿梅吹冻蕊，柁雨送春声""绿围齐长柳，红糁半含桃""听鸡催谒驾，立马待紬诗""野影晨迷树，天文夜照城""晒书天象切，浴砚海光翻""地深湘渚浪，天远桂阳城"，置杜集中何以别？乃若"遣腊冰千箸，勾春柳一丝""燐迷王弼宅，蒿长孟郊坟""帆色挂晓月，橹音穿夕烟""门邀百客醉，囊讳一金存""难招古渡外，空老夕阳滨"，又特其细者。①

作为水心传人，吴子良的评价不免多溢美之词，他摘出水心"近体成联者"二十余例，来证明其"精严"，并欲"与少陵争衡"，实在是言过其实，但他强调叶适作诗"晚尤高远，古调好为七言八句，语不多而味甚长"，确是言人所未言，值得充分重视。

吴氏所谓七言八句的"古调"，叶适所作有三十余首，下举《露星亭》《送巩仲同》二首为例：

> 斗杓点翠为此城，四郊环拱来遥青。

① 《荆溪林下偶谈》卷四。

知君欲览众山小，取砖磨就天上亭。
身心合于高处著，万象不语森凑泊。
古今月色递浅深，志士可惜虚光阴。

花溪初逢日苦短，橘洲重寻意更长。
天催鹈鸪玉楼去，漱流不并龙洲旁。
春风忽高行旆起，酒尽何如添野水。
古来交契看老时，与公安得轻别离。[①]

前者想象奇特，感慨遥深，后者场景跳跃，情谊真挚，确有“语不多而味甚长”的特点。

但叶适的“古调”还颇有长篇歌行，如《剡溪舟中》云：

浙江大浪如履空，镜湖挟天雨复风。
我行独到勾践国，寒溪一溜蜿蜒通。
蛰龙已卧潭谷底，湿萤不照蒲苇丛。
山林卑陋无栝柏，霸气埋没惟蒿蓬。
是时初冬未凝冱，天地苍茫日常暮。
涉江芙蓉不复采，缘道野菊谁能顾！
饥乌远雁长追随，夜闻悲鸣朝见飞。
前村鸡犬护篱落，此复何苦号其栖！
自伤憔悴少筋骨，半生逆旅常太息！
王家少年未省事，扁舟往来何所得！
百年有意存礼乐，一饱未足谋通塞。
且能对酒长酣歌，圣贤有命可若何！[②]

① 两诗分见《水心文集》卷七，《叶适集》第69、73页。
② 《剡溪舟中》，《水心文集》卷六，《叶适集》第60页。

起首两句颇有气势，以下的描写也境界阔大，曲折抒发了人生的感慨，略具盛唐诗歌的格调。这类作品数量也颇为可观，又如《宿石门》之记游山，《中塘梅林天下之盛也聊伸鄙述启好游者》之写赏梅，《魏华甫鹤山书院》之想象蜀中书院景象，[①]也都是纵笔描绘，发挥想象，兼带夸张，追求一种奇崛壮阔的气势。再如《送陈寿老》这样的送别之作，也写得不同一般：

天台、雁荡车接轸，青田又促半潮近；
冠岩带壑无俗情，秋干春荑竞时尽。
老穷望绝华轩过，其谁幽寻穿薜萝！
更抽奇笔向云射，破的叠中千驾鹅。
古今文人不多出，元祐惟四建安七。
性与天道亦得闻，伊洛寻源未为失。
阆风招手游太玄，麻头制尾中兴年。
黄金铸印肯轻佩，定把尧、舜陈王前。
我家罄悬仰见斗，簸君红旗魑魅走。
密房焰短夜苦长，雪高冰深去无乡。[②]

诗篇似鼓励弟子抽笔破的，驰骋文坛，笔法淋漓恣肆，但文句断续钩棘，诗意恍惚迷离，晦涩难明，这也是不少此类古体诗的通病。

此外，叶适“古调”中还有题材十分独特的作品，如《上滩》：

篙师上滩时，面作石皤样；
及其进尺寸，乃在一偃仰。
神禹不到地，狂流终播荡。

① 分别见《水心文集》卷六、七，《叶适集》第46、54、77页。
② 《送陈寿老》，《水心文集》卷七，《叶适集》第78页。

逆顺本天力，人谋不相让。
苦战排三军，势压票姚将。
身在乱石中，倾覆堪指掌。
谁云荷天衢，鼠径断还往。[①]

以激流中偃仰奋进的篙师作为主角，颂扬其智慧和力量，写得别开生面。又如《医工叹重赠柳山人》描述自己找医工柳生治病时的感受，刻画“彼苍应有司杀者，授柄于工无乃悖”[②]的心理，也是诗歌中难得一见的题材。长篇骚体诗《梁父吟并序》，感慨三国名臣诸葛亮的生平，根据其“好为梁父吟”的记载，“既高孔明之行事，而想见其咏歌之思，于是追述其意，为《梁父词》以传于后，使读是词者，孔明之心犹有考也”。[③]诗篇模拟诸葛亮的口吻，淋漓尽致地抒写胸襟与怀抱，同样是想象丰富，激情慷慨，其中应该寄托了作者自己的身世和理想。

综合上述考察，叶适的诗歌创作，尤其是晚年的古体诗作，确实并不走晚唐一路，而是在努力实践自己论诗时提出的“臻于开元、元和之盛”的方向，吴子良所称的“晚尤高远”，还是切合实际的。当然，这种努力与“盛唐气象”还是有很大距离的，尤其是他遣词造句一味追求钩棘生新，造成的“语气不贯，意思不达”，不能不说是一个致命的缺陷。清人吴之振所编《宋诗抄》评叶适诗称：“诗用工苦而造境生，皆镕液经籍，自见天真，无排迮刻绝之迹。艳出于冷故不腻，淡生于练故不枯。‘曾点之瑟方希，化人之酒欲清’，其意味足当之。”[④]这一评语还是值得仔细体味的。要之，叶适的诗作在宋诗中虽难称大家，但有自己独特的追求和特色，还应在深入研究的基础上给予恰当的评价，不宜贬抑过低，而他在南宋后期诗坛的领军地位，更应予以充分肯定。

---

① 《上滩》，《水心文集》卷七，《叶适集》第88页。

② 《医工叹重赠柳山人》，《水心文集》卷六，《叶适集》第46页。

③ 《梁父吟并序》，《水心文集》卷六，《叶适集》第59页。

④ 《宋诗抄》卷八一《水心诗抄》，《四库全书》本。“曾点之瑟方希，化人之酒欲清”，语出叶适为李焘文集所作《巽岩集序》，《水心文集》卷一二，《叶适集》第210页。

卓然文宗

相对于诗歌创作而言，叶适在散文创作领域的成就，历来为人们所公认。叶适作为一代文宗的地位，其实在南宋后期就开始确立，当时多有对叶适散文创作的评论。如理学家真德秀谓："永嘉叶公之文，于近世为最。"[①]叶绍翁则称："水心先生之文，精诣处有韩、柳所不及，可谓集本朝文之大成者矣。"[②]刘宰称："水心叶先生之文，如涧谷泉，挹之愈深。"[③]吴子良在《荆溪林下偶谈》中，对叶适文更多有具体评论，推崇有加。宋末学者黄震的《黄氏日抄》中读唐宋十家文集部分，收有《叶水心文集》，将其与唐宋诸大家并列。方回则谓："叶水心适以文为一时宗。"[④]其后，《宋史》本传称叶适"为文藻思英发"。[⑤]清代学者孙诒让曰："水心叶文宪公雄文博辩，为永嘉诸儒之冠，同时吴荆溪、韩涧泉、真西山、黄东发、刘漫塘诸人，交口推许无异词。"[⑥]《四库提要》更称"适文章雄赡，才气奔逸，在南渡卓然为一大宗"。[⑦]这些评论，出发点和角度各有不同，但都对叶适散文给予很高的评价，值得引起充分的重视。

叶适论文，与其崇尚实学的学术思想有一脉相通之处。如其《赠薛子长》有云："读书不知接统绪，虽多无益也；为文不能关教事，虽工无益也；笃行而不合于大义，虽高无益也；立志不存于忧世，虽仁无益也。"[⑧]明确主张文章要与政事教化相联系。他自述所作政论文的指导思想是"上考前世兴坏之变，接乎今日利害之实"，[⑨]也贯串了相同的主旨。其弟子赵汝谠在解释《水心文集》

---

① 〔宋〕真德秀：《跋著作正字二刘公志铭》，《西山文集》卷三五，《四部丛刊》本。

② 《四朝闻见录》甲集"宏词"条，第35页。

③ 《书夏肯父乃父志铭后》，《漫塘集》卷二四。

④ 《瀛奎律髓汇评》卷二，第771页。

⑤ 《宋史》卷四三四《叶适传》，第12889页。

⑥ 《温州经籍志》卷二一。

⑦ 《四库全书总目》卷一六，第1382页。

⑧ 《赠薛子长》，《水心文集》卷二九，《叶适集》第607—608页。

⑨ 《外稿自跋》，《水心别集》卷一五，《叶适集》第844页。

用编年体例的原因时说："昔欧阳公独擅碑铭，其与世道消长进退，与其当时贤卿大夫功行，以及闾巷山岩朴儒幽士隐晦未光者，皆述焉，辅史而行，其意深矣，此先生之志也。"[①]这说明叶适的志向是要让自己的文集起到"辅史而行"的作用。显然，这也是实事实功思想的体现。

对于北宋散文的发展，叶适不同意周必大《皇朝文鉴序》中概括的"伟、博、古、达"的特点，他提出："文字之兴，萌芽于柳开、穆修，而欧阳修最有力，曾巩、王安石、苏洵父子继之，始大振……及王氏用事，以周、孔自比，掩绝前作，程氏兄弟发明道学，从者十八九，文字遂复沦坏，则所谓'熙宁、元祐其辞达'，亦岂的论哉！"[②]这里，他鲜明地标举欧、苏为首的古文家使文学"大振"，而贬斥王氏新学、程氏道学使文学"沦坏"。这一正反对比的论断，在南宋文坛上无疑是振聋发聩之音，表明了继承发扬欧、苏古文传统的态度，与道学家的文论形成了鲜明的对照。

在散文创作中，叶适还十分强调创新。这与他的治学精神也是一致的，其《习学记言序目》的特点就是"所论喜为新奇，不屑摭拾陈语"。[③]《荆溪林下偶谈》所载叶适与其传人陈耆卿的一段对话，更是形象的证明：

> 水心与筼窗论文至半夜，曰四十年前曾与吕丈说，吕丈，东莱也。因问筼窗："某文如何？"时案上置牡丹数瓶，筼窗曰："譬如此牡丹花，他人只一种，先生能数十百种，盖极文章之变者。"水心曰："此安敢当？但譬之人家觞客，或虽金银器照座，然不免出于假借；自家罗列仅瓮缶瓦杯，然都是自家物色。"

吴子良解释道："水心盖谓不蹈袭前人耳。瓮瓦虽谦辞，不蹈袭则实语也。"[④]这种不蹈袭前人，力求拿出"自家物色"的追求，是叶适文论思想的重要组成部

---

① 《水心文集序》，《叶适集》第1—2页。

② 《习学记言序目》卷四七，第696页。

③ 《四库全书总目》卷一一七，第1012页。

④ 《荆溪林下偶谈》卷三。

分。从这些论述看来，叶适论文，既不同于重道轻文的道学家，也有别于专事效仿的文章家，他以学者兼文学家的双重身份，既重视实事实功之道，又重视文章艺术的独创。这是他的散文创作取得突出成就的思想基础。

本书前已指出，叶适的散文创作大致可分为两个阶段。前期是叶适历经三朝、积极从政的时期，他充分发挥经世济时的才干，同时又驰骋议论，言事论政，写下大量策论、奏议之文。后期是叶适潜心治学、肆力为文的时期，他在散文创作上大力开拓，“大肆力于碑铭记文，四方甚重之”。[①]总之，前后两个阶段中，叶适的事业有从政和治学之别，而他的散文创作则贯穿始终，并分别偏重于策论、奏议和序记、碑志两大类文体。以下就依次考察叶适在这几类文体创作中的成就。

善于说理，偏好议论，是宋代散文的基本特点之一。叶适于策论、奏议之类主议论之文也特为擅长。但同是议论，道学家热衷性命义理的辨析，而事功家则重视实事实功的探究。叶适“志意慷慨，雅以经济自负”，[②]最能代表这一特点的作品就是收入《水心别集》的《进卷》和《外稿》。这近百篇策论、奏议之文，大多不为空言，援古证今，剖析积弊，规划对策，其内容广泛涉及政治、经济、军事、法制等各个领域，为国家的“改弱为强”提出一整套改革方案，是永嘉学派追求事功思想的集中体现。诚如明人王直所言：“先生之心，思行道于当时而见之功业，不但为文而已也。观其议论谋猷，本于民彝物则之常，欲以正人心，明天理。至于求贤、审官、训兵、理财，一切施诸政事之间，可以隆国体，济时艰。”[③]这些文章在风格上多有纵横驰骋、气势雄放的特点。如《外稿·始议二》开篇揭露当世好空言而少力行的弊端云：

不尽天下之虑而终失天下之大计，此最大事，不可不极论也。古之所谓忠臣贤士，竭力以行其所知，言欲少，行欲多，言之若粗，行之必酬，故人莫敢多言而精于力行。今世议论胜而用力寡，大则制策，小则科举，

① 《勤有堂随录》。

② 《宋史》卷四三四《叶适传》，第12894页。

③ 《黎刻水心文集序》，《叶适集》第3页。

高出唐、虞，下陋秦、汉，傅合牵连，皆取则于华辞耳，非当世之要言也。虽有精微深博之论，务使天下之义理不可逾越，然亦空言也。盖一代之好尚既如此矣，岂能尽天下之虑乎！

以下又历数本朝靖康、绍兴、隆兴之时因多言而少行，而“不能尽天下之虑”的事实，并提出“计岁月之举措，求日新之功效：明发慷慨，同于饥渴，乌能尽天下而虑之乎”，[①]文章“上考前世兴坏之变，接乎今日利害之实”，诚然是“与一世之论绝异”[②]的中肯之论。全文词锋犀利，痛快淋漓，铺排扬厉，辩博宏肆。此类文章前已多有引用，此不赘述。

此外，叶适的几篇廷对奏札，也是其议论名篇。淳熙十四年（1187）《上殿札子》论时势的“四难五不可”，指出：“非真难真不可也，正以我自为难，自为不可耳。于是力屈气索，甘为退伏者于此二十六年。”[③]而光宗初年《应诏条奏六事》论“今日之未善者六事”，认为国势、士、民、兵、财、纲纪法度六事未善，“皆治国之意未明之故”。[④]两者都是主意恢复、深切时弊的力作。至如开禧二年（1206）《上宁宗皇帝札子》在将启兵端之际，告诫：“诚宜深谋，诚宜熟虑，宜百前而不慑，不宜一却而不收，故必备成而后动，守定而后战”，“愿陛下先定其论，论定而后修实政，行实德，变弱为强，诚无难者”。[⑤]这里强调的备成、守定、实政、实德，确是深思熟虑、稳重切实的对策。而所有这些奏札，同样表现出滔滔汩汩、宏肆不拘的风格。

叶适曾说：“经欲精，史欲博，文欲肆，政欲通，士擅其一而不能兼也。”[⑥]表达作文尚“肆”的追求。他推崇苏轼议论之文：“用一语，立一意，架虚行危，纵横倏忽数千百言，读者皆知其所欲出，推者莫知其所自来，虽理有未精，

---

① 《始议二》，《水心别集》卷一，《叶适集》第760页。
② 《外稿自跋》，《水心别集》卷一五，《叶适集》第844页。
③ 《上殿札子》，《水心别集》卷一五，《叶适集》第830—836页。
④ 《应诏条奏六事》，《水心别集》卷一五，《叶适集》第837—843页。
⑤ 《上宁宗皇帝札子》，《水心文集》卷一，《叶适集》第5页。
⑥ 《观文殿学士知枢密院士陈公文集序》，《水心文集》卷一二，《叶适集》第225页。

而辞之所至，莫或过焉，盖古今议论之杰也。”[①]叶适宏肆的议论风格，明显受到苏轼文风的影响。苏轼的策论、奏议，在南渡前后影响极大，至乾、淳文坛，犹“尚苏氏，文多宏放”。[②]辛弃疾的“十论”“九议”，陈亮的“中兴五论”等，都是这种宏放雄文的名篇。叶适承辛、陈之后，在规模上更为恢宏，在内容上更为切实，而其“文章雄赡，才气奔逸”，亦不减辛、陈，他们共同奏响乾、淳文坛的时代强音。这种宏肆的议论文风，甚至影响到叶适后期的论学专著《习学记言序目》。真德秀读了此书后曾慨叹：“此非记言，乃放言也，岂有激欤！”[③]真氏站在道学家立场，自然认为叶适批判程、朱之语偏激，但他所谓的“放言”，却也准确地揭示了叶适一以贯之的议论文风。《四库提要》评《习学记言序目》亦谓：“考核之精博，议论之英伟，实一时罕有其匹也。”[④]

虽然叶适的策论、奏议之文宏肆英伟，一时传诵，甚至有题为《策场标准集》的专集刊布，[⑤]然而，将其散文创作成就仅局限于言事论政的议论文范围，又是极不全面的。因为叶适同时又在序记、碑志类文体中努力开拓，并取得丰硕的成果。叶适对此类文体特为重视，其《习学记言序目》有云：“韩愈以来，相承以碑志、序记为文章家大典册。”[⑥]可见，他是自觉地以文章家的身份继承唐、宋大家的传统，来从事这类“大典册”的创作的。尤其是他后期“大肆力于碑铭记文，四方甚重之”。[⑦]而黄震亦谓：“水心之见称于世者，独其铭志序跋，笔力横肆尔。”[⑧]则叶适的序记、碑志之文在南宋后期就已引起人们的充分关注和好评。

在宋文中，序、跋是一类表达极为灵活的文体。叶适的序跋文也是如此：它们或议论，或抒情，或状人，或叙事，几乎无施不可，舒卷自如。叶适为志

---

① 《习学记言序目》卷五，第744页。

② 〔宋〕赵彦卫：《云麓漫抄》卷八，中华书局1996年点校本，第135页。

③ 《四朝闻见录》甲集“宏词”条引，第35页。

④ 《四库全书总目》卷一一七，第1012页。

⑤ 见黎谅《刻水心文集跋》，《叶适集》卷首，内容估计为叶适的策论进卷。

⑥ 《习学记言序目》卷四九，第733页。

⑦ 《勤有堂随录》。

⑧ 《黄氏日抄》卷六八。

同道合的挚友陈亮文集所作的序跋，是其中的名篇。《龙川集序》以叙写陈亮遭遇为主，抒发了深沉的感叹，文中有云：

初，天子得同甫所上书，惊异累日，以为绝出，使执政召问当从何处下手，将由布衣径唯诺殿上以定大事，何其盛也！然而诋讪交起，竟用空言罗织成罪，再入大理狱几死，又何酷也！使同甫晚不登进士第，则世终以为狼疾人矣。呜呼，悲夫！同甫其果有罪于世乎？天乎！余知其无罪也。同甫其果无罪于世乎？世之好恶未有不以情者，彼于同甫何独异哉！虽然，同甫为德不为怨，自厚而薄责人，则疑若以为有罪焉可矣。①

以陈亮的才华与其遭际的强烈反差，控诉世道的不公，语气愤激，寄慨遥深，可称为一篇抒情杰作。《书龙川集后》的重点则在对陈亮的作品进行评论：

《同甫集》有《春秋属辞》三卷，放今世经义破题，乃昔人连珠急就之比，而寄意尤深远。又有长短句四卷，每一章就，辄自叹曰：“平生经济之怀，略已陈矣！”余所谓微言，多此类也。若其他文，海涵泽聚，天霁风止，无狂浪暴流，而回漩起伏，萦映妙巧，极天下之奇险，固人所共知，不待余言也。②

或引其语，或摹其状，恰是一则准确形象的诗文点评。一序一跋，一慨叹其人，一品评其文，相互映照，各尽其妙，而激情涌动，“笔力横肆”，则是其共同的特色。其他如《徐斯远文集序》《题刘潜夫南岳诗稿》论江西派、“四灵”派之诗，《巽岩集序》《谢景思集序》《周南仲文集后叙》《题陈寿老文集后》评诸家之文，都是评骘准确、见解独到的篇章。而《宗记序》《吕子阳老子支离疏》二文，一论佛，一论道，被黄震赞为“识到理明，尤水心文之绝特者，可以

① 《龙川集序》，《水心文集》卷一二，《叶适集》第207页。

② 《书龙川集后》，《水心文集》卷二九，《叶适集》第597页。

成诵”。[①]

除了品诗论文，另有一些小篇短章，是叶适晚年序跋文中别具风采之作。如前引《题林秀才文集》和《题周子实所录》揭示科举制度的弊端，叙写晚年家居生活和士风民俗。[②]在人情世态的记写中表达出一种对人生的领悟，情感深沉恳挚，文笔萧散自然，形成叶适散文的另一种境界。又如《题扫心图》：“以为无可扫，则扫之者妄矣；以为有可扫，则是扫安从起？‘人心惟危，道心惟微’。其精其一，其永勿失。”[③]寥寥数句，充满哲思，回味无穷，俨然是人生格言。

杂记一体，兴起于唐而盛于宋，尤为古文家所重视。叶适对记体文亦格外用心，他曾论唐、宋大家之作云：“记虽愈及宗元犹未能擅所长也，至欧、曾、王、苏始尽其变态，如《吉州学》《丰乐亭》《拟岘台》《道州山亭》《信州兴造》《桂州新城》，后鲜过之矣。若《超然台》《放鹤亭》《偃竹》《石钟山》，奔放四出，其锋不可当，又关钮绳约之不能齐，而欧、曾不逮也。”[④]这里，他追溯记文的发展，肯定北宋诸家“尽其变态”，而苏轼尤以“奔放四出”最为杰出。叶适追踪北宋大家，亦肆力于“尽其变态”，所作记文共五十余篇，或以写景状物胜，或以即事发论称，笔法多变，摇曳生姿。

叶适以写景状物为主的记文，以记写永嘉地方风物的《醉乐亭记》最为著称。其文有云：

> 永嘉多大山，在州西者独细而秀，十数步内，辄自为拱揖，高不孤耸，下亦凝止，阴阳附从，向背以情。水至城西南阔千尺，自峙岩私盐港，绿野新桥，陂荡纵横，舟艇各出芰莲中，棹歌相应和，已而皆会于思远楼下。土人以山水所到，斯吉祥也，益深其崦，百金一藏，赇匠施僧，阡垅交植。岁将寒食，丈夫洁巾袜，女子新簪珥，扫冢而祭，相与为邀嬉，城内外无

① 《黄氏日抄》卷六八。

② 见本书第六章《岁晚时光》节。

③ 《题扫心图》，《水心文集》卷二九，《叶适集》第615页。

④ 《习学记言序目》卷四九，第733页。

> 居人焉，故西山之游为最著。[1]

永嘉的青山绿水和风物民情如现眼前，文章进而发明“醉而同其乐”的主旨，将立意又深入一步。其他尚有《烟菲楼记》《宝婺观记》《北村记》等，也都以模山范水、状景如画为特色。至于即事发论之记，叶适所作更多。如《温州新修学记》揭举永嘉学派的学统和宗旨，阐发做学问应“自身始而推之天下，推之天下而反其身”[2]的治学思想；《叶岭书房记》前半自述开禧用兵经历引出同僚蔡任，后半针对蔡氏“材为无用而姑寄之书”的思想，发明“书之博大广远”：“古之成材者，其高有至于圣，以是书也；静有以息谤，动有以居功，亦书也；泊无所存，而所存者常在功名之外，亦书也；百家众作，殊方异论，各造其极，如天地之宝并列于前，能兼取而无祸，皆书之余也。书之博大广远不可测量如此。”[3]其他又如《时斋记》发挥“时”之内涵，《李氏中洲记》阐述“中和”之道，《留耕堂记》倡导“少取、寡愿、无争”，也都析理精微，发人深思。

叶适另有一些记文，将叙事、状景、抒情、议论融于一体，曲折婉转，挥洒自如，且文采斐然，文学性更为鲜明。如《石洞书院记》首记郭君发现石洞奇景：

> 初，洞深复无行径，薪者给采而已。君始以意疏治，益前，阻崖壁，众不知所为，欲止。君逼视其罅，遥闻水声出空中，曰：“嘻！是也。”盖凿崖百步，梯级而后进，土开谷明，俄若异境。稍复深入，臻于旷平，则石之高翔俯踞，而竹坚木瘦皆衣被于其上；水之飞湍瀑流，而蕉红蒲绿皆浸灌于其下。潭涧之洼衍，阿岭之嵌窦，以亭以宇，可钓可弈，巧智所欲集，皆不谋而先成。

---

① 《醉乐亭记》，《水心文集》卷九，《叶适集》第150页。

② 《温州新修学记》，《水心文集》卷一，《叶适集》第178页。

③ 《叶岭书房记》，《水心文集》卷一，《叶适集》第176页。

记事简洁凝练，状景穷形尽相。文章继而写郭君将石洞度为书院，而后代又修葺不废，称道郭君“以学易游而不以物乐厚其身，以众合独而不以地胜私其家”的胸怀。末段的议论则又一转，指出“学不待地也，萤灯雪屋，苟取尺寸，而圣贤之业可成”，勉励郭氏子孙及乡人苦读成才。[①]全文萦纡委婉，摇曳生姿，颇得欧、苏记文的风韵。后楼钥书其文，朱熹又为之题，一时传为佳话，被称为“当代三绝”。[②]又如作于逝世前十个月的《湖州胜赏楼记》，以览胜、怀古、颂今为线索，描摹太湖的湖光水色、舸舫歌吟，遥想名士的流风遗韵，称颂太守建楼治民的政绩，也是婉曲流畅，情韵无限，可称绝笔佳作，充分体现出作者创作功力之深厚。南宋作者多用记文论道说理，叶适所作，较少迂腐习气，而致力于作品艺术构思和语言表达上的精巧，一些佳作的风神情韵，力追北宋大家，可称记文精品。

南宋散文中的碑志之体，历来被认为最是“冗弱”。而各家文集中，这种冗长呆板的应用之文确实比比皆是。叶适大肆力于碑志的创作，却能推陈出新，别开生面。从前引赵汝说《水心文集序》可知，叶适的志向是继承欧阳修的传统，以碑志记述各种人物，并编年排比，以期“辅史而行”。而从叶适的创作实绩看，《水心文集》中所作十三卷近一百五十篇碑志，的确像一座四十年间丰富多彩的历史人物画廊。

叶适碑志的最大特色，是能写出各种不同身份碑主的形神风貌，诚如吴子良所说：“水心为诸人墓志，廊庙者赫奕，州县者艰勤，经行者粹醇，辞华者秀颖，驰骋者奇崛，隐遁者幽深，抑郁者悲怆：随其资质，与之形貌，可以见文章之妙。”[③]如《陈同甫王道甫墓志铭》开篇即谓：“志复君之仇，大义也；欲挈诸夏合南北，大虑也；必行其所知，不以得丧壮老二其守，大节也：春秋、战国之材无是也。吾得二人焉：永康陈亮，平阳王自中。”[④]以大义、大虑、大节三语，将陈、王两位志士的立身大本鲜明地凸现出来，全篇的记叙、议论，也

① 《石洞书院记》，《水心文集》卷九，《叶适集》第154页。

② 见曹彦约《跋东阳郭氏石洞书院记》，《昌谷集》卷七，《四库全书》本。

③ 《荆溪林下偶谈》卷三。

④ 《陈同甫王道甫墓志铭》，《水心文集》卷二四，《叶适集》第482页。

紧紧围绕这“三大”展开。又如为陈傅良之妻所作的《张令人墓志铭》，写出了一个“不信方术，不崇释、老，不畏巫鬼”的奇女子形象。丈夫宦海沉浮，受召又罢，“往来业业数月，夫人率男女欢笑相随，曰：‘以为高则余不安，以为罪当逐则宜尔。’”又：“常日有不乐，未尝破声色，其女问何以能忍，曰：‘我岂无气性者耶！但写上墓志不得，故不为尔！’”家甚贫，后得巨款，“过洞庭，管押者忽告曰：‘某所行李有盗。’家人皇骇，夫人笑曰：‘即如是，所失不过财物。若贫，即不失矣。’”[①]仅此三言，人物的胸襟性情于纸端毕现。《著作正字二刘公墓志铭》则详细记录了二刘公“轻爵禄而重出处，厚名闻而薄利势。立朝能尽言，治民能尽力”，“其饬廉隅，定臧否，公是非，审予夺，皆可以暴之当世”[②]的君子形象。真德秀跋语评其“笔势雄拔如太史公，叹咏悠长如欧阳子，于他铭又为最。呜呼！二刘公不可复见矣，若永嘉之文，亦岂易得哉！”[③]其他如挚友、弟子、文人、奇士、医师、妇孺等，在叶适笔下无不状写生动，栩栩如生。

在碑志体式上，叶适更是打破程式，力求出新。他一改碑志以记叙为主的惯例，在文中插入大段议论、抒情。如为姚洪卿、陈傅良、沈有开等所作碑文中都有对碑主身世的大段议论感慨，[④]充满感情色彩，而如《徐道晖墓志铭》则成为论诗的专文，碑主的行事反仅寥寥数语。前述陈王、二刘公二碑，更开创出两人合碑的新颖体例，尤为别开生面。在记叙格局上，则往往颠倒时序，将人物事迹前后错杂排列，以呈跌宕起伏之势，而碑主的祖考、子孙、丧葬事宜等，则以最简洁的词句安置在文中恰当位置。他又在碑文的开头时出奇笔，如《宜人郑氏墓志铭》开篇，却是一次海啸肆虐景象的形象记录：

天富北监在海玉环岛上，乾道丙戌秋分，月霁，民欲解衣宿，忽冲风骤雨，水暴至，阒启膝没，及荡胸，至门已溺死。如是食顷，并海死者数

① 《张令人墓志铭》，《水心文集》卷一四，《叶适集》第263页。

② 《著作正字二刘公墓志铭》，《水心文集》卷一六，《叶适集》第301页。

③ 《西山文集》卷三五。

④ 分别见《水心文集》卷一三、一六、二一，《叶适集》第234、298、399页。

万人。监故千余家，市肆皆尽，茅苇有无起灭波浪中。[①]

以下则述知监事李宽组织百姓重建家园之事，而碑主则是其母。全文构思可谓突兀不凡，开篇叙述尤其出人意料，为从来碑志体所未见。至于碑志的铭文，叶适除了用传统的四言体外，或散体，或骚体；或七言，或杂言；或寥寥数语，或长长大篇，更是演化无端，极尽其变。要之，叶适所撰碑志，已不是虚应故事的产物，而完全是精心刻意的创作，从而形成一种新型的人物传记。故真德秀称道："永嘉叶公之文，于近世为最；铭墓之作，于他文又为最。"[②]《四库提要》则谓"其碑版之作简质厚重，尤可追配作者"。[③]孙诒让则称其"碑版之文，照耀一世，几与韩、欧诸家埒"。[④]继韩愈、欧阳修之后，叶适将这种应用文体的创作，提高到一个新的水平。

综观叶适的散文创作，可以发现有以下四方面显著的特点：

一是内容切实，不尚空谈。南宋道学盛行，高谈心性的空疏之文和辨析义理的迂执之文充斥文坛。作为事功学派的主要学者，叶适论学为文，都注重实事实功。他的策论、奏议，都有关"今日利害之实"；他的大量碑志，为各类人物立传，意在"辅史而行"。因此，无论议政、记事、状人，都本诸实际，具有根柢，而不染空疏、迂执的不良习气。

二是文备众体，全面发展。南宋散文的总体状况是议论之文见强，而记叙、抒情之作显弱。叶适则不但善于驰骋议论的策论、奏议之体，而且在以记叙、抒情为主要表达方式的序记、碑志文体中努力耕耘，硕果累累，尤其是杂记和碑志二体的成就，在南宋作家中可称首屈一指。而像叶适这样在多种文体的创作上同时取得突出成绩者，在南宋文坛也颇为少见。

三是以奔放宏肆为主导风格，但也注重多种风格的发展。叶适的策论、奏议宗苏文，形成宏放恣肆的特色，而序记、碑志中的议论部分，往往也带上这

① 《宜人郑氏墓志铭》，《水心文集》卷二一，《叶适集》第401页。

② 《西山文集》卷三五。

③ 《四库全书总目》卷一六，第1382页。

④ 《温州经籍志》卷二一。

一色彩。行文的铺排整饬，散行中时出偶句，是构成这一风格的重要语言因素，而这与叶适兼擅四六也不无关系。《四库提要》评其“文章雄赡，才气奔逸”，主要也是指这些驰骋议论之作。但与此同时，叶适也注意发展多种风格，言事论政的奏议中也有平实剀切之文，序记、碑志中多有婉转曲折、颇具风神情韵之作，至晚年更有萧散自然、寄慨遥深之辞。这些方面，则更多地受到欧文风格的影响。

四是全面继承北宋大家的优良传统，但又致力于开拓创新。以欧、苏为代表的宋文传统，主要表现为平易流畅风格的稳定形成，多种文体功能的全面开发和姿态横生、挥洒自如境界的自觉追求。叶适的创作体现了对这些优良传统的全面继承。更可贵的是，叶适在努力继承的基础上，又力求“极文章之变”，拿出“自家物色”。他在策论、奏议的规模体制，部分序跋、杂记的立意境界，碑志文的状人形神兼备、体式多变出新等方面，都展示了这种自觉追求的坚实脚印。因而《四库提要》称其“能脱化町畦，独运杼轴，韩愈所谓‘文必己出’者，殆于无忝”。①

从上述叶适的散文创作成就及其特点来看，称其“在南渡卓然为一大宗”是极有见地的。《四库全书》收入南宋文集达二百七十余部，而给予类似评价的却不多见，这是很能说明问题的。实际上，能够全面继承北宋大家的传统，全力追踪欧、苏的创作成就，并有所开拓创新的，在南宋文坛实属难能可贵，而叶适差可当之无愧。乾、淳间宋文创作形成中兴局面，一时名家荟萃：陆游、范成大、杨万里、张孝祥等文人学士，洪适、周必大、楼钥等翰林词臣，朱熹、吕祖谦、陈亮、陈傅良等各派学者，都以能文著称。但以其创作成就作全面衡量，似还都稍逊于叶适。也可以说，叶适是集乾、淳散文中兴之大成的散文大家。尽管他的部分文章语言上还有雕琢字句、钩棘拗折的缺点，但在南宋散文的发展中，叶适显然起着承先启后的重要作用，他在南宋散文、两宋散文以至整个中国散文史上的地位，应该重新予以认识和评价。

---

① 《四库全书总目》卷一六，第1382页。

以文传派

叶适作为一代文宗地位的形成，是永嘉学派及其重文传统发展的结晶。永嘉学派的先驱们虽不以文名，但都重文、能文，多有文集传世。周行己“十五岁学属文”，《直斋书录解题》载其《浮沚先生集》十六卷，《后集》三卷，原本久佚，四库馆臣从《永乐大典》中辑得八卷。《四库提要》称：“行己之学虽出程氏，而与曾巩、黄庭坚、晁说之、秦观、李之仪、左誉诸人皆相倡和……于苏轼亦极倾倒，绝不立洛、蜀门户之见。故耳濡目染，诗文亦皆娴雅有法，尤讲学家所难能矣。”[①]许景衡则著有《横塘集》三十卷，《四库全书》中辑存二十卷，《提要》称其“文章坦白光明，粹然一出于正”，而奏议“皆诚意恳挚，剀切详明”。[②]至乾、淳间郑氏兄弟的文集，《直斋书录解题》分别著录有《郑景望集》三十卷和《归愚翁集》二十六卷。叶适曾作《归愚翁文集序》，吴子良《荆溪林下偶谈》则载其“绍兴末上《中兴急务书》十篇，极言秦桧之罪，文亦豪健浩博，诸公忌而畏之”。[③]由此可见，永嘉先驱们在治学的同时，都不同程度地重视文章，表现出与二程“重道轻文”的传统全然不同的倾向。

至永嘉学派的奠基者们，则将这一重文传统进一步发扬光大。薛季宣“学问最为淹雅”，生平著述繁多，“其持论明断，考古详核，不必依傍儒先余绪，而立说精确，卓然自成一家”，“其精深闳肆，已足陵跨余子”。[④]其侄孙薛师石、薛师旦编次其文为《浪语集》三十五卷流传至今。陈傅良在散文创作上的成就更为突出。他早著文名，《宋史》本传谓其“初患科举程文之弊，思出其说为文章，自成一家，人争传诵，从者云合，由是其文擅当世”。[⑤]《荆溪林下偶谈》中更具体记载云：“止斋年近三十，聚徒于城南茶院，其徒数百人，文名大震。

① 《四库全书总目》卷一五五，第1341页。

② 《四库全书总目》卷一五六，第1345页。

③ 《荆溪林下偶谈》卷四。

④ 《四库全书总目》卷一六，第1379页。

⑤ 《宋史》卷四三四《陈傅良传》，第12886页。

初赴补试，才抵浙江亭，未脱草屦，方外士及太学诸生迓而求之者如云……其时止斋有《待遇集》板行，人争诵之。”[①]可见陈傅良早年主要以文名世，其《待遇集》之文据清人孙诒让考证，当是制举文字。[②]但陈氏“既登第后，尽焚其旧稿，独从郑景望讲义理之学，从薛常州讲经制之学。其后止斋文学日进，大与曩时异……止斋之文，初则工巧绮丽，后则平淡优游，委蛇宛转，无一毫少作之态”。[③]其门人曹叔远所编《止斋集》五十一卷中亦尽削其少作不存。陈傅良后期之文主要师法欧阳修、张耒，以笃实为本，“集中多切于实用之文，而密栗坚峭，自然高雅，亦无南渡末流冗沓腐滥之气，盖有本之言，固迥不同矣”。[④]虽然陈傅良早期文与晚期文变化很大，但在当时声名远扬，影响极大，是永嘉学派中一位散文名家。

此外，在薛、陈的同辈学者或门人中，亦多有以文称者。薛氏的门人王楠亦富于文，《直斋书录解题》著录其《合斋集》十六卷，刘克庄撰跋文称：“止斋、水心诸名人之作，皆以穷巧极丽擅天下，合斋之文，独古淡平粹，不穷巧极丽亦擅天下，自止斋、水心一辈人皆尊事之。”[⑤]可知其在永嘉学者中别成一格。陈傅良引为同调的戴溪少有文名，淳熙五年（1178）别头省试第一，官至权工部尚书，著有《岷隐文集》。陈氏门人中有蔡幼学，登乾道八年（1172）进士，官至权兵部尚书。所著有《文懿公集》，又有《育德堂集》五十卷。叶适记其事迹称：“初，同县陈君举，声价喧踊，老旧莫敢齿列，公稚甚，独相与雁行立。比三年……辄出君举右，皆谓文过其师矣。”又谓其文“务关教化，养性情。花卉之炫丽，风露之凄爽，不道也。词命最温厚，亦不自矜贵。惟于国史研贯专一，朱墨义类，刊润齐整，各就书法。”[⑥]则蔡氏不但长于史学，也是一著名散文家。可见由于重文传统的影响，永嘉学派中能文者辈出。

永嘉学派几代学者重视文章的传统，终于培育出散文大家叶适。叶适既是

---

① 《荆溪林下偶谈》卷四。

② 见《温州经籍志》卷二。

③ 《荆溪林下偶谈》卷四。

④ 《四库全书总目》卷一五九，第1371页。

⑤ 《后村先生大全集》卷九九。

⑥ 均见《兵部尚书蔡公墓志铭》，《水心文集》卷二三，《叶适集》第443—445页。

永嘉之学的集大成者，又是永嘉学派的一代文宗。集永嘉“学宗”和“文宗”于一身的叶适，在传其学的同时也传其文，从而开启了承传有序的永嘉文派。永嘉之学到叶适已集其大成，其后学在学术思想的阐发上已无人能与之比肩，故永嘉功利学派到南宋后期渐趋式微。但由于“水心工文，故弟子多流于辞章”。[①]叶适文章之学通过弟子代代相传，从而形成了永嘉文派。也可以说，在叶适之后，永嘉学派在承传过程中渐渐蜕变成为永嘉文派。

永嘉文派的第一代传人，即水心门人中“为文字之学者”。吴子良《荆溪林下偶谈》谓：“往时水心先生汲引后进如饥渴，然自周南仲死，文字之传未有所属，晚得篔窗陈寿老，即倾倒付嘱之。”[②]从中可知，叶适文字之传，先选定周南，晚则“付嘱”陈耆卿。

周南天性耽书喜诵，年少时陋科举之学，后登水心之门。他长于为文，“文词拨去今作，脱换骚雅，欲以力自成家，而环丽精切，达于时用，亦人所不及也”。[③]他亦“长于四六，以俊逸流丽见称，制诏诸篇，尤得训词之体”。[④]《直斋书录解题》著录其《山房集》二十卷、《后集》二十卷，叶适为作《周南仲文集后序》，称其文“上折旁峻，闳而不跆”，“与诸家各体无所肖貌”。[⑤]今存《四库全书》本《山房集》九卷，辑自《永乐大典》，其中《与庙堂议论和书》《乞经理边事札》《玩芳亭记》《康伯可传》《弃砚答》等篇，均颇可观。

陈耆卿“八九岁学属文，十二入乡校”，然后肆力举业；登第后则专心儒学，“涵浸于义理之学”。[⑥]《荆溪林下偶谈》载，叶适“晚得篔窗陈寿老，即倾倒付嘱之。时士论犹未厌，水心举《太息》一篇为证，且谓‘他日之论，终当定于今日’。今才十数年，世上文字日益衰落，而篔窗卓然为学者所宗，则论定固无疑”。[⑦]对于篔窗之文，叶适评为“驰骤群言，特立新意，险不留怪，巧不

① 《宋元学案》卷五四《水心学案上》，第1738页。
② 《荆溪林下偶谈》卷二。
③ 《文林郎前秘书省正字周君南仲墓志铭》，《水心文集》卷二，《叶适集》第383页。
④ 《四库全书总目》卷一六一，第1387页。
⑤ 《周南仲文集后序》，《水心文集》卷一二，《叶适集》第218页。
⑥ 〔宋〕陈耆卿：《篔窗集自序》，《篔窗集》卷首，《四库全书》本。
⑦ 《荆溪林下偶谈》卷二。

入浮”，又称“绵涉既多，培蕴亦厚，幅制广而密，波游浩而平，错综应会，纬经匀等”。[①]吴子良则称其文“雄奇劲正”，[②]又云：“其奇也非怪，其丽也非靡，其密也不乱，其疏也不断，其周旋乎贾、马、韩、柳、欧、苏、曾之间，疆场甚宽而步武甚的也。”[③]陈耆卿著有《论孟纪蒙》和《嘉定赤城志》，赵希弁《郡斋读书志附志》著录其《篔窗初集》三十卷、《续集》三十八卷，均由弟子吴子良刊刻，叶适、吴子良分别有序。二集均佚，四库馆臣从《永乐大典》中辑得诗文一百七十余篇，编为《篔窗集》十卷。又林表民编《赤城集》中亦收其文十余篇，多为四库本不载。以今本《篔窗集》观之，其文以议论见长，驰骋奔放，雄奇密丽，颇得水心议论文的真传。如《朋党论》《韩信论》《樊哙论》《送罗明仲序》《上楼内翰书》《上水心先生书》《暗室记》等文，都是驰骋议论的佳作；而如《赠画墨竹叶汉卿序》《植松记》《祭先妣文》等，则或情趣盎然，或语浅情深，各有特色。吴子良称：“叶公既没，篔窗之文遂岿然为世宗，盖其统绪正而气脉厚也。”[④]《四库提要》亦称其文“虽当南渡后文体衰弱之余，未能尽除积习，然其纵横驰骤，而一归之于法度，实有灏气行乎其间，非单缓之音所可比，宜其与适代兴矣”。[⑤]

除了周南、陈耆卿两位主要传人外，水心弟子中能文的尚有丁希亮、王象祖、戴栩、陈埴、王汶、丁木、葛绍体、邓传之、孔元忠、周端朝、叶绍翁等十余人，[⑥]永嘉文派的第一代传人以陈耆卿为首，阵容强大，蔚为大观。

永嘉文派的第二代传人为陈耆卿的弟子吴子良和车若水。吴子良自称“十六从篔窗，二十四从叶公，公亦以嘱篔窗者嘱予也”。作为叶适、陈耆卿的文章传人，吴子良曾刊行陈氏《篔窗初集》和《续集》，“使夫统绪气脉之传，来者尚有考也”。[⑦]叶适《答吴明辅书》有云：“经陈寿老言其表弟齿甚少，文墨颖

① 《题陈寿老文集后》，《水心文集》卷二九，《叶适集》第610页。
② 《篔窗集跋》，《篔窗集》卷末。
③ 《篔窗续集序》，《篔窗集》卷首。
④ 《篔窗续集序》，《篔窗集》卷首。
⑤ 《四库全书总目》卷一六三，第1396页。
⑥ 均见本书第六章《著文授徒》节。
⑦ 《篔窗续集序》，《篔窗集》卷首。

异，超越辈流，思见未获也。忽承枉示笺翰，兼惠篇什，意特新，语特工，韵趣特高远，虽昔之妙龄秀质，其终遂以名世者，不过若是，何止超越辈流而已哉！慰甚幸甚！”[①]由此可知，吴子良是陈耆卿的表弟，少有文才，叶适对其称赏备至。吴子良善论文，其《荆溪林下偶谈》“皆其论诗评文语，所见颇多精确”，“其识高于当时诸人远矣”。[②]吴子良所著《荆溪集》已佚，林表民所编《赤城集》中存其记、序、碑文十四篇。其《筼窗集跋》认为：“为文大要有三：主之以理，张之以气，束之以法。”他的《筼窗续集序》《石屏诗集后序》论文评诗，都极有见地；而《州学六贤祠堂记》《临海县重建县治记》论学议政，也极为剀切。这些议论之作，有叶、陈之文闳肆奔放的气势，且论理精到，时有卓见。他的《四朝布衣竹村林君墓表》《大田先生墓志铭》记叙两位布衣文人的事迹，笔法纯熟，栩栩如生，结构谨严，颇具章法。要之，吴子良虽存文不多，却几乎篇篇可读，并能兼顾事理、文气和章法，可称得永嘉文章之真传。刘克庄挽诗有“水心文印虽传嫡，青出于蓝自一家”[③]之句，可见这在当时已有定论。

车若水（？—1275）字清臣，号玉峰山民，黄岩人。初事陈耆卿学古文，后从陈文蔚游，遂潜心理学。晚年撰有笔记杂著《脚气集》，其中论及学文过程有云：“予登筼窗先生门，方逾弱冠，荆溪吴明辅先从筼窗，已登科，声誉甚振，长予十有三年。予系晚进，筼窗一旦于人前见誉过当，同门初不平，久方浃洽。”[④]车若水著有《玉峰冗稿》，今已亡佚不可见。

吴子良的弟子已是永嘉文派的第三代传人，主要有舒岳祥和刘庄孙。舒岳祥（1218—1298）字舜侯，又字景薛，宁海人。宝祐四年（1256）进士，曾任奉化尉，官终承直郎。宋亡不仕，隐居故乡阆风里，筑阆风台，读书其上，人称阆风先生。舒岳祥“少时以文见吴子良，即称其‘异秉灵识，如汉终贾’。晚

---

① 《答吴明辅书》，《水心文集》卷二七，《叶适集》第554页。

② 《四库全书总目》卷一九五，第1789页。

③ 《后村先生大全集》卷二四，《四部丛刊》本。

④ 《脚气集》，《四库全书》本。

逢鼎革，遁迹终身，乃益覃思于著作，其诗文类皆称臆而谈，不事雕缋”。[①]舒氏平生著述极富，有经史、杂著、文集等共二百二十卷，通名为《阆风集》。但全集早佚，四库馆臣从《永乐大典》中辑出其诗文编为十二卷，亦称《阆风集》。卷首有王应麟序称“少时已闻舒景薛言语妙天下”，晚岁“固穷守道，皓皓乎白璧之全。其文如泉出山，达乎大川而放诸海，有本者如是。何谓本？大节之特立也”。[②]舒岳祥之文，以序记、题跋最为出色。他工诗，亦善论诗，《刘士元诗序》《俞宜民诗序》《刘正仲和陶集序》《王任诗序》等都有精到的诗评；《月中桂记》《养志堂记》《爱闲堂说》《跋陈自画梅作诗》等文或描写或抒情，亦都可观；《篆畦诗序》评述故园方位、景物，移步换形，层次清晰，堪称记叙名篇。舒氏虽少有闳肆的议论之文，但颇得叶适序记类文体的神韵，从另一方面发扬了水心文的传统。与舒岳祥齐名的荆溪弟子为刘庄孙，字正仲，亦为宁海人。所著有《刘黄陂集》，舒氏《阆风集》内有为其诗文所作序跋，元人袁桷则称其所为诗文曰《芳润稿》，凡五十卷，但已亡佚难考。

永嘉文派在南宋的最后一代传人为舒岳祥的弟子戴表元，他是宋末元初东南文坛的领袖。戴表元（1244—1310）字帅初，又字曾伯，奉化人。“七岁学古诗文，多奇语。稍长，从里师习词赋，辄弃不肯为。”[③]咸淳七年（1271）进士，除建康教授。后迁临安教授，行户部掌故，皆以兵乱不就。宋亡退居剡源，以教授卖文为生。元大德中，以荐除信州教授，调婺州，以疾辞归，终于家。《元史》本传称：“初，表元闵宋季文章气萎苶而词骫骳，骫弊已甚，慨然以振起斯文为己任。时四明王应麟、天台舒岳祥，并以文学师表一代，表元皆从而受业焉。故其学博而肆，其文清深雅洁，化陈腐为神奇，蓄而始发，间事摹画，而隅角不露，施于人者多，尤自秘重，不妄许与。至元、大德间，东南以文章大家名重一时者，唯表元而已。”[④]戴氏所著《剡源集》，明初宋濂序而刊之，凡二十八卷，后佚。嘉靖间又搜集编为三十卷，其后裔刊行流传至今。集中记序、

---

① 《四库全书总目》卷一六五，第1412页。

② 〔宋〕舒岳祥：《阆风集》卷首，《四库全书》本。

③ 〔明〕宋濂等：《元史》卷一九《戴表元传》，中华书局1976年点校本，第4336页。

④ 《元史》卷一九《戴表元传》。

题跋、碑志之文占三分之二，可见戴表元亦承水心文统，尤致力于此类“文章家大典册”的创作。其中如《水心云意楼记》《稼轩书院兴造记》《齐东野语序》《送张叔夏西游序》等，怀旧伤时，感慨遥深，且清深雅洁，含蓄蕴藉。宋濂《剡源集序》评其文曰：“新而不刊，清而不露，如清峦出云，姿态横逸而联翩弗断；如通川萦纡，十步九折而无直泻突怒之失。”[①]则戴氏虽为永嘉文派末传，却在继承传统的基础上，另辟新境，自成一格，从而领袖宋末元初文坛，再现辉煌。而永嘉文派在南宋后期百余年的传演，至此也告一段落。其后，戴氏弟子袁桷更将这一文派的影响带入元代，成为元代文章巨公。袁桷（1266—1327）字伯长，庆元人。“少从戴表元、王应麟、舒岳祥诸遗老游，学问渊源，具有所自。”“又当大德、延祐间为元治极盛之际，故其著作宏富，气象光昌，蔚为承平雅颂之声，文采风流，遂为虞、杨、范、揭等先路之导，其承前启后，称一代文章之巨公，良无愧矣。”[②]

根据以上考述，从永嘉学派到永嘉文派的主要承传线索可简列如下：

周行己—郑伯熊

薛季宣—陈傅良—叶适—陈耆卿—吴子良—舒岳祥—戴表元—袁桷

在这一演进过程中，以叶适为转折点，可分为以传学为主的前期和以传文为主的后期两个阶段。前期是永嘉功利之学形成发展的时期，也是其重文传统孕育大家的时期。叶适起着承先启后的作用，他集永嘉学术之大成，又开启了永嘉文派之先河。“自水心传于筼窗，以至荆溪，文胜于学，阆风则但以文著矣。”[③]而从水心的学、文兼擅，到筼窗、荆溪的“文胜于学”，再到阆风的“但以文著”，则构成了永嘉文派传演的三部曲。这一传演过程有以下特点。

一、永嘉文派的传演始终坚持宋文的优良传统。永嘉文派是在与道学派对

---

① 〔元〕戴表元：《剡源集》卷首，《四库全书》本。

② 《四库全书总目》卷一六七，第1436页。关于这一文派的传承，李建军《宋代浙东文派研究》一书中有更详尽的考述，可参考。

③ 《宋元学案》卷五五《水心学案下》，第1825页。

立之中形成的。从北宋“洛蜀党争”之后，道学家与文章家就分道扬镳，而洛学倡“作文害道”之说，明显阻碍了文章的发展。永嘉学派在儒学学理和对文章的态度上都与道学派相对立，叶适更在“洛学兴而文章坏”的认识基础上，担起振兴文章的重任。他继承发展欧、苏的古文传统，终于成为一代文宗。南宋后期文坛上，道学派之文影响很大，《四库提要》称：“宋自元祐之后，讲学家已以说理之文自辟门径，南渡后辗转相沿，遂别为一格，不能竟废。”[①]承续水心文统的永嘉文派则继续以驰骋纵横的议论之文和丰富多样的序记题跋之作，与道学家的“说理之文”相对立。此外，宋季文坛还广泛流行科举场屋之文、官场应用之文和生涩诡怪的变体古文，[②]永嘉文派的数代传人坚持用平易流畅的古文表情达意，坚持了宋文的优良传统。可以说，在南宋后期文坛上，永嘉文派的创作代表了宋文发展的主流。

二、永嘉文派的传演采取师门传授的方式。学术师承的传统由来已久，宋代的众多儒学派别更是通过讲学广收弟子，传播各家学说。由于永嘉文派直接脱胎于永嘉学派，因而很自然地沿袭了师门授受的传演方式。这种方式，可以通过众多弟子的广泛播扬，迅速扩大文派的影响，永嘉文派在南宋后期文坛声势颇盛，影响很大，承传最久，显然与这种传演方式直接相关。但另一方面，这类文派由于师门关系的束缚，往往模仿多而创造少，使弟子难以超越宗师。永嘉文派的主要传人陈耆卿、吴子良、舒岳祥、戴表元之文，虽具有典型，各有可观，但总体上都难及水心。因此，师门传授的方式也是利弊互见。

三、永嘉文派的传演又与地域密切相关。永嘉学派之得名，是由于其创始人和主要成员都是永嘉人，并主要活动于这一地区。叶适弟子众多，且分布地域较广，除戴栩等为永嘉人外，周南为吴人，陈耆卿、王象祖为台州临海人，丁希亮、王汶为黄岩人。其后永嘉文派的传布，其中心有从永嘉东移的倾向。吴子良为临海人，车若水为黄岩人，舒岳祥和刘庄孙都为宁海人，戴表元为庆元奉化人，袁桷亦为庆元人。则这一文派虽然中心东移，但范围仍不出永嘉以

① 《四库提要》卷一六四《本堂集》提要，第1408页。

② 见宋濂《剡源集序》，《剡源集》卷首。

东诸县，因此称之为浙东文派或许更为确切。看来这种地域上的联系，也是维系这一文派的重要纽带，因为它提供了师门传授、文友切磋的便利条件。而这种现象在宋代的各种学派、诗派、文派中也十分普遍。

四、永嘉文派的传演在散文创作上主要表现为文章体裁、风格的承继和发展。由于永嘉文派崇奉叶适为宗主，而叶适作为南宋散文大家，其文有体裁完备、风格多样的特点，因而这一文派传人们的创作就有了较大的发展空间。如前所述，陈耆卿以驰骋奔放、雄奇密丽的议论文见长，吴子良既善驰骋议论，又善状人叙事，文章讲究章法，这些都直接水心文统。至于周南的“闳而不跆”，王象祖的“简古老健”，戴栩的“奇警恣肆”等，也都有水心文风的影响。舒岳祥和戴表元则主要继承水心重视序记题跋文的传统，注重散文的多种表现能力和文学色彩，戴氏更形成“清深雅洁”的独特风格。由于坚持散文多种体裁、多种风格的全面发展，因此永嘉文派在创作上取得了较为突出的成就，从而在宋末文坛上雄踞一方。

从永嘉文派上述传演特点来看，它虽然与严格意义上的文学流派还有距离，但在同时代的各种诗文派别中，它是颇具典型性的一个。这一文派形成相当的规模，具有较大的影响，并产生以叶适为首的一批优秀散文作家；它脱胎于永嘉学派，以师门传授的方式，承传统绪清晰，传演时间前后达百余年；更重要的是，它坚持北宋古文的优良传统，代表了宋代散文健康发展的方向，在南宋后期文坛独树一帜。叶适以及永嘉文派的创作成就，在宋代散文史上留下了浓重的一笔。

清人孙衣言、孙锵鸣兄弟的贻善祠塾中有对联称：“务求知古如君举，尤喜能文似水心。”[1]作为南宋中后期的诗坛领军和一代文宗，叶适在文学领域的成就，同他在思想学术领域的贡献一样，值得珍视和发扬。

---

① 此联今存全国重点文物保护单位温州瑞安孙氏玉海楼。

大事年表[①]

宋高宗绍兴二十年（1150）　出生

叶适五月初九生于温州瑞安，父光祖，母杜氏。叶氏祖籍处州龙泉，光祖之祖公济始徙居瑞安。

是年，王十朋三十九岁，郑伯熊二十七岁，陆游二十六岁，周必大二十五岁，朱熹二十一岁，薛季宣十七岁，吕祖谦、陈傅良、楼钥十四岁，陆九渊十二岁，赵汝愚十一岁，陈亮八岁。

绍兴二十一年（1151）　2岁

叶适在瑞安。

八月，抗金名将韩世忠病卒。

绍兴二十二年（1152）　3岁

叶适在瑞安。

十月，韩侂胄生。

绍兴二十三年（1153）　4岁

叶适在瑞安。

---

① 此年表主要参照周梦江先生《叶适年谱》编制。

三月，金主完颜亮迁都燕京（今北京），改元贞元。

绍兴二十四年（1154）　5岁

叶适在瑞安。

绍兴二十五年（1155）　6岁

叶适在瑞安。

主和派权臣秦桧死。

绍兴二十六年（1156）　7岁

叶适在瑞安。

绍兴二十七年（1157）　8岁

叶适在瑞安。

乐清王十朋高中状元。

绍兴二十八年（1158）　9岁

叶适在瑞安。

绍兴二十九年（1159）　10岁

叶适在瑞安。能属文。

绍兴三十年（1160）　11岁

叶适在瑞安。初识陈傅良于林元章家。

绍兴三十一年（1161）　12岁

叶适在瑞安。

八月，金主大举攻宋。十一月，虞允文大败金兵于采石，完颜亮为部下所杀，金世宗完颜雍即位。

绍兴三十二年（1162） 13岁

叶适随父自瑞安迁居永嘉，数年中“随僦辄迁，凡迁二十一所”。

正月，高宗决定与金人议和。六月，高宗内禅，孝宗赵昚即位，未改元。

宋孝宗隆兴元年（1163） 14岁

叶适在永嘉城南茶院寺学塾受教于陈傅良。本年前后，又先后问学于戴溪、王楠、陈武、刘愈、刘夙、刘朔等。

隆兴二年（1164） 15岁

叶适在永嘉。曾学作诗，随即放弃，学为时文。

十二月，宋、金隆兴和议成。

乾道元年（1165） 16岁

叶适赴乐清白石北山小学舍讲习。

乾道二年（1166） 17岁

叶适在乐清白石北山小学舍讲习。

八月，温州全郡遭遇特大台风暴雨，洪水泛滥，溺死者二万余。

乾道三年（1167） 18岁

叶适在乐清白石北山小学舍讲习。与林鼒兄弟等交游。

乾道四年（1168） 19岁

叶适在乐清白石北山小学舍讲习，春夏间离开，游学婺州。曾问学薛季宣，并结识陈亮。

乾道五年（1169） 20岁

叶适在婺州游学。

陈亮赴临安，上《中兴五论》，不报。

乾道六年（1170） 21岁

叶适客居婺州乌伤（今浙江义乌）。

乾道七年（1171） 22岁

叶适在乌伤游学。

乾道八年（1172） 23岁

叶适曾回家侍母疾，奉母命再次游学婺州，曾客居永康陈亮家中。

是年，陈傅良、蔡幼学、徐谊、薛叔似、陆九渊等进士及第。

乾道九年（1173） 24岁

叶适赴临安行在（今浙江杭州）。

七月，薛季宣卒，年四十。

淳熙元年（1174） 25岁

叶适在京师，向签书枢密院事叶衡上书，纵论天下大势及治国之道，不报，后回乡。在临安结识丁希亮。

淳熙二年（1175） 26岁

叶适在永嘉。秋日三游婺州，与陈亮、吕祖谦相聚，并曾至武义明招山问学吕祖谦。冬日返乡。

是年夏，吕祖谦、朱熹会陆九渊兄弟于信州鹅湖寺，辩论朱、陆学说异同，是为“鹅湖之会”。

淳熙三年（1176）　27岁

叶适赴乐清雁荡山僧舍讲学，丁希亮、戴许、蔡仍、王汶等来学。曾游黄岩，遇陈傅良。

淳熙四年（1177）　28岁

八月，叶适因翰林学士周必大以门客名义荐，参加两浙东路转运使司类试（漕试），得发解，名置前列。是年冬，与高氏结婚。

淳熙五年（1178）　29岁

二月，叶适参加省试，获奏名进士资格。四月，参加殿试，上《廷对策》，以进士第二名及第，授文林郎、镇江府观察推官。六月，回家省亲，过永康访陈亮。闰六月，母杜氏病亡，叶适丁忧守制。

正月，陈亮赴临安两次上书，孝宗震动，欲官之，亮不受，渡江而归。

是年，同榜及第者尚有徐元德、王自中、戴溪、陈武等。

六月，魏了翁生。

淳熙六年（1179）　30岁

叶适居家守制。与永嘉知县宋绍恭交往，其子宋驹从适问学。

正月，吕祖谦进《皇朝文鉴》，叶适极推崇。

淳熙七年（1180）　31岁

叶适居家守制。

秋间，陈亮来永嘉，与叶适、陈傅良、许及之等相聚，并带来吕祖谦书信。叶适等曾在温州名胜江心屿为亮饯行。

淳熙八年（1181）　32岁

叶适服满，改任武昌军节度推官。右丞相史浩荐赴都堂审察，辞不赴。擢授浙西提刑司干办公事，冬日赴任。

七月，郑伯熊卒，年五十八；吕祖谦卒，年四十五。叶适撰祭文并会葬。

淳熙九年（1182） 33岁

叶适在平江府（今江苏苏州）任浙西提刑司干办公事，与刘颖、罗克开为同僚。

淳熙十年（1183） 34岁

叶适在平江继续任职，并授徒讲学，孟猷、孟导、滕宬、周南、孔元忠、薛仲庚、厉详等来学。

是年，李焘进《续资治通鉴长编》，叶适颇推崇。

淳熙十一年（1184） 35岁

叶适在平江继续任职、讲学。孝宗诏举贤良方正能直言极谏者。约前此四五年间，叶适撰成《贤良进卷》五十篇。是年曾致书朱熹，议论与熹不合。

是年春，陈亮被诬下狱，得罗点、辛弃疾等大力营救，五月获释。

淳熙十二年（1185） 36岁

叶适在平江继续任职、讲学。冬，有太学正之招，离平江入京，撰《外稿》四十余篇，以备孝宗问质。

陈亮在家建抱膝亭，叶适为作《抱膝吟二首》。陈亮在家聚徒讲学，与朱熹进行“王霸义利”之辩。

淳熙十三年（1186） 37岁

叶适在京，改宣教郎，任太学正。在太学与俞君烈、刘愈为同僚。

淳熙十四年（1187） 38岁

叶适在京，升任太学博士。冬，因轮对，奏《上殿札子》，论国事四难五不可，孝宗读后，惨然久之。

是年，刘克庄生。

淳熙十五年（1188）　39岁

叶适在京，转奉议郎，任太常博士兼实录院检讨官。在太常与詹体仁、林湜为同僚。上书右丞相周必大，荐陈傅良、陆九渊、吕祖俭、徐谊、杨简、戴溪、王楠等三十四人，后皆召用，时称得人。六月，兵部侍郎林栗因与朱熹不合，劾熹慢命，叶适上《辩兵部郎官朱元晦状》，为熹辩护。

四月，陈亮上书论恢复失地，孝宗将内禅，不报。

淳熙十六年（1189）　40岁

叶适在京，继续任太常博士兼实录院检讨官。光宗即位后上《应诏条奏六事》。五月，除秘书郎。乞补外，添差湖北安抚司参议官。回乡探亲，六月赴湖北江陵任所，来回经金华会陈亮、吕祖俭等。

二月，孝宗赵昚内禅，自称太上皇；太子赵惇即位，是为宋光宗。

宋光宗绍熙元年（1190）　41岁

叶适在江陵，继续任湖北安抚司参议官，转朝奉郎。因无吏责，公余之暇读佛书近千卷，告朱熹，与其意不合。在江陵与刘愈、项安世、王闻礼等交游。十月，差知蕲州。先回乡省亲，接眷属赴任。

十月，陈亮再次入狱，叶适曾予援救，一年多后出狱。是年，周南、曹叔远、赵师秀登第。

绍熙二年（1191）　42岁

叶适在蕲州，任知州，有到任谢表。与本地隐士李之翰交游。

绍熙三年（1192）　43岁

叶适在蕲州，任淮西（淮南西路）提举，兼提刑，转盐铁冶司公事，有谢表。上《淮西论铁钱五事状》。十二月，除浙西提刑。

四月，郑伯英卒。七月，门人丁希亮卒，年四十七。十二月，陆九渊卒，年五十四。

绍熙四年（1193）　44岁

叶适转朝散郎，任浙西提刑。八月，奉诏赴临安行在。十一月内引，除尚书左选郎官。光宗李后与孝宗不和，曾奏请光宗朝孝宗所居重华宫。

五月，陈亮进士及第，擢为状元。是年，范成大卒。

绍熙五年（1194）　45岁

叶适在临安，继续任尚书左选郎官。六月，孝宗卒，光宗不能执丧，赵汝愚、韩侂胄拥立光宗子赵扩为帝，是为宁宗，叶适参与密谋。七月，宁宗即位，叶适因拥立有功，升国子司业。上宁宗札子。八月，转朝请郎。九月，除显谟阁学士，差充馆伴使。十月，兼实录院检讨官。十一月，因韩侂胄与赵汝愚争权，请求外调，除太府卿、淮东总领。十二月，抵丹阳到任。

三月，陈亮卒于永康，年五十二，叶适为撰祭文。是年，尤袤卒。

宋宁宗庆元元年（1195）　46岁

叶适在丹阳继续任淮东总领。

时韩侂胄专权，赵汝愚多次遭贬。是年，“更道学之名为伪学”，开始禁止道学。叶适师友弟子自是年起多遭贬斥。

庆元二年（1196）　47岁

叶适于三月遭监察御史胡竑弹劾，降两官，放罢。叶适《进卷》和陈傅良《待遇集》书版被毁。

正月，赵汝愚贬永州，行至衡阳而卒。是年，陈傅良、朱熹等相继被罢职，吕祖俭卒于贬所。

庆元三年（1197）　48岁

叶适在家乡。

闰六月，道学由“伪学”升级为“逆党”。十二月，置伪学之籍，凡五十九人，叶适列名其中。是为“庆元党禁”。是年，门人吴子良生。

庆元四年（1198）　49岁

叶适在家乡。差管冲佑观，转朝奉大夫。朝廷曾拟差知衢州，未几罢议。叶适是年始定居于永嘉县城郊生姜门外、松台山下之水心村（今温州鹿城区水心街道），与吴民表、周镇伯为邻，常相过从。金华王植从其学。

五月，宁宗正式“诏禁伪学”。

庆元五年（1199）　50岁

叶适继续奉祠家居。是年夏，得异疾，四肢失度。

八月，友人王自中卒，年六十。是年，魏了翁登进士第。

庆元六年（1200）　51岁

叶适继续奉祠家居养病。四月，岳父高子莫卒。

三月，朱熹卒，年七十一。

嘉泰元年（1201）　52岁

叶适起复，除湖南（荆湖南路）转运判官，夏日赴长沙任职，有到任谢表。十二月，转朝散大夫。

嘉泰二年（1202）　53岁

叶适在长沙。除秘阁修撰，仍任湖南转运判官。十二月，除右文殿修撰，知泉州。

二月，宁宗下诏弛“伪学党禁”，入党籍者陆续复职。

嘉泰三年（1203）　54岁

叶适四月至泉州任所。九月，奉诏赴行在，入对。叶适连向宁宗上奏三札，并奏荐楼钥、丘崈、黄度三人。十一月，除权兵部侍郎。同月，父光祖卒，丁忧去职。

十一月，陈傅良卒于瑞安，年六十七，叶适为撰祭文。

嘉泰四年（1204）　55岁

叶适居家丁忧。十月，在家编次《外稿》并作跋。

是年，周必大卒。

开禧元年（1205）　56岁

叶适居家丁忧。与诗人赵汝回、诗僧居简等游。

七月，韩侂胄平章军国事。

开禧二年（1206）　57岁

叶适服阕，奉诏赴行在。三月，受宁宗召见。时韩侂胄决意北伐，叶适持异议，向宁宗连上三札，力主“备成而后动，守定而后战”。四月，除权工部侍郎兼国用参计官，转朝请大夫，改权吏部侍郎兼直学士院，叶适力辞草诏。六月，除宝谟阁待制、江东安抚使、知建康府兼行宫留守。七月，兼沿江制置使。十月，金兵分九路南下，建康吃紧，叶适率宋军破定山之敌，解六合之围，人心始定，又渡江劫寨，金兵退却。冬，叶适因公务劳累，背病发作。

五月，宁宗下诏伐金；同月，金下南征诏书；宋、金正式开战。

开禧三年（1207）　58岁

叶适在建康继续任知府兼行宫留守、沿江制置使。二月，除宝文阁待制，改兼江淮制置使，措置屯田。叶适奏请安集两淮，条陈堡坞五事。夏，经营定山、瓜步、石跋三堡坞成。七月，奉诏赴行在。十二月，转朝议大夫。遭御史中丞雷孝友劾，落职。

十一月，韩侂胄被礼部侍郎史弥远等杀害，主和派得势，向金求和。是年，辛弃疾卒。

嘉定元年（1208）　59岁

叶适落职回乡，居于水心村。开始撰述《习学记言序目》。

三月，宋、金达成和议，是为嘉定和议。增贡岁币，函送韩侂胄首级至金。七月，徐谊卒，年六十五。是年，门人赵汝说、戴栩登进士第。

嘉定二年（1209）　60岁

叶适家居水心村。苦疾痼，非人事酬答不妄出。是年，开始讲学授徒，从学者众。

十二月，陆游卒，年八十五。

嘉定三年（1210）　61岁

叶适家居水心村，讲学授徒。

是年，杨简出任温州知州，与叶适有往来。

嘉定四年（1211）　62岁

叶适转中奉大夫。五月，提举江州太平兴国宫，自后奉祠十三年。仍家居著述讲学。十二月，妻高氏卒，年五十二。

二月，诗人徐照卒。是年，门人周端朝、丁木登进士第。

嘉定五年（1212）　63岁

叶适仍奉祠家居，著述讲学。是年，三子宓卒。

嘉定六年（1213）　64岁

叶适仍奉祠家居，著述讲学。

四月，楼钥卒，年七十七。闰九月，门人周南卒，年五十五。

嘉定七年（1214） 65岁

叶适仍奉祠家居，著述讲学。

十月，门人徐玑卒，年五十三。是年，留元刚知温州。门人孙之弘、赵汝回、陈耆卿、陈埴登进士第。

嘉定八年（1215） 66岁

叶适提举隆兴府玉隆万寿宫，仍奉祠家居，著述讲学。

正月，友人刘愚卒，年八十三。是年，友人戴溪卒，年七十五。

嘉定九年（1216） 67岁

叶适奉祠家居，著述讲学。

八月，友人陈谦卒，年七十三。

嘉定十年（1217） 68岁

叶适提举西京嵩山崇福宫。仍奉祠家居，著述讲学。

五月，友人王楠卒，年七十五。七月，友人蔡幼学卒，年六十四。

嘉定十一年（1218） 69岁

叶适转中大夫。仍奉祠家居，著述讲学。是年起文字之传付嘱陈耆卿。

九月，门人滕宬卒，年六十五。

嘉定十二年（1219） 70岁

叶适除华文阁待制，提举西京嵩山崇福宫，请辞，未获准。仍奉祠家居，著述讲学。是年，叶适七十寿辰，曾两次请求致仕，不允。

嘉定十三年（1220） 71岁

叶适奉祠家居，著述讲学。《习学记言序目》大致成书。

嘉定十四年（1221） 72岁

叶适转太中大夫。七月，除宝谟阁直学士，提举凤翔府上清太平宫，请辞，未获准。仍奉祠家居，著述讲学。

五月，友人薛叔似卒，年八十一。

嘉定十五年（1222） 73岁

叶适转通议大夫。仍奉祠家居，著述讲学。

嘉定十六年（1223） 74岁

叶适除敷文阁学士，提举南京鸿庆宫。乞致仕，除宝文阁学士，转正议大夫。正月二十日，气疾发动，薨于正寝，享年七十四岁。遗表上，赠光禄大夫，谥文定。四月二十五日，子叶宣、叶寀等奉叶适灵柩葬于永嘉开元观之原。子叶寀撰《叶文定公墓碑记》，门人赵汝铎书讳；子叶宣撰《叶文定公墓志》。友人及门人程珌、魏了翁、刘宰、刘克庄、陈耆卿、吕皓、吴子良等均撰有祭文、挽词。十月，叶寀编次《习学记言序目》五十卷，门人孙之弘作序，新安汪纲刊行。《水心文集》二十八卷由门人赵汝谠编次并序而刻之。

叶适主要社会关系一览

叶适（1150—1223）

- 父祖
  - 曾祖父：叶公济
  - 祖父：叶诜，字振瑞
  - 父：叶光祖（ ？ —1203），字显之
  - 母：杜氏（ ？ —1178）
- 兄弟
  - 长兄：叶逮
  - 三弟：叶还
  - 四弟：叶过
  - 异母弟：叶迈、叶造
- 妻儿
  - 妻：高氏
  - 长子：叶宜
  - 次子：叶寀
  - 三子：叶宓
- 门人
  - 丁希良（1145—1192），字少詹
  - 厉仲方（1159—1212），字约甫
  - 周　南（1159—1213），字南仲
  - 徐　玑（1162—1214），字致中
  - 王象祖（1163—1239），字德甫
  - 陈耆卿（1180—1236），字寿老
  - 陈　韡（1180—1261），字子华
  - 刘克庄（1187—1269），字潜夫
  - 吴子良（1197—1256），字明辅
  - 赵汝谠（ ？ —1223），字蹈中
  - 戴　栩（生卒年不详），字文子
- 师友
  - 刘　愈（1096—1166），字退之
  - 刘　夙（1124—1171），字宾之
  - 刘　朔（1127—1170），字复之
  - 郑伯熊（1124—1181），字景望
  - 郑伯英（1130—1192），字景元
  - 周必大（1126—1204），字子充
  - 陈　烨（1127—1214），字民表
  - 朱　熹（1130—1200），字元晦
  - 薛季宣（1134—1173），字士龙
  - 陈傅良（1137—1203），字君举
  - 吕祖谦（1137—1181），字伯恭
  - 王自中（1140—1199），字道甫
  - 戴　溪（1141—1215），字肖望
  - 薛叔似（1141—1221），字象先
  - 陈　亮（1143—1194），字同甫
  - 王　楠（1143—1217），字木叔
  - 徐　谊（1144—1208），字子宜
  - 陈　谦（1144—1216），字益之
  - 蔡幼学（1154—1217），字行之

参考文献

〔宋〕曹彦约：《昌谷集》，上海古籍出版社影印文渊阁《四库全书》本。

〔宋〕车若水：《脚气集》，上海古籍出版社影印文渊阁《四库全书》本。

〔宋〕陈傅良：《止斋先生文集》，《四部丛刊》本。

〔宋〕陈亮：《陈亮集》，中华书局1987年点校本增订本。

〔宋〕陈耆卿：《筼窗集》，上海古籍出版社影印文渊阁《四库全书》本。

〔宋〕陈起编：《江湖小集》，上海古籍出版社影印文渊阁《四库全书》本。

〔宋〕陈师道：《后山诗话》，中华书局1981年点校本《历代诗话》。

〔宋〕陈振孙：《直斋书录解题》，上海古籍出版社1987年点校本。

〔宋〕戴栩：《浣川集》，上海古籍出版社影印文渊阁《四库全书》本。

〔宋〕韩彦直：《橘录》，上海古籍出版社影印文渊阁《四库全书》本。

〔宋〕黄震：《黄氏日抄》，上海古籍出版社影印文渊阁《四库全书》本。

〔宋〕李心传：《道命录》，《四库全书存目丛书》本。

〔宋〕林表民：《赤城集》，上海古籍出版社影印文渊阁《四库全书》本。

〔宋〕刘克庄：《后村先生大全集》，《四部丛刊》本。

〔宋〕刘宰：《漫塘集》，上海古籍出版社影印文渊阁《四库全书》本。

〔宋〕楼钥：《攻媿集》，《四部丛刊》本。

〔宋〕陆九渊：《陆九渊集》，中华书局1980年点校本。

〔宋〕陆游：《剑南诗稿》，中华书局1976年点校本《陆游集》。

〔宋〕陆游：《渭南文集》，中华书局1976年点校本《陆游集》。

〔宋〕吕祖谦：《东莱集》，上海古籍出版社影印文渊阁《四库全书》本。

〔宋〕罗大经：《鹤林玉露》，中华书局1983年点校本。

〔宋〕舒岳祥：《阆风集》，上海古籍出版社影印文渊阁《四库全书》本。

〔宋〕苏轼：《苏轼文集》，中华书局1986年点校本。

〔宋〕王十朋：《王十朋全集》，上海古籍出版社1998年版。

〔宋〕翁卷：《西岩集》，上海古籍出版社影印文渊阁《四库全书》本。

〔宋〕吴子良：《荆溪林下偶谈》，上海古籍出版社影印文渊阁《四库全书》本。

〔宋〕许棐：《融春小编》，上海古籍出版社影印文渊阁《四库全书》本。

〔宋〕许及之：《涉斋集》，上海古籍出版社影印文渊阁《四库全书》本。

〔宋〕薛师石：《瓜庐集》，上海古籍出版社影印文渊阁《四库全书》本。

〔宋〕薛季宣：《浪语集》，上海古籍出版社影印文渊阁《四库全书》本。

〔宋〕严羽著，郭绍虞校释：《沧浪诗话校释》，人民文学出版社1983年版。

〔宋〕杨简：《慈湖遗书》，上海古籍出版社影印文渊阁《四库全书》本。

〔宋〕杨万里：《诚斋集》，《四部丛刊》本。

〔宋〕叶绍翁：《四朝闻见录》，中华书局1989年点校本。

〔宋〕叶适：《叶适集》，中华书局1961年点校本。

〔宋〕叶适：《习学记言序目》，中华书局1977年点校本。

〔宋〕赵师秀：《清苑斋诗集》，上海古籍出版社影印文渊阁《四库全书》本。

〔宋〕赵希弁：《郡斋读书附志》，上海古籍出版社1990年《郡斋读书志校证》附。

〔宋〕赵彦卫：《云麓漫钞》，中华书局1996年点校本。

〔宋〕真德秀：《西山文集》，《四部丛刊》本。

〔宋〕周必大：《周文忠公集》，上海古籍出版社影印文渊阁《四库全书》本。

〔宋〕周密：《齐东野语》，中华书局1983年点校本。

〔宋〕周南：《山房集》，上海古籍出版社影印文渊阁《四库全书》本。

〔宋〕朱胜非：《秀水闲居录》，《说郛》本。

〔宋〕朱熹：《朱子全书》，上海古籍出版社、安徽教育出版社2002年版。

〔宋〕祝穆：《方舆胜览》，中华书局2003年《中国古代地理总志丛书》本。

〔元〕陈栎：《勤有堂随录》，上海古籍出版社影印文渊阁《四库全书》本。

〔元〕戴表元：《剡源集》，上海古籍出版社影印文渊阁《四库全书》本。

〔元〕方回：《桐江集》，上海古籍出版社影印文渊阁《四库全书》本。

〔元〕脱脱等：《宋史》，中华书局1977年点校本。

〔元〕韦居安：《梅磵诗话》，中华书局1983年点校本《历代诗话续编》。

〔明〕陈邦瞻：《宋史纪事本末》，中华书局1977年点校本。

〔明〕李贽：《李贽文集》，社会科学文献出版社2000年版。

〔明〕宋濂：《宋濂全集》，浙江古籍出版社1999年版。

〔明〕王祎：《王忠文公集》，上海古籍出版社影印文渊阁《四库全书》本。

〔清〕毕沅：《续资治通鉴》，中华书局1957年点校本。

〔清〕顾炎武：《顾亭林诗文集》，中华书局1959年版。

〔清〕顾炎武著，黄汝成集释：《日知录集释》，上海古籍出版社1985年版。

〔清〕黄宗羲：《黄宗羲全集》，浙江古籍出版社1985年版。

〔清〕黄宗羲：《宋元学案》，中华书局1986年点校本。

〔清〕纪昀等：《四库全书总目》，中华书局1965年影印本。

〔清〕钱大昕：《十驾斋养新录》，江苏古籍出版社2000年点校本。

〔清〕孙诒让：《温州经籍志》，江苏广陵古籍刊印社1984年据民国十年（1921）浙江公立图书馆校刊本刊印。

〔清〕谭嗣同：《谭嗣同全集》，中华书局1981年版增订本。

〔清〕吴之振编：《宋诗钞》，上海古籍出版社影印文渊阁《四库全书》本。

〔清〕徐松辑：《宋会要辑稿》，中华书局影印本。

佚名：《南宋馆阁续录》，中华书局1988年点校本。

（明）永乐《乐清县志》，天一阁藏明代方志选刊本。

（明）弘治《温州府志》，天一阁藏明代方志选刊续编本。

（明）嘉靖《温州府志》，天一阁藏明代方志选刊本。

（明）万历《黄岩县志》，天一阁藏明代方志选刊续编本。

（清）乾隆《温州府志》，中国地方志集成本。

（清）光绪《永嘉县志》，中国地方志集成本。

《浙江通志》，中国地方志集成本。

冯天瑜等：《晚清经世实学》，上海社会科学出版社2002年版。

冯友兰：《中国哲学史新编》，人民出版社1999年版。

何俊：《南宋儒学建构》，上海人民出版社2004年版。

何忠礼等：《南宋史稿》，杭州大学出版社1999年版。

蒋伟胜：《叶适的习学之道》，中国社会科学出版社2009年版。

李建军：《宋代浙东文派研究》，中华书局2013年版。

李庆甲：《瀛奎律髓汇评》，上海古籍出版社1986年版。

李泽厚：《中国古代思想史论》，人民出版社1985年版。

梁启超：《清代学术概论》，上海古籍出版社2005年版。

卢敦基：《陈亮传》，上海社会科学出版社2004年版。

逯钦立：《先秦汉魏晋南北朝诗》，中华书局1983年版。

聂崇岐：《宋史丛考》，中华书局1979年版。

钱锺书：《宋诗选注》，人民文学出版社1982年版。

许总：《宋诗史》，重庆出版社1997年版。

余雄：《叶适思想论稿》，黄山书社2015年版。

章柳泉：《南宋事功学派及其教育思想》，教育科学出版社1984年版。

张义德：《叶适评传》，南京大学出版社1994年版。

张义德、李明友、洪振宁编：《叶适与永嘉学派论集》，光明日报出版社2000年版。

周梦江：《叶适年谱》，浙江古籍出版社1996年版。

周梦江：《叶适与永嘉学派》，浙江古籍出版社1992年版。

周梦江：《叶适评传》，作家出版社1998年版。

后　记

在执笔撰写本书的日子里，一个愿望越来越强烈地涌动在笔者的心头，这就是到传主叶适的故乡作一次实地的察访，直接感受一下曾经孕育了这位巨子的地理环境和人文氛围。2005年金秋十月，酝酿已久的温州之旅终于成行了。

楠溪江沿途的青山绿水，激发起无数诗人的山水情怀；仙岩梅雨潭的神奇绿意，孕育出一代文豪的经典华章；江心孤屿上繁密的人文遗迹与秀美的自然风光交相辉映，承载着一段段动人的历史故事……山水永嘉固然使人流连忘返，然而，同样令人印象深刻的，还有那瓯江南岸矗立起的一幢幢摩天大厦，那瓯北新区建设中的一片片住宅楼群，以及五马街头火红火红的灯笼海洋和摩肩接踵的购物人潮。美丽的山水，悠久的历史，与快速发展中的新经济景观奇妙地融合在一起，展示着这座历史文化名城21世纪初的迷人风情。

当然，此行的主要目的不是观光游览，而是要寻访本书传主的遗踪。松台山下水心村的遗迹，历经八百多年风雨的洗涤，早已荡然无存，只有水心街道的命名，还保存了后人对这位先贤的记忆；但我们知道，叶适的墓葬，仍留存在今日的温州城里。于是，叶适墓便成为我们寻访的第一目标。在人来人往的江心屿渡口，我们先后询问十几位市民，有商店店员，有出租车司机，有摆小摊的中年妇女，也有饱经风霜的老人，然而，没有人知道叶适墓的位置，甚至绝大多数人没有听说过这位本地名人的姓名。我们十分惶惑，温州人怎么会不知道大名鼎鼎的水心先生叶适？当我们终于从一位宾馆服务员口中问到线索，并寻找到海坛山南麓的叶适墓地时，天色已近黄昏。墓地处于坐北朝南的山坳里，平整而宽阔，四周绿树掩映，空无一人，安谧而肃穆。拾级而上，正面的墓碑上，篆书“宋叶文定公之墓”七个大字，旁边的说明文字告诉我们，叶适墓于新中国成立后重修，1963年公布为浙江省重点文物保护单位，后遭破坏，1981年重建。在阵阵秋风和霭霭暮色中，我们向这位永嘉的先贤肃立致意。笔者突然想到，海坛山北麓乃至瓯江两岸大片高楼的兴起，正是靠着背后这位力主事功的先辈的思想的有力支撑，正在走向小康的温州人民，不应该冷落了这位曾经为他们提供了强大精神力量的卓越的先贤。

当然，仍然有人不但没有忘记先辈，而且为发扬先辈的伟大精神而作着默默的奉献。次日，我们驱车南行，到瑞安市莘塍镇访问叶适纪念馆。瑞安曾是叶适的出生地，八百多年后，聚居在莘塍镇上的叶氏后裔，自发集资，建设起一座弘扬先辈思想功业的纪念馆。馆舍建造在莘塍镇洛川河上，三间六层，总面积有1280平方米，青砖石栏，稳重坚固，气势不凡；顶层“水心阁”更是画栋飞檐，古色古香，为宋式的仿古建筑。在四周密集的商业街区和民居住宅中，叶适纪念馆颇有鹤立鸡群之势。纪念馆馆长为叶适后裔、第二十世孙叶辅忠先生，他也是纪念馆的主要发起人和捐资者。热情的叶馆长陪同我们参观叶适生平陈列、资料室和会议中心，并介绍了纪念馆的筹建经过。原来，为了替先贤树碑立传，以教育后人，激励子孙后代成为国家栋梁之材，为社会进步作出更大贡献，聚居于莘塍的近五千名叶氏后裔，于2001年4月开始筹备建馆。他们摒弃宗族观念和封建迷信色彩，注重文化品位和宣传教育功能，确立了自筹经费为主的建馆原则和以馆养馆、服务社会的办馆宗旨。短时间内，叶氏后裔共集资近二百万元，并奉献二千余个义务人工，保证了土建、装修和布展的顺利完成。2003年7月4日，叶适纪念馆正式开馆，中央电视台、《浙江日报》等媒体都作了专题报道，赞扬这一民间办馆的文化理念，引起强烈的社会反响。如今，纪念馆已被命名为瑞安市爱国主义教育基地，全年免费向社会开放。它依靠出租一、二两层的收入，成功解决了日常的维护管理费用，并积极准备开发相关的文化产业。听着叶馆长充满自豪感的介绍，我们被深深地折服和感染了。突破政府投资建造管理的常规体制，运用民间的力量建成颇具规模的纪念设施，达到自我教育、服务社会的目的，这是“温州模式”在文化领域的一次成功尝试，叶氏后裔跨出了无愧于先人的第一步。而从香烟缭绕的宗族祠堂，到现代风格的纪念馆舍，也显示了温州人民的现代意识和远大识见。当然，纪念馆的不足之处在于缺乏研究力量，从而缺少了一点持续发展的底蕴。在新世纪中，叶适的后代们不但应该成为杰出的经济师、实业家，也应当培育出像祖辈一样“文章雄赡，才气奔逸”的文学家和学问家。

由学术研究，笔者自然想到《叶适年谱》等著述的作者周梦江先生。经叶馆长的介绍，我们连夜拜访了这位著名的叶适研究专家。当我们叩开温州师范学院宿舍楼一扇极为普通的房门时，迎接我们的就是年已八四高龄的周老先生。周老先生身材不高，前额宽阔，白发稀疏，和颜悦色，一派忠厚长者的气度；虽年事已高，但精神颇好，谈起叶适研究，更是眉飞色舞，滔滔不绝。老先生生平坎坷，长期担任编辑和教师工作，20世纪80年代从温州师范学院退休后，潜心研究叶适和永嘉学派，二十余年中，撰写、发表论文八十余篇，著有《叶适与永嘉学派》《叶适年谱》《叶适评传》《宋元明温州论稿》等专著，并校点整理了《周行已集》《陈傅良文集》《陈文节公年谱》《二郑集》（郑伯熊、郑伯英）等永嘉学者的文献，为叶适和永嘉学派研究作出了重大贡献。老先生表示，今后的唯一愿望是能将自己的全部论文结集出版，但现在尚遇到不少困难。望着眼前这位白发苍苍的前辈，我们深深地为他献身学术的精神所感动，正是他孜孜不倦的努力，才使温州欣欣向荣的经济建设，有了更多历史和学术层面的支撑。再看看老人略显逼仄凌乱的居室，笔者想到，地方政府以及富起来的温州人民，是否应该对这些为整理乡邦文献、弘扬先贤精神作出特殊贡献的学者，给予更多的关心和支持？周老先生的研究领域，目前似也有后继乏人的隐忧，温州、浙江乃至全国，应该有更多年轻的学者，进一步将叶适和永嘉学派的研究事业传承下去，发扬光大。

短短三天的考察访问，收获颇丰。笔者欣慰地体悟到，尽管已有多种叶适的评传问世，本书的撰写仍是有意义的。永嘉巨子叶适的生平、业绩和思想，仍需要大力宣传和弘扬，以叶适为代表的永嘉学派的价值，仍值得深入发掘和探讨。本书的重点是叶适生平的叙述，力图在广阔的时代背景下，以尽可能翔实的材料，展现出这位思想家、政治家、文学家的人生轨迹和心路历程。本书对于叶适的思想学术贡献只是在前人研究的基础上作了概略的梳理，对于他在文学方面的成就，则进行了一些新的发掘和阐述。叶适的生平资料和相关线索，笔者从周梦江先生的《叶适年谱》等著述中获益良多；其思想贡献，则主要参考了张义德先生《叶适评传》等著述，在此一并向著者深致谢意。至于本书叙述和评议中的疏误，敬请广大读者不吝指正。

朱迎平

2005年11月

修订附言

时光荏苒。不经意间，作为《浙江文化名人传记丛书》之一种，本书出版已有十八个年头了，笔者也早已迈过古稀之年。

这十八年，中国的改革开放伟业继续取得举世瞩目的成就，中国经济依然保持着快速而稳健的发展态势。虽然“温州模式”已很少有人提及，但这种大力发展地方民营经济的成功经验，将永远留存在改革开放的历史中；而作为当年温州崛起的精神支撑，叶适和永嘉学派的思想遗产，更将在中国思想史的长河中熠熠闪光。这是浙江名人贡献给祖国的宝贵财富之一，也是本书修订再版的重要原因吧。

去年四月底，笔者去温州及周边游览。相隔十七年，温州的城市面貌发生了翻天覆地的变化，一座繁华的现代化都市展现在面前。笔者再次去海坛山瞻仰叶适墓地，并参观了新建的永嘉学派馆，然后驱车去到瑞安市莘塍镇的叶适纪念馆。这座叶适故乡人民集资建造的纪念馆于2018年6月启动二次装修，耗资200多万元改善基础设施，采用新科技手段更新布展内容，并于2019年初以崭新面貌重新开放，现已被列入浙江省博物馆名录，先后获得

“温州市优秀爱国主义教育基地”“温州市优秀社科普及基地”等荣誉称号。主持这项工作的新馆长叶伟东先生是瑞安市政协委员。这位叶适后裔积极参政议政，建言献策，为实践和弘扬先辈思想作出了新的贡献。此外，从2014年开始，叶适纪念馆与温州大学联合成立温州市叶适与永嘉学派研究会，把原先单一的宣传、展览，提升到学术研究的层次。我们祝愿纪念馆和研究会的展示、研究更上层楼。

更令人欣喜的是，近来“永嘉学派”研究又有大手笔出手。温州市大力推进“文化温州”建设，启动了三项有关“永嘉学派”的大工程，并初见成效。2021年12月22日，位于温州市区海坛山文化公园的“永嘉学派馆”正式开馆，以“可看、可听、可触、可感”的沉浸式体验，充分展现永嘉学派的文化精髓、历史意义和时代价值。同日，还同步举办了《永嘉学派研究大系》的开题会。这一列入浙江省文化研究工程的重大项目，包括九大课题200多万字，将成为永嘉学派研究的重大理论成果。2022年9月16日，同样列为浙江省文化研究工程重大项目的《永嘉学派丛书》首发仪式在杭州举行，丛书包括19位永嘉学者的35种著述，将分成23册影印出版，为永嘉学派的研究提供系统扎实的文献基础。我们热切期盼着这些重大工程的顺利竣工，让叶适及永嘉学派的思想遗产得到更好的传承和发扬。

毕生从事叶适和永嘉学派研究的专家周梦江先生已于2012年3月1日仙逝，享年91岁。先生在这一领域的研究成就，尤其是基础文献方面，仍然是难以逾越的高峰。本书的撰写，也从先生的著述中多所汲取，得益匪浅；当年赴温师院宿舍走访先生的情景仍历历在目，无比感念。这位平易朴实，淡泊名利，终身孜孜不倦地献身事业的学者，应该被后辈永久地怀念和记取。

这次修订工作，叶适生平部分基本没有改动，叶适思想评介部分，则汲取近年新的研究成果作了少量修订，此外还订正了初版中的一些文字疏误。责任编辑李信还新编了《叶适主要社会关系一览》补入附录，特此致谢。

朱迎平

2024年3月